MARCUS
PADLEY

SEGREDOS DO MERCADO DE AÇÕES

Um guia fundamental para
investidores e operadores independentes

EDITORA FUNDAMENTO

2014, Editora Fundamento Educacional Ltda.

Editor e edição de texto: Editora Fundamento
Editoração eletrônica: Willian Bill
CTP e impressão: Mark Press Brasil Indústria Gráfica Ltda.
Tradução: Calgary Comunicação e Produções Artísticas Ltda. (Gabriel Zide Neto)
Revisão Técnica: Itauba Serviços Especiais Ltda. (Herbert Kimura, Guilherme Ventura)

Ilustrações de Guy Shield

Dados Internacionais de Catalogação na Publicação (CIP)
(Câmara Brasileira do Livro, SP, Brasil)

Padley, Marcus
Segredos do mercado de ações / Marcus Padley ; [versão brasileira da editora]. - São Paulo, SP: Editora Fundamento Educacional Ltda., 2014.

Título original: Stock market secrets.

1. Ações (Finanças) 2. Especulação (Finanças) 3. Bolsa de valores 4. Investimentos 5. Mercado de ações I. Título.

10-11667 CDD-332.63228

Índices para catálogo sistemático:
1. Mercado de ações: Investimentos: Economia financeira 332.63228

Fundação Biblioteca Nacional

Depósito legal na Biblioteca Nacional, conforme Decreto nº 1.825, de dezembro de 1907.

Impresso no Brasil

Telefone: (41) 3015 9700
E-mail: info@editorafundamento.com.br
Site: www.editorafundamento.com.br

Este livro foi impresso em papel pólen soft 80 g/m² e a capa em papel-cartão 250 g/m²

Impressão e acabamento: Mark Press Brasil

SEGREDOS DO MERCADO DE AÇÕES

Um guia fundamental para
investidores e operadores independentes

ÍNDICE

APRESENTAÇÃO

Quando eu comecei a trabalhar com corretagem de ações, em Londres, em 1982 (não faz tanto tempo assim), já existiam computadores, mas não eram PCs – e os aparelhos que existiam tinham telas pequenas e letrinhas verdes. Havia um comando para acionar o DOS, os teclados eram pequenos e tinham teclas que pareciam botõezinhos. O bloco numérico era um acessório separado. Não havia mouse, nem Windows. Nem *e-mail* ou internet. As calculadoras tinham rolos de papel e uma alavanca ao lado.

As grandes corretoras tinham gráficas próprias e podiam fazer um relatório do analista chegar às mãos de um cliente em apenas três dias. Fora o relatório, tudo o mais era feito a mão. Os *office-boys* eram muito importantes naquela época. Uma máquina de telex era o máximo. Para arquivar documentos, era preciso uma escada. Os sócios fumavam charutos o dia inteiro. Todos nós estávamos fascinados com uma invenção – a máquina que vendia sopa em pacote.

As corretoras realmente grandes exibiam orgulhosamente seus departamentos de pesquisa, dizendo que eles tinham relatórios de, no mínimo, dez anos de todas as empresas que compunham o índice FT All Share e levavam os clientes em potencial para visitá-los, quando queriam impressionar. E era realmente impressionante, porque, para obter os relatórios, era preciso escrever às empresas e solicitá-los diretamente. O fato de elas mandarem aquilo que não eram obrigadas a enviar dava mais prestígio à corretora, já que essa era uma informação a que poucas pessoas tinham acesso e da qual existiam poucos exemplares. Saber o que eles continham nos dava uma boa vantagem sobre o resto do mercado, e, quando entrei nesse mundo, uma das minhas primeiras tarefas foi produzir um novo e radical banco de dados de Preço/Lucro (P/L) históricos das ações, pelo qual nossa corretora ficaria famosa.

De lá para cá, evoluímos muito. Mas muito mesmo. E estou falando dos últimos dez anos, para não falar de 27. E por um motivo e tanto: a internet.

A bolsa de valores se instalou nas nossas salas, e o motivo de ela ainda estar lá é que as pessoas adoram. Eu adoro. E, se você quis ler esse livro, há uma chance grande de que você também adore.

Mas só gostar da bolsa não é suficiente. Você também tem que saber como funciona. O motivo desse livro existir é que a demanda por esse tipo de conhecimento é insaciável e porque, na época, a demanda crescia geometricamente, e eu me vi no lugar certo, na hora certa.

Deixe-me explicar.

De 1982 a 1998, eu fui um corretor "institucional". Vivia de conversar com administradores de fundos. Os almoços eram grandiosos, e os números, mais ainda. Tanto que, em 1986, negociei um bilhão de dólares em ações. Para alguém que, naquela época, não se interessava muito por isso, a minha técnica de golfe ficou quase que respeitável.

Mas não durou. Depois de chegar a Melbourne em 1994, como o souvenir dos cinco anos que a minha mulher Emma passou em Londres, continuei no ramo da corretagem institucional até que, três anos depois, aconteceu o impensável. Fui colocado em disponibilidade, enquanto trabalhava na mesa institucional do ABN AMRO, um imenso banco estrangeiro com um pequeno braço de corretagem na Austrália, que tinha acabado de ganhar uma fábula cuidando da primeira emissão de ações da Telstra (empresa de telecomunicações australiana). Quase que em seguida, eles foram comprados pelo banco BZW. Aparentemente, o sucesso tem seu preço. Falei para mim mesmo que aquela era uma oportunidade única e, com o pacote de demissão na conta e uma jovem família dentro de casa, passei para outra corretora institucional. Seis meses depois, ela também viria a fechar as portas. Recebi outro pacote de demissão (um pouco menor) e fiquei com a sensação de que alguém estava tentando me dizer alguma coisa.

A verdade é que o setor de corretagem institucional de Melbourne estava encolhendo. Estava na hora da mudança, e, por sorte, fui

convidado, diria até seduzido, a fazer aquilo que está no livro *Pai Rico, Pai Pobre* e parar de aumentar os ativos dos outros e começar a construir os meus. Mais especificamente: criar a minha própria base de clientes. E foi assim que, em 1998, eu entrei na corretagem "de varejo".

A corretagem de varejo se refere a atender as necessidades particulares de investidores individuais, ou dos papais e mamães como são equivocadamente chamados. Eu parei de falar com as Viúvas da Escócia, com a General Accident e com o Banco Clydesdale e passei a falar com alguém como você.

Foi uma mudança enorme, e, enquanto eu ficava sentado na minha nova mesa de varejista, só com um monitor, um telefone e o meu cérebro, comecei a perceber como as coisas eram diferentes. Pela primeira vez em minha vida adulta, eu não tinha salário. Eu enfrentava o abismo todos os dias. Sem qualquer segurança. Nenhuma certeza. Se eu não fizesse negócios, não haveria comida na mesa. Eu não fazia mais parte de uma máquina. Tinha que me virar sozinho, estabelecer meus próprios padrões de trabalho e ter minhas próprias ideias, tudo para ganhar minha comissão. Não havia outras pessoas para marchar comigo, nem fórmula de sucesso. Era uma briga de cão, fazer o melhor com o que você tem e boa sorte.

Era a liberdade – e era uma coisa incrível.

Tratei de construir a minha base de clientes, que é um ativo, e com um mentor maravilhoso, conselhos ainda melhores sobre a bolsa e a boa vontade do meu primeiro cliente – um cunhado com $10.000 que, num determinado momento, se transformaram em $70.000 – e um *boom* tecnológico que estava por vir, eu nunca mais olhei para trás.

Mas, enquanto eu fazia essa transição de corretor institucional profissional para consultor particular dos clientes, aquilo que mais chamava minha atenção era quão pouco as pessoas sabiam sobre aquela atividade – sobre como o mundo institucional funcionava e como a máquina da bolsa operava. As armadilhas e os truques. Os perigos e as oportunidades. Mas ali estávamos nós com a Telstra, colocando investidores de primeira viagem no jogo, com corretoras *on-line* como CommSEc e E*Trade deixando a bolsa de valores gloriosamente acessível e com a proliferação dos Superfundos Autoadministrados (Self-Managed Super Funds). A ideia era de que tudo era um jogo grandioso, fácil e divertido, e que o simples fato de se estar participando era uma garantia de sucesso. Pelo menos, era assim que era vendido. Mas ninguém é Warren Buffet, e inúmeros investidores estavam destruindo seu futuro, fingindo que eram Buffet.

E, assim, num dia de 1998, eu decidi preencher essa lacuna. Juntei os *e-mails* dos meus poucos e valiosos clientes (meus ativos) numa lista de distribuição do Outlook da Microsoft e mandei um *e-mail* matutino sobre a bolsa de valores. Sobre o que estava acontecendo e onde poderíamos investir. O título era "DO MARCUS, HOJE" (*From Marcus Today*) e, nesse *e-mail* nasceu o negócio da minha *newsletter* diária sobre a bolsa, *Marcus Today*, que há 11 anos tem sido como uma sombra para mim.

Enquanto o *e-mail* ia sendo desenvolvido, surgiu uma nova tecnologia: os *hyperlinks*. Poder clicar num *link* e mandar um *e-mail* para alguém era novidade naquele tempo e, ansioso para usá-lo, decidi anunciar pedindo "perguntas idiotas". Clique nesse *link* e pergunte o que quiser. Não existem perguntas realmente idiotas nesse ramo, e há muito conhecimento baseado em premissas, mas os resultados da minha experiência foram assombrosos. Fiquei estupefato pelas coisas que as pessoas não sabiam. Aqui estávamos nós com a Telstra, todo o *boom* tecnológico, a revolução das corretagens *on-line* e a tendência de "assumir o manche" levando a uma quantidade explosiva de pessoas que assumiam a responsabilidade por seu destino financeiro e o de suas famílias. Algumas pessoas arriscavam dezenas (quando não centenas) de milhares de dólares, e ali estava eu, respondendo perguntas sobre o que significava ex-dividendo, o que era D+3 e o que era direito uma *renounceable rights issue* (emissão de novas ações aos acionistas, normalmente com algum deságio).

A maioria de nós não entende nada de cirurgias ou de odontologia, e, assim, nós vamos consultar um dentista ou um cirurgião. Mas, na bolsa, nós simplesmente mergulhamos de cabeça na parte mais funda da piscina. Nós não paramos para pensar se deveríamos mesmo fazer isso, só porque nós podemos. A bolsa é atraente demais. E nós queremos assumir as rédeas – queremos investir e negociar, queremos fazer isso sozinhos e queremos acreditar que somos Warren Buffett. É como entrar a toda velocidade num campo minado.

E foi assim que encontrei meu nicho. Dizer às pessoas onde estavam as minas e o que procurar. O que estava realmente acontecendo no mercado e na indústria, onde por e onde não pôr os pés, as armadilhas e as oportunidades. O *Marcus Today* virou um canal para os clientes e assinantes simplesmente conseguirem "perguntar". Dividir suas preocupações, perguntas e conhecimentos para o benefício de toda a base de assinantes, sem que ninguém fosse julgado. E assim nasceu a missão do *Marcus Today*: informar, explicar, ensinar e divertir (se é que se pode chamar cinismo de divertimento).

Um ano depois de eu ter mandado o meu primeiro *e-mail* com o *Marcus Today*, eu já tinha centenas de nomes na lista e, quando o *boom* tecnológico surgiu no início dos anos 2000, isso acabou se transformando em milhares de nomes, e as coisas começaram a fugir de controle. Se eu incluísse um gráfico com a ideia de se comprar uma ação, ou uma imagem em um artigo, os servidores simplesmente paravam de funcionar. Estava na hora de transformar aquele *e-mail* diário num negócio de verdade, e comecei a cobrar uma pequena assinatura de quem não fosse meu cliente.

É meio assustador vender sua primeira assinatura. Olhando para trás, eu deveria ter emoldurado aquele primeiro cheque de $250, porque ele significava um enorme compromisso de minha parte: escrever uma *newsletter* diária sobre a bolsa pelos 12 meses seguintes – no começo, para um único assinante. Eu sabiamente abri uma conta corrente separada para o dinheiro ficar lá, só para o caso de aquele ser o único cheque que eu recebesse. Eu sempre poderia devolver o dinheiro.

Mas eu não devia ter me preocupado. Um mês depois, a *newsletter* já estava voltando a ser enviada a centenas de pessoas. Meu novo site aceitava cartões de crédito. E eu me lembro de ter reclamado de ele ter me custado $1.200 – quando o seguinte iria me custar $20.000. O subsequente sairia por $60.000 e, como qualquer um que tenha um site de publicações sabe, ele é uma obra que está sempre em andamento.

Aí, em 2002, fui convidado para escrever para o *Sunday Age* "The Lookout Column" (A Coluna de Dicas), como era chamada. Eram dicas para "ficar de olho" no que deveria acontecer na semana seguinte. Quando o jornal mudou de editor, a coluna passou a ser parte da seção de negócios do *Age* de sábado. O novo editor era meio maluco. Eu não tinha *briefing*. Podia escrever qualquer coisa, desde que fosse aprovada por ele. Ele me deu uma tela escura, e o jogo começou. Em cinco anos, ele só reprovou uma coluna, e, pensando bem, eu teria feito o mesmo.

Comecei a escrever sobre tudo o que eu achava necessário, interessante e relevante, e esse livro é um filtro geral de tudo isso. Desde conselhos diretos, como o que são, na verdade, as ofertas públicas inicias de ações (IPOs) e os produtos financeiros que alegam ser de "capital garantido", até as únicas maneiras de se enriquecer de verdade e os motivos certos e errados para se investir e negociar.

E também sobre o que não se deve fazer, como assumir o controle de uma empresa só para mostrar que você pode. Sobre apostar como se fosse um cassino. E sobre engodos muito populares como ações "defensivas". Escrevi sobre questões como o que é o endividamento e qual sua função. Entender o mercado e como nós vendemos certezas e felicidade. Como, no fim, nem tudo vai dar certo. Os verdadeiros custos de fazer seu próprio investimento. Como planejar, como operar, como detectar um prejuízo e como evitar as armadilhas. O que fazer na hora em que as ações caem. As pessoas que têm êxito – e as que não têm. E por que a maioria não consegue ganhar dinheiro.

A razão pela qual o sujeito que diz "se você nunca vender, não vai ter prejuízo" é um idiota, e por que achar que você pode ser um mega operador, enquanto deixa as crianças na escola e trabalha em emprego de tempo integral, é uma brincadeira.

Em resumo: este livro é uma viagem. E fala daquelas poucas verdades da vida, como pôr a família em primeiro lugar e dar valor ao seu tempo, a pressão sobre os pais, e como o fato de se preparar para um casamento e jogar na bolsa não são coisas tão diferentes assim.

E aí também há as minhas experiências. Como passar perto da morte. Aproveitar o tempo e estar na luta, e os personagens envolvidos. O shortinho da sorte da Lulu, O gênio, A vida de Brian, o macho alfa, Skelly e o urso iogue.

Sem falar na minha linda mulher e nos meus queridos filhos, os cunhados, minha família como um todo e, principalmente, meu pai. Todos aparecem aqui regularmente, ninguém pode reclamar. O conteúdo deste livro demorou seis anos para ser escrito e 47 anos de vida. Espero que ele lhe mostre todos os prós e contras, informe-o, explique-lhe como as coisas funcionam e, acima de tudo, divirta você.

Se isso acontecer, minha missão estará cumprida.

Marcus Padley
Setembro de 2009

Tia agonia

A essência da bolsa.

Eu sempre peço "perguntas idiotas" pela minha *newsletter* na internet e acabo recebendo. Essa aqui é uma das mais memoráveis: "Eu tenho $10.000 e quero transformar isso em um milhão de dólares. O que devo fazer?"

Você pode estar pensando "que idiotice", mas o fato é que não existem perguntas idiotas nesse jogo, e, se você pensar bem, a pergunta até que é muito boa. Então, vamos tentar respondê-la.

O primeiro ponto a se notar é que você tem que aceitar o fato de que você não vai alcançar este objetivo sem estar preparado para perder todo o seu capital. Você vai ter que se arriscar. Isso você já sabe.

Seguindo.

É óbvio que você não vai alcançar esse objetivo deixando todo o dinheiro no banco, em CDBs, em fundos administrados ou num imóvel. Não existe nenhum "retorno médio" em qualquer tipo de ativo que vá atender aos seus propósitos. Você teria que ganhar na loteria ou apostar em azarões que pagassem muito bem numa corrida de cavalo. Mas qual é a inteligência de uma coisa dessas? E será que você realmente apostaria os seus $ 10.000 numa loteria com chances de 100 para 1? Não. É preciso mais do que pura sorte.

Fora do mundo do jogo, você teria duas opções.

A primeira é construir um negócio. Essa é realmente a opção mais sensata e a verdadeira resposta à pergunta. Invista em você mesmo e nos seus esforços. Mas me deixe contar uma coisa, a partir da minha experiência – embora valha a pena, traga muitas recompensas e mude toda a sua vida, isso exige um esforço considerável. E implícito na pergunta está o fato de querer que o tal milhão de dólares venha com "facilidade". Assim, só resta uma alternativa.

A bolsa de valores.

Agora, sim, nós vamos falar sério.

Vamos falar o mais importante primeiro. Se você quiser atingir esse objetivo na bolsa, não vai ser pela diversificação. Uma carteira de ações não vai servir. Você só pode conseguir isso adotando duas técnicas.

A primeira é encontrar uma ação que suba como um foguete, mas ainda seja desconhecida, e se agarrar a ela até o valor chegar a um milhão.

A segunda é escolher, consistentemente, as ações certas por um longo período. Em outras palavras, você precisa desenvolver um sistema de negociação e aumentar o capital fazendo muitas e muitas operações.

Se é um sistema desses que você pretende montar, vai ter muito trabalho pela frente. Você vai ter que mergulhar de cabeça nesse jogo. Isso significa aprender a operar e comprar o *software* certo para isso. Vai encontrar muitas histórias sobre isso nas próximas páginas.

Se você quiser escolher só uma ação, aqui vão alguns números.

Para transformar $10.000 em $1 milhão, o valor da ação tem que se multiplicar por 100 – um retorno de 10.000% sobre o capital. No índice All Ords (composto por aproximadamente 500 ações), nesse exato momento há 60 ações que deram um retorno superior a 10.000% em sua história – isso se você acertou o *timing* certinho, comprando no momento de maior baixa e vendendo no de maior alta. E as chances de comprar a ação certa são bem maiores do que você imagina. Quando eu perguntei a alguns colegas experientes quantas ações eles achavam que tinham feito $10.000 se transformarem em $1 milhão no índice All Ords, as respostas variaram de 4 a 30. Mas o número certo é 60. Ou 12% das ações que compõem o índice. Um percentual bem alto.

Aqui vão alguns dos principais casos das maiores e das mais rápidas altas no atual índice All Ords.

- Fortescue Metals. Fez $10.000 se transformarem em $73.166.666 entre setembro de 1990 e junho de 2008, ou 17,8 anos. Foi o maior retorno de todos os tempos de uma ação no All Ords.

- UXC Limited. A mais rápida. Na época em que se chamava Davnet, fez $10.000 se transformarem em $6 milhões entre junho de 1998 e março de 2000 (ou 1,8 ano), no auge da onda da internet.

- Paladin. Transformou $10.000 em $13,5 milhões entre abril de 2003 e abril de 2007 – quatro anos. Foi o terceiro maior retorno e também o terceiro mais rápido.

Entre as ações que fizeram coisas extraordinárias com $10.000 estão a News Corp, que transformou $10.000 em $26.692.393 em 25,4 anos; a BHP, que transformou o mesmo capital em $2.543.468 em 42,2 anos; e a QBE, com $12.165.775, em 32,7 anos. Outras que também conseguiram dar esse salto são ANZ, RIO, Woodside, Origin, Santos, Leighton Holdings, Coca-Cola Amatil, Lend Lease. E a lista não para por aí.

Em resumo: é possível. Mas não é fácil e pode demorar mais do que 40 anos. E ainda vai haver outros obstáculos, como ter que frear a vontade de vender, na hora em que o seu investimento dobrar para $20.000. E o que você vai fazer quando a ação que você comprou cair logo no primeiro dia? Mas a grande pergunta é a mais óbvia de todas. Por qual ação começar?

Você vai ler mais à frente sobre o deplorável retorno real da bolsa de valores. Descontados os impostos, a inflação e os custos de negociação, de administração e os "ajustes" no índice, o retorno não é o famoso 9,5% ao ano. Não existe almoço grátis. Os retornos médios estão mais próximos de zero, e, por isso, a bolsa de valores não é uma questão de médias e de diversificação, não é "ficar" no mercado e citar Warren Buffett. É tudo uma questão de *timing*, de trabalho duro e de comprar ações que subam. E que continuem subindo e depois ainda subam um pouco mais.

A tentativa de fazer $1 milhão a partir de um capital de $10.000, por mais irreal que possa parecer, é a essência de que trata o jogo dos investimentos e da consultoria. Não é "dar uma" de administrador de fundo, escondendo-se nas médias e confiando no longo prazo, e não é, para um corretor, servir como um canal de investimentos na bolsa e então relaxar e embolsar a comissão, como se tivesse prestado um serviço.

Tudo é uma questão de encontrar ações que subam e evitar as que caiam. É pensar que é possível realizar algo de realmente extraordinário e se dedicar a essa função. E mesmo que você erre por 9900%, caramba, pelo menos você dobrou o seu capital.

A bolsa de valores é o maior jogo do planeta Terra. Trate de mirar alto.

Na página 21, você vai ver *A Carteira de uma única Ação*, que todos os aspirantes a milionários deveriam ler.

Aí também tem o Fundo do Barco (veja página 132). É uma história real (como todas as deste livro) sobre dois sujeitos que transformaram $50.000 em $1 milhão. Veja como eles fizeram.

Também incluí uma série de artigos sobre operações e seus sistemas. Espero que eles ponham você no caminho para retornos bons e consistentes.

Boa sorte. E divirta-se com o jogo.

Lições do homem mais rico da Inglaterra

Uma visão brutal dos ingredientes de que você precisa para ter sucesso financeiro.

Uma vez, saí com o homem mais rico da Inglaterra. E não no sentido que está na Bíblia, é claro. Depois de algumas garrafas de bebidas muito caras, ele me deu sua visão um tanto brutal da vida e do mundo dos negócios.

Aviso: Não tentem fazer isso em casa.

Pense fora da caixa. Estabeleça uma meta impossível. Mire as estrelas e acerte a Lua. Pregue muitas fotos de Porsches na geladeira. Faça esse tipo de coisa.

É bom começar do zero. Quem é seu maior concorrente? Um cara gordo e de vida confortável, ou alguém magro e faminto? Um seguidor do *laissez-faire*, ou alguém focado, ousado e preparado para correr riscos?

É bom ter dívidas. Você nunca vai ganhar muito dinheiro sem fazer muitas dívidas. Não tenha medo delas. As obrigações fazem você realizar os esforços mais hercúleos.

Não procure um sócio. Quando as pessoas começam uma empresa, elas geralmente passam os primeiros anos procurando alguém que compre metade das ações ou das quotas e, depois, passam o resto da vida tentando se livrar dessa pessoa. O maior erro que alguém pode cometer no mundo dos negócios é tentar envolver outras pessoas, antes que o negócio sequer tome forma. Não faça isso. Alguns dos melhores "sócios" do mundo não são acionistas, mas funcionários assalariados que podem ser demitidos se você não se entender mais com eles, sem levar metade da sua empresa. Mantenha o controle. Você sempre poderá conseguir um sócio quando precisar, e eles devem trazer algo mais à mesa do que apenas amizade.

Fazer um negócio crescer por si mesmo não irá trazer mais do que pequenos retornos. Dê os grandes passos: os pequenos passos acontecem naturalmente. Pode-se ganhar mais dinheiro numa reunião de uma hora do que diariamente, numa fábrica.

Seu negócio tem que ser escalável. Você não pode ganhar uma quantidade exponencial de dinheiro sem um crescimento exponencial. Um astro da música pop que grava um disco tem um negócio escalável – e é por isso que eles são ricos. Já os carros da Morgan existem há cem anos e continuam na mesma fábrica, com uma lista de espera para atender. Eles não vendem carro. Racionam o que vendem. Esse negócio não é escalável.

Paciência não é uma virtude. É uma perda de tempo total. O tempo é a mercadoria mais preciosa que você tem, e você não vai ser bem-sucedido sem ela. Ninguém jamais ficou rico trabalhando de 9 às 5 e folgando nos fins de semana. Isso exige uma imersão total. Cada atividade sua vira uma equação de tempo x dinheiro.

Não existe esse negócio de inteligência. O que nós chamamos de inteligência é só uma expressão de trabalho duro e preparação. Não tem nada que você possa fazer com o cérebro que não possa ser feito com dedicação. O que você não souber, pode aprender, e todos nós temos a capacidade de aprender.

Nada substitui o erro. Eles reduzem o tempo de aprendizado.

Educação é fundamental. Quanto mais você aprender, mais luzes vão se acender, e mais você vai perceber as que estão apagadas. Você tem que saber o máximo que puder – nada substitui o conhecimento. Ele abre portas. E saber o que você não sabe é tão importante quanto saber o que você sabe.

Só que... existe uma diferença entre educação e qualificação. Vá atrás de uma qualificação, e tudo o que você vai conseguir é ser explorado por uma empresa. Vá atrás de uma educação, e você passa a ser o seu próprio senhor. Levando esse conceito a um extremo, "por que fazer provas?" Se você aprendeu o que tinha que aprender, tem tudo de que precisa. O diploma tem pouca importância, a não ser que você queira impressionar alguém e aumentar o patrimônio dele, em vez do seu.

Você não pode fazer tudo sozinho. Por sorte, o capital mais valioso e disponível do mundo é o capital humano, ou seja, funcionários. A disposição de pessoas extremamente capazes de trabalhar por uma quantia certa, em vez de variável, é o investimento mais barato, disponível e exploratório que você poderá fazer. Invista nos mercados, e você irá se preocupar com retornos que vão de negativo a até 20% ao ano. Invista em pessoas, e seus retornos poderão ser de centenas por cento. Simplesmente não existe melhor retorno sobre o capital do que o capital "empregado".

Não dá para empregar quem não se desafia. Pessoas de 25 anos de idade não devem estar mais na casa dos pais comendo pizza requentada. Quanto mais tempo elas ficarem ligadas ao cordão umbilical financeiro deles, mais fracas vão ficar. Dê comida a um pato, e ele nunca vai aprender a arranjar comida. Pelo próprio bem deles, eles devem ser soltos na selva. Expulse-os de casa. Não dá para empregar gente mole.

Foi mais ou menos isso o que eu anotei. Depois disso, comecei a ficar meio ébrio e a caligrafia, um tanto ilegível. Mas que curso!

Ele também pagou a conta.

Nota do Autor – Essa coluna gerou uma imensa reação dos leitores, a maioria dizendo que *a vida é mais do que dinheiro.*

A carteira de uma única ação

A diversificação não tem nada de glorioso. É só um tipo de crença que estamos sempre seguindo.

O capitão Cook, que foi o primeiro de uma longa lista de capitães da marinha inglesa a "descobrir" a Austrália, costumava falar categoricamente o seguinte sobre qualquer viagem de exploração: *se você descobrir qualquer grupo de seres humanos, no lugar mais remoto que for, eles vão ter um Deus e uma religião.* Não foi ideia de ninguém. Trata-se de uma necessidade humana, abrigar-se sob um ser onipotente e uma crença que una as pessoas. Ter todas as nossas grandes perguntas da vida – aliás, qualquer pergunta – respondidas não pela lógica, mas por um guru e seus ensinamentos.

O resultado final é que, da religião à consultoria financeira, nossa insegurança atribui aos nossos símbolos muito mais fé e confiança do que eles poderiam realisticamente possuir ou merecer.

E tem sido assim desde os tempos imemoriais.

O espantoso é que os animais não fazem isso. A estupidez, a fé cega e a insegurança são, aparentemente, funções dos cérebros mais evoluídos.

Na remota vida selvagem da construção de carteiras, nós também temos um monte de gurus e uma religião toda própria. E ela se chama... diversificação.

Todos nós já ouvimos essa ladainha. Um mix de ações, renda fixa, imóveis e dinheiro. Um mix de investimentos domésticos e internacionais. Um mix de diversos setores, incluindo minérios, bancos e indústrias. O fato é que, quando você sai de uma reunião com um planejador financeiro, comum nos dias de hoje, você pode até pensar que comprou quotas de cinco fundos mútuos, mas o que você tem, na verdade, é uma

carteira com 14 tipos de ativos e três mil ações com sede em meia dúzia de países.

Portanto, vamos nos afastar desse conceito por alguns momentos. Vamos acabar logo com todo esse discurso de consenso e refletir um pouco sobre a seguinte blasfêmia: *a carteira de uma única ação.*

Por que não deveríamos escolher somente uma ação? Se um mercado está com uma tendência muito acentuada, qual é o motivo para se diversificar? Não existe nada de glorioso na diversificação. Ela não passa de uma dessas "crenças" que alguém passou adiante certa vez, e, desde então, nós prestamos nossas homenagens. Ela não vai te salvar num mercado em baixa e não vai melhorar seus retornos quando a bolsa subir.

Tudo o que ela faz é deixar você pensar que está seguro e, com isso, gerar preguiça e falta de atenção – que acabam por aumentar os riscos.

Mesmo com a bolsa caindo, as oportunidades existem em ações individuais, mesmo que não haja nada de bom sendo vendido "na média". Se você quiser retornos extraordinários, você tem que buscar retornos positivos independentes que estejam acima da média. Você tem que se concentrar e, mesmo que alguns de vocês se preocupem com o fato de colocarem todos os ovos na mesma cesta, a verdade é que, se for bem feito, a carteira de uma só ação é bem menos arriscada. Negociar uma só ação em vez de toda uma carteira requer uma excelente disciplina. É um risco grande, por isso você tem mesmo que prestar atenção – e prestar atenção faz muito bem para a sua habilidade de operar na bolsa.

Tendo uma só ação, você vai ter que se esforçar bem mais antes de comprar. Ter uma só ação deixa a mente focada. Faz você pensar muito antes de qualquer operação. Você planeja. Estabelece metas. Traça uma estratégia. Fica atento. Muuuito atento. Com tanta coisa em jogo, você tem que estar atento.

Por outro lado, o investimento numa carteira gera uma falsa sensação de segurança, que leva à falta de atenção. Operar com uma única ação promove a disciplina. Em vez de ser mais arriscado, ela acaba sendo menos arriscada, porque você acaba se tornando mais avesso aos riscos, fica mais conectado ao seu investimento e sensível às más notícias. Você sabe mais ao que está se expondo do que jamais saberá tentando obter o mesmo nível de informação sobre vinte ações. O que você prefere? Saber tudo sobre uma única ação, ou um pouquinho sobre vinte? De que maneira você está mais propenso a cometer um erro?

Com uma única ação, as operações se tornam mais interessantes e geram um senso maior de realização. Se for bem feito, não será necessariamente mais arriscado, ou voltado só para o curto prazo – é até menos arriscado, porque você entrou de cabeça no jogo.

Operando só uma ação, você estará mais inclinado a cortar seus prejuízos. Você só tem que monitorar uma ação. Vai mandar vender, em vez de se ferrar. Vai controlar os resultados, em vez de deixar por conta da sorte e do longo prazo. E ainda vai fazer uma coisa que quem tem vinte ações raramente faz: vai concretizar seus lucros rapidamente. E vai ver que a sensação é purificadora.

Você vai entrar no olho do furacão. Vai voltar a ter clareza mental. O mundo está aos seus pés, e você vai ter o tempo e a frieza necessária para colocar todos os seus esforços numa coisa em que poucos de nós gastamos o nosso tempo: a procura pelo melhor investimento individual do mundo, num dado momento.

Uma única e boa ação.

Discurso indireto

Conciso Dicionário Padley da Bolsa de Valores. Tenha o dicionário ao seu lado o tempo todo.

Tem uma tira em quadrinhos da Far Side que mostra um homem conversando com um cachorro. No primeiro quadro, chamado "O que nós falamos para os cachorros", o Homem diz:

– OK, Ginger. Agora chega! Sai desse lixo agora mesmo! Entendeu, Ginger? Sai do lixo agora, senão...

No segundo quadro, intitulado "O que eles ouvem", mostra o ponto de vista do cachorro:

– Blá, Ginger. Blá blá! Blá blá blá blá blá! Blá, Ginger? Blá blá blá, blá...

Parece até a minha primeira esposa. Nos últimos suspiros do nosso relacionamento, nós também nos vimos reduzidos a uma comunicação um tanto ineficaz e indireta. Quando já não falávamos a mesma língua, utilizávamos o cachorro como meio. Por exemplo: olhando direto para a nossa cadela e falando com uma voz afetuosa, ela dizia algo do gênero:

– E então? Quem foi que passou a tarde inteira deitado no sofá, fazendo m@#%& na hora do rúgbi?

Ao qual eu respondia, direto para a cadela:

– E quem é a p@#% mais chata dessa casa?

Até que deu certo, porque no fim a cadela já entendia perfeitamente a expressão "meu advogado".

O discurso indireto está em toda parte, na nossa vida doméstica, profissional e na bolsa de valores. Aqui vão alguns exemplos, extraídos do *Conciso Dicionário Padley da Bolsa de Valores*. Tenha o dicionário ao seu lado o tempo todo.

Papo de Analista

- Manter – É para vender. Mas nós não vamos arruinar anos de um relacionamento construído entre o analista e a empresa e entre o departamento corporativo e a empresa.
- Comprar – Está no pregão.
- Vender – É vender mesmo.
- Estamos passando de comprar para manter – Venda.
- Estamos passando de manter para *underperform* – Venda.
- Abaixo da média do mercado – Venda.
- Acima da média do mercado/Abaixo da média do mercado/*Outperform/Underperform* – Essa pesquisa se destina apenas à nossa base de clientes institucionais. O que que ela está fazendo na sua mão?
- *Oversold* (extremamente vendida) – Essa é uma empresa horrível, mas fomos nós que a pusemos na bolsa.
- *Overbought* (extremamente comprada) – Nós dissemos que era para vender, mas ações continuaram subindo. Desculpem a nossa falha.
- Compra de alto risco. – Nós não somos responsáveis pelos prejuízos que você tiver ao comprar essa ação, sob nossa recomendação.
- Comprar (vindo de uma grande corretora, sobre uma pequena empresa) – Estamos prestes a abrir (ou aumentar) seu capital.

Papo de Corretor

- "Alô, há quanto tempo que eu não falo com você." – Eu disquei o número errado.
- "Eu te ligo." – Não ligue para mim.
- "Pode deixar que eu te ligo." – Provavelmente eu nunca mais vou falar com você.
- "Vou te ligar daqui a pouquinho." – Você é o meu maior cliente e eu vou te ligar imediatamente.
- "Hora de realizar os lucros." – Eu ainda não fiz nenhuma operação hoje.

- "Nunca se está errado ao obter um lucro." – A culpa não é minha se a ação continuar subindo.
- "Ele é um grande analista." – A última ação recomendada subiu.
- "Eu disse que era para comprar." – Era uma boa ideia, mas na época, eu não sabia.
- "Tudo vai dar certo a longo prazo." – Foi uma péssima recomen-dação a curto prazo.
- "O mercado está parado." – Acabei de almoçar e não faço a menor ideia do que está acontecendo.
- "A administração da empresa é que mentiu para a gente." – A culpa não é minha.
- "Compre na baixa e venda na alta." – Não tive nenhum treinamento em finanças.
- "Que bela recomendação!" – Nessa, nós demos uma sorte danada.
- "Posso te passar para um colega meu?" – Você está parecendo ser um pé no s...
- "A Fortescue Metals nunca vai conseguir produzir 55 milhões de toneladas por ano." – Esperamos fazer uma grande operação com a BHP ou com a RIO algum dia.

Papo de Cliente

- "Eu nunca negociei opções na vida, mas tenho que fazer uma operação hoje." – Estou com alguma informação confidencial.
- "Eu pensei que devia dar uma ligada." – Por que que você já não me liga há três anos?
- "Eu mesmo pego o cheque na recepção." – Dei um endereço falso a você.
- "Não conte nada a ninguém." – Grite a plenos pulmões.
- "Eu opero à la Warren Buffet." – Não tenho a menor ideia de como funciona uma bolsa de valores.
- "Qual é a boa?" – Não passo de um idiota.
- "Sou um operador muito experiente." – Faz seis meses que eu opero na internet.

- “Qual é a comissão de vocês?” – Eu estou tentando negociar pela internet e estou perdendo dinheiro.
- “Sou um peixe grande.” – Eu gostaria de alugar as ações que vocês têm para fazer algumas operações, se vocês não se opuserem.
- “Meu pai é muito rico.” – Eu tenho $3.000, mas gostaria de fazer operações de $100.000.
- “Estou procurando uma corretora nova.” – Estou devendo dinheiro à minha antiga corretora.
- “Meu e-mail é XYZ@hotmail.com.” – Eu gosto de me manter anônimo e não estou preparado para pagar coisa alguma. Não me permita fazer uma operação sem que o dinheiro esteja depositado no banco.

Papo de empresa

- “Acabamos de realizar uma avaliação independente.” – Nós pagamos a alguém para dizer que a nossa empresa vale 30% a mais do que na realidade.
- “O avaliador independente considera que essa é uma oferta justa e razoável.” – As opções dos diretores vão valer uma fortuna se essa negociação der certo.
- “Nós aumentamos a nossa oferta.” – É bastante óbvio que nós não estamos pagando o suficiente.
- “Acabamos de fazer uma *colocação privada*.” – Acabamos de desovar um monte de ações baratas para os nossos amigos.
- “Mudanças inesperadas e inexplicáveis no tempo impactaram os lucros do primeiro semestre.” – Não temos a menor desculpa para isso.
- “Nosso lucro líquido será utilizado para cobrir nossa necessidade de capital de giro.” – A Aston Martin acabou de lançar o novo DB9.

Rodas de liga leve

Imagine como seria o mundo se as pessoas se curassem da necessidade de impressionar os outros.

Mande um marciano para a Terra com a missão de fazer algumas observações objetivas, e vão haver coisas que ele simplesmente não vai entender. A principal vai ser o fato de seres inteligentes cuidarem de cachorros, mas o segundo lugar na lista com certeza seria a proliferação de rodas de liga leve e brincos de diamantes. O que é isso?

Eu não sei bem por quê, mas há algum tempo um amigo meu pagou $4.500 por um jogo de rodas de liga leve. Provavelmente não haveria problema algum, desde que:

a) ele tivesse avisado à mulher antes;

b) não tivesse uma hipoteca enorme para pagar;

c) o carro onde as rodas seriam instaladas valesse mais de $10.000;

d) ele passasse mais tempo cuidando das crianças do que deitado no sofá, sem fazer absolutamente nada.

A mulher racionou a comida dele por um mês inteiro. Volta e meia eu me pergunto se ela teria essa mesma reação se ele tivesse voltado para casa com uma coisa igualmente inútil do ponto de vista de um marciano, como um brinco de diamantes.

Se a felicidade é uma antecipação de uma melhoria no nosso padrão de vida, então as rodas de liga leve e os brincos de diamantes se destinam a comunicar a todo mundo que nós chegamos para a festa. O objetivo prático vem em segundo lugar. O fato de os dois se venderem a partir das aparências, e não da funcionalidade, ilustra bem como a maioria de nós é programada.

Para impressionar os outros.

Essa falha na nossa montagem pode trazer enormes qualidades (como nos conduzir ao êxito), mas também é muito cara, estressante, toma tempo e, do ponto de vista de um marciano, não passa de um condicionamento sem sentido. Ela também nos torna muito vulneráveis. É dessa fraqueza que se aproveita o setor de serviços financeiros. Se todo mundo tem a necessidade constante de melhorar de vida, fica muito fácil saber como vender. Os vendedores de produtos financeiros fazem a mesma e inebriante promessa: um aumento no patrimônio e, é claro, da posição social.

Quando eu entrei no ramo de corretagem, meu mentor me falou a seguinte frase:

– A corretagem de ações, Marcus, se resume a três coisas: empacotar uma esperança, entregar o que você prometeu e fazer o máximo de operações nesse meio-tempo.

Vamos nos aprofundar mais nesses pontos. Os três passos do guia da corretagem.

As pessoas compram uma esperança. Ofereça uma esperança, e as carteiras irão se abrir. Você pode dar uma esperança por alguns segundos (uma operação de *day-trade*), ou entregá-la num prazo mais longo. Se quiser que o cliente continue com você, é melhor entregá-la num prazo mais longo. A única maneira de se fazer isso é com uma estrutura. Um plano. Para serem felizes, as pessoas precisam saber que estão num caminho. Mostre isso a elas, e você estará entregando o que elas querem – uma certeza.

Entregue. Só existe uma crença no mundo da corretagem. Faça as pessoas ganharem dinheiro. Se você fizer as pessoas ganharem dinheiro, você também vai ganhar, por via de consequência. Se você se dedicar a ganhar dinheiro só para você, vai fracassar. Para ser bem-sucedido, você tem que fazer as outras pessoas bem-sucedidas. Entregue o que prometeu para os outros, e não terá mais que se preocupar com você mesmo.

Execute. O papel de um corretor é facilitar as operações. Transformar pensamentos em negócios. Toda vez que um cliente chamar você ao telefone, é porque ele está com alguma ideia na cabeça. Sua tarefa é descobrir o que é e executá-la o mais rápido possível. Veja qual é a intenção e aja imediatamente. Não perca tempo. Ele vale dinheiro. Veja o que o cliente quer e faça a operação.

É claro que esse guia de três passos era o que havia nos anos 1980, antes de a alavancagem se tornar comum, antes que pudéssemos escolher a velocidade com que desejávamos avançar. Com que rapidez nós queríamos impressionar os outros. Agora as coisas estão bem diferentes. A indústria de serviços financeiros não vende apenas uma esperança. Vende velocidade e engrenagens. Vender engrenagens se transformou numa função central dessa indústria.

Alguns produtos são bem transparentes – como empréstimos de margem. Outros, nem tanto, como no caso dos CFDs (*contracts for difference*) – contrato entre duas partes, geralmente chamadas de "comprador" e "vendedor". Alguns são tão completos, que as engrenagens são difíceis de serem vistas. Mas eu posso garantir que, quanto mais promissora, complexa e enfeitada for a história, mais você vai acabar pagando em juros, custos de *hedge*, ou *spread*. Tudo se resume a alguém vender um produto que deixa o vendedor com todo o rendimento financeiro, e o comprador com o risco inteiro. Ganhar dinheiro é um negócio arriscado e, quanto mais irreais forem as suas expectativas, quanto mais urgente sua necessidade, mais vulnerável você estiver, maior a probabilidade de você entrar numa armadilha. Você tem que participar do jogo pelos motivos certos. Só para impressionar os outros, não dá.

É de se imaginar como seria o mundo se nós nos curássemos dessa necessidade. Se não tivéssemos que impressionar mais ninguém. Se pudéssemos encontrar a satisfação sem precisarmos de elogios. Se alcançássemos a felicidade não mais pela antecipação de uma melhoria do nosso estilo de vida, mas pela satisfação com a nossa vida atual. Aprender a curtir o que se tem e não o que se poderia ter. A indústria de serviços financeiros iria à falência. Tudo seria bem menos estressante e mais barato.

As rodas de liga leve e os brincos de diamantes não iriam mais existir.

Mas é claro que isso jamais irá acontecer. Um curso de 6000 anos de budismo pode lhe dar alguma satisfação, mas não vai adiantar nada se a sua cara-metade não estiver satisfeita. E o problema é exatamente esse. As rodas de liga leve e os brincos de diamantes podem não ter serventia alguma, mas tente dizer isso aos outros, especialmente à patroa. Portanto, de volta ao trabalho duro.

Um bom sujeito

O Goodman teve muita sorte. Deve ser admirado. Mas imitado? Não necessariamente.

Um dos meus colegas (vamos chamá-lo de Goodman), um dia, comprou ações de uma empresa que quase faliu – e que depois acabaria falindo. No dia em que ele comprou, a empresa tinha acabado de sair de uma suspensão de duas semanas, com a existência por um fio, depois de convencer os bancos credores a não deixá-la quebrar, pelo menos pelos próximos um ou dois meses.

Às dez horas da manhã em questão, a ação abriu, sendo negociada a 46,5¢. Goodman comprou 50.000. Às 10h03, ele desovou tudo a 54¢, com um lucro de $3.750. Em três minutos. Com uma taxa de retorno desse tipo, se ele negociasse oito horas por dia e tirasse quatro semanas de férias por ano, ele estaria ganhando, no momento, uma renda de $216 milhões por ano.

Que herói maravilhoso! E os cumprimentos e o sorriso de orelha a orelha que ele exibia eram totalmente merecidos, e seus convites para almoçar aceitos com gratidão.

Todos nós admiramos alguém que se expõe a algum tipo de risco aqui na Austrália – afinal, esse é o País dos Sortudos. Qualquer civilização, para ganhar a vida no cerrado australiano, precisou de garra, coragem e de um bocado de sorte. De modo que os australianos respeitam a sorte – e a admiram. Nós não a desprezamos, não a menosprezamos e não a degradamos. É uma característica admirável ter sorte, e, com o mercado em baixa, ter um pouco de sorte na bolsa não é nada mais nada menos que glorioso.

Enquanto a história se espalhava, todos nós pensávamos. "Que droga, eu também devia ter comprado essa açãozinha porcaria."

E na próxima vez em que uma empresa voltar a ser listada depois de passar por uma longa suspensão, com um restinho de vida nas mãos, provavelmente é o que vamos fazer. Mas, em vez de ficar me recriminando por uma oportunidade que agora já foi, vale a pena dizer o seguinte: toda noite tem gente que sai do cassino com alguns maços de dinheiro. E nós não temos o menor motivo para nos sentir mal por não tentar imitar o sucesso delas.

Incentivado pelo almoço, Goodman disse ter um *insight* profundo sobre o comportamento da manada. Mas ele sabia, assim como todos nós, que a operação que ele fez não foi concebida mediante a aplicação de um raciocínio analítico ou técnico, mas por pura estupidez e a necessidade dele de obter algum tipo de estímulo. A verdade é que a operação teve uma chance de meio a meio de dar certo, na melhor das hipóteses (igual a um cassino), e, como o coleguinha admitiu, poderia tê-lo feito perder $3.750 com a mesma facilidade com que ganhou.

Mas nós não diminuímos a jogada dele, porque, como qualquer pessoa que já ganhou ou perdeu dinheiro na bolsa irá lhe dizer, a sorte é uma *commodity* que tem valor. É a amante de todos nós. A chave da sobrevivência. Não existem retornos 100% livres de sorte.

Investidores sofisticados que miram no longo prazo geram retornos dentro da média do mercado. Quando a bolsa está subindo, as chances de um bom retorno são superiores a 50%, e, quando está caindo, as chances são inferiores a 50%. Quando a bolsa está caindo, as chances de se obter um bom retorno são menores do que uma aposta de um dia numa ação que quase faliu. Percebe-se, dessa maneira, que, com a bolsa em baixa, uma aposta aleatória tem uma chance de retorno melhor do que um investimento bem pensado.

A aposta do Goodman, portanto, é uma bela propaganda sobre por que se deve jogar, em vez de investir, quando a bolsa está caindo, e provavelmente é por isso que o aspecto de jogatina da bolsa se sustenta tão bem, independentemente de qual seja a tendência. As pessoas adoram jogar e, quando a bolsa está caindo, é aí que dá para se ganhar algum dinheiro. Jogadas como a do Goodman deixam expostos ao ridículo os corretores, os administradores de fundos, os grandes financistas, os "conselhos" e o fato de se ter um "fundamento razoável" para a sua recomendação. Tudo o que você tem a fazer quando o mercado está em baixa é nadar na onda da liquidez e da volatilidade – que é exatamente o que as pessoas fazem.

O que atraiu o Goodman a essa ação, naquele dia específico, são os mesmos elementos que atraem qualquer jogador ao *day-trade* da bolsa – volume e volatilidade. Naquele dia, a tal ação que voltou ao pregão teve mais de 50% de suas ações negociadas, oscilou em um intervalo de 35%, e o preço terminou subindo 56%. O dia perfeito para uma avalanche de *day-trades*.

Parece tudo muito bom. Mas, se você comparar isso com os preços médios ponderados pelo volume daquele dia, comparado ao preço de fechamento, o *day-trader* médio, em cada mercado, acabou perdendo 19% e, multiplicando-se isso pelo número de ações negociadas, o brilhantismo conjunto de toda a comunidade de *day-traders* conseguiu a façanha de perder $3.847.017 entre si naquele dia. Sem contar as comissões.

Goodman teve bastante sorte. Deve ser altamente admirado. Mas imitado? Não necessariamente.

Um retorno de 400%

Pare de procurar um lugar para investir. O primeiro lugar para se investir é em si mesmo, nos seus próprios esforços.

Antes de eu virar pai, um colega de trabalho me falou que o mundo se divide em dois tipos de pessoas: as que têm filhos e as que não têm. Eu não entendi exatamente o que ele queria dizer naquela época, mas, depois que virei pai, entendi.

O mundo profissional também se divide em dois tipos de pessoas: as que leram *Pai Rico, Pai Pobre* e as que não leram. Se você ganha salário e tem que pagar as prestações do carro e da casa própria, é melhor arranjar um exemplar.

Um anúncio de televisão diz que "as grandes empresas são erguidas nas costas de grandes empregados". E é verdade. A mercadoria mais fácil de ser explorada no mundo industrial não é o minério de ferro, mas a disposição das pessoas de trabalhar para as outras por uma quantidade fixa de dinheiro, em vez de uma variável.

As pessoas gostam de ter certezas. Elas precisam de certezas para poderem assumir compromissos financeiros, em seus relacionamentos, encaixar-se numa comunidade e se sentirem "orgulhosas". Mas tudo isso é desculpa para encobrir a questão principal: as pessoas detestam olhar para o abismo; elas têm medo do abismo. E a certeza afasta esse medo.

Esse desejo de se ter certeza, que está presente até mesmo nas pessoas mais inteligentes, capazes e educadas, representa uma oportunidade de investimento maior do que qualquer investimento na bolsa.

Funciona da seguinte maneira. Quando eu estava na UBS Phillips & Drew, na Inglaterra, nos anos 1980, nós costumávamos discutir nossas comissões com a gerência. Argumentávamos que, se um vendedor de escovas ganhava 50% de cada venda que fazia, nós também deveríamos ganhar o mesmo.

Eles contra-atacaram com a força da marca, a base de custos, os serviços, as verbas de representação, os bônus e, acima de tudo, disseram que nós não éramos insubstituíveis. Os clientes, eles disseram, lidavam com a firma, e não com a gente, e embora as relações pessoais que tínhamos com os clientes fossem valiosas, a verdade era que (ainda segundo a firma) a maioria dos clientes trabalharia com quem quer que estivesse na outra ponta, realizando a operação.

Bem. Nesse caso, que tal 20%?

Dez por cento, eles disseram.

E nós aceitamos os 10%, com um bônus que colocava alguns dos principais operadores na casa dos 20%.

Alguns operadores geravam para os patrões uns dois milhões de dólares por ano. Mesmo uma comissão de 10% já era um grande salário, e alguns deles vinham com um bônus de 100%.

Mas vamos olhar isso mais de perto. Pode parecer bem generoso que uma pessoa ganhe $200.000 sobre cada milhão que ela gera de faturamento, mas isso significa que o patrão está ficando com $800.000, que é um retorno de 400% sobre o capital investido no empregado. E, de repente, 20% (para não falar nem dos 10%) começa a parecer meio fraquinho. Muito fraquinho. Como é que a gente pode se permitir ser explorado dessa maneira? Como?

Porque nós queríamos segurança. Explorar uma pessoa que deseja segurança é uma cultura extremamente aceita e bem desenvolvida. Os grandes empregadores aprenderam essa arte. Aprenderam a tirar sua atenção dos lucros deles com um título, um bônus, uma promessa, uma responsabilidade, um carro bancado pela empresa, uma sala, uma sala melhor ainda, uma cadeira confortável, depois uma cadeira mais confortável ainda, papéis timbrados, uma enorme festa de Natal e um jogo de *paintball*. Alguma coisa, qualquer coisa que os empregados possam levar para casa e se gabar a respeito. Todos substitutos perfeitamente aceitáveis para o dinheiro vivo que eles levam para casa, em cima do seu trabalho.

Compare os 400% de retorno em cima de um empregado com o retorno médio de 9,5% ao ano numa ação e fica imediatamente claro por que nós não estamos fazendo nada de mais na bolsa. Você quer 9,5% ou 400%? Quer investir na bolsa ou num empregado? Hmmm. Na bolsa ou num empregado? Em que que eu deveria investir?

Hmmm.

Eu fui posto "em disponibilidade" duas vezes nos anos 1990 por grandes empresas. Enormes corretoras. E eu tinha filhos para cuidar. Apesar de eu viver muito bem com as verbas rescisórias nos primeiros tempos, não existe nada de agradável em ficar três meses na rua procurando emprego, preocupado com o longo prazo. Quando se está desempregado, cada dólar que se ganha vai direto para o pagamento da prestação da casa própria. Nesse sentido, cada cerveja que me custava $5, na verdade estava saindo por $5 mais 25 anos de juros à taxa corrente da hipoteca de então. Somando tudo, $34. Para um desempregado, uma cerveja custa $34. O gosto não é lá essas coisas e faz você pensar o quanto é importante a sua segurança no emprego e o quanto todos nós ficamos vulneráveis sem ter controle do nosso emprego.

Todos os assalariados são vulneráveis. A segurança da renda é uma ilusão, sem se ter a certeza de se manter no emprego. Para se precaver contra isso, você tem que fazer uma das duas coisas a seguir – virar um empregado imprescindível (*Pai Pobre*), ou virar seu próprio chefe e construir o seu próprio ativo (*Pai Rico*). Existem muitos Pais Pobres que são ricos, mas esses tiveram sorte. Os Pais Ricos não precisaram ter sorte.

Passamos tanto tempo pensando no que investir, quando o primeiro lugar a se investir é em si mesmo, nos seus próprios esforços. Você é o melhor empregado à sua disposição, portanto, comece por aí. Invista em si mesmo, construa os seus ativos e, com o tempo, você também poderá começar a explorar o ativo mais valioso do mundo ocidental. Gente como você.

O urso iogue

Lições de um mercado em baixa. Tire essa da cartola na próxima vez em que vir a bolsa caindo.

Uma vez eu estava vendo por acaso um desses canais de documentário da Fox e vi um iogue australiano, um cara que saiu viajando pelo mundo em 1972, e foi parar no templo Biranchi Narayan, em Buguda, na Índia. Passou a fazer ioga e meditação, mergulhou nos mistérios do cosmos e acabou se tornando extremamente flexível.

Zapeei para o canal de Crimes e Investigações e estava passando *Missing Persons* (Pessoas Desaparecidas), e lá estava ele outra vez.

Seria muito curioso da parte de um pai de quatro filhos (ou oito, se contarmos os animais de estimação), mas eu adoraria passar algum tempo fazendo os movimentos de devoção a Surya ao nascer do sol. Os antigos hindus costumavam fazer 108 *namaskars* por dia. Um *namaskar* significa completar dez posturas iogues num movimento contínuo, enquanto se pronuncia um entre 12 mantras diferentes.

– Você tem duas chances para fazer isso – disse a minha mulher, quando víamos o sol nascer. Depois acrescentou, rapidinho: – Agora vai trabalhar.

Aparentemente, a execução dos movimentos de devoção a Surya, no *namaskar*, recebe a mesma classificação de assistir a um jogo de críquete ou jogar golfe. É um prazer absolutamente egoísta para alguém que deveria estar, de uma maneira mais realista, assumindo pelo menos metade do peso de cuidar das crianças. Para um pai, fica claro que qualquer esporte ou passatempo que demore mais de 90 minutos é um verdadeiro abuso do relacionamento, e nós não estamos nem falando de uma pescaria. Existem cinco motivos previstos para se alegar num processo de divórcio – mas, surpreendentemente, esse não é um deles. Pelo menos, não por enquanto.

Impossibilitado de ficar contemplando o cosmos pessoalmente, tive sorte em ir bater no Discovery Channel. Apesar de que o objetivo do programa fosse promover a prática da ioga e da meditação, logo ficou claro que, depois de muitos e muitos anos de contemplação, a sabedoria adquirida pelo iogue podia ser resumida num único e simples ensinamento, que é o seguinte: todo o universo está situado dentro do seu corpo, e não existem o ontem, nem o amanhã, só o "agora". O iogue também falou que é muito comum nós estragarmos o "agora" nos preocupando com o "amanhã", preocupando-nos assim com algo que talvez nunca aconteça.

Eu só queria ver esse cara depois de uma semana no lar dos Padley, tentando contemplar o "agora", em vez de ter o pelo arrancado pelos deveres que um garoto de 11 anos traz para casa. Boa sorte, camarada.

Quando a bolsa despencou em 2008, todos nós passamos muito tempo contemplando seus movimentos mais absurdos. A maioria das nossas conclusões, e o conhecimento por trás delas, já havia sido aprendida no estouro da bolha tecnológica de 2001. Infelizmente, tudo isso havia sido esquecido, e a maioria dos conhecimentos recém-adquiridos veio tarde demais para evitar o desastre que a bolsa já tinha nos incutido.

Portanto, para o bem daqueles que se esqueceram e que vão se esquecer de novo, ou para aqueles que não se incutiram de todo o conhecimento, aqui vai uma série de mantras que vocês podem utilizar, quando a bolsa cair outra vez.

- Dinheiro se ganha quando a bolsa está subindo.
- Quando a bolsa está caindo, é hora de não perder dinheiro.
- Ninguém nunca diz que é para vender.
- Vender e conquistar lucros ou prejuízos é uma coisa que você vai ter que decidir sozinho e fazer sozinho.
- É muito difícil sair de um fundo administrado.
- A alavancagem aumenta seus lucros e prejuízos.
- O mercado sempre está certo.
- Ouça o mercado.

- A análise técnica não é papo furado.
- Imponha um limite de perda. Imponha um limite de perda. Imponha um limite de perda.
- Não perca dinheiro. Não perca dinheiro. Não perca dinheiro.
- O capital é mais importante que o rendimento.
- Retornos relativos são irrelevantes.
- Se a gente voltar ao "normal", já é uma grande coisa.
- Quando se vir socando o ar de felicidade... venda.
- Você não é o Warren Buffett. Só aqueles que não precisam se preocupar com as prestações da casa própria, com a escola dos filhos e com a aposentadoria podem se dar ao luxo de, com a bolsa caindo, pensar no valor que as ações vão ter a longo prazo. Todos os outros devem vender. Os investimentos de longo prazo geram falsas crenças, falta de ação e uma preguiça muito cara.
- Os corretores têm uma propensão de serem otimistas até o fim dos tempos.
- Apesar de todas as ressalvas, as pesquisas das corretoras costumam ser favoráveis às empresas.
- Os preços das ações guiam a maioria dos analistas e todos os economistas.
- Premissas estão na base de todas as pesquisas.
- O fato de você não vender não quer dizer que você não tenha tido prejuízo.

Finalmente, e apesar de toda a teoria financeira, muito popular e conveniente, de que não se pode "marcar" o mercado, o *timing* é tudo. Para ser bem sincero, se o setor de corretagem *full service* algum dia quiser se diferenciar da corretagem pela internet e justificar sua existência para seus clientes principais, ela tem que oferecer isso: conselhos sobre *timing*. Seria uma grande coisa.

É claro que é muito mais fácil quando a bolsa sobe, em vez de cair. Nada como um lucrinho fácil para encobrir um monte de pecados.

A vantagem

Se você está procurando as mesmas coisas que todo mundo, quer dizer que o dinheiro está sendo conseguido em outra parte.

Quer saber se o seu corretor é bom mesmo? Ligue para ele no período entre o Natal e o Ano Novo. Se ele atender, está respondido. E, assim lá estava eu, entre o Natal de 2001 e o Ano Novo de 2002, com a camiseta *Meu Pai É um Idiota* que ganhei dos meus filhos no Natal, quando o telefone tocou. Era um jornalista de economia. Senti-me elevado. Tinha encontrado alguém que era mais idiota do que eu. Não é mole ficar de plantão no Natal.

Ele estava fazendo as coisas que sempre são feitas nesse período, ligando para algumas corretoras e pedindo previsões para o ano seguinte. Ele estava fazendo uma espécie de competição para ver quem acertava em quanto estaria o índice All Ords no final do ano seguinte.

Qualquer corretor de inteligência mediana vai lhe dizer que não se pode ganhar nenhum joguinho de estimativas de preço sem estar muito a par de tudo o que acontece, ou não ter a menor ideia do que acontece. Esconda-se no meio dos outros, dê um chute mais ou menos realista, e você vai ver que é como apostar na valorização de um imóvel. É muito melhor arriscar para cima ou para baixo, apostar numa alta ou numa baixa enormes. Perguntei em quanto andavam as estimativas. A aposta mais alta era alta demais, por isso fiz uma aposta pessimista.

Quando fui ver, para horror dos meus clientes, da minha corretora e de mim mesmo, eu estava na primeira página da seção de negócios do dia 1º de janeiro, prevendo um *crash*. E foi assim que eu previ o desmoronamento da bolsa de 2002.

Como qualquer corretor honesto irá lhe dizer, as previsões estão por trás de todas as quedas – basta perguntar a qualquer operador que tenha feito a besteira de montar uma carteira hipotética num jornal de renome nacional. Ser vencido em matéria de administração de carteira por uma criança de cinco anos, um astrólogo, um macaco e um membro do Oarsome Foursome (quarteto de remo australiano, que ganhou duas medalhas de ouro olímpicas na década de 1990) não é algo de que se possa recuperar rapidamente. Esse tipo de "jogo" mostra que a única coisa previsível sobre a bolsa de valores é que ela é imprevisível.

Alguns métodos absurdamente chatos, mas amplamente aceitos, de avaliação de preços de ações continuam sendo utilizados, iguais àqueles relatórios de pesquisa de consultores de administração que não mudaram em 30 anos, ou ler o jornal para saber o que aconteceu ontem e o estudo dos P/Ls e dos dividendos. O que você deveria saber é que nada disso é previsão. São meros reflexos do consenso atual e, realisticamente falando, têm muito pouco valor. Na hora de prever o que vai acontecer daqui para frente, você não vai se pautar pelo que já aconteceu e pela maneira como as coisas aparentam estar agora. Você tem que fazer alguma coisa diferente.

Você já viu carneiros se alimentando? Se já viu, vai saber que eles raramente comem sozinhos. Quando terminam de comer, invariavelmente sobram pilhas de grãos intactos nas duas pontas, porque nenhum carneiro tem coragem para sair do rebanho. Se você está procurando as mesmas coisas que todo mundo, quer dizer que o dinheiro está sendo obtido em outra parte. É uma velha regra do iatismo. Você não ultrapassa ninguém simplesmente o seguindo.

Se você quer fazer uma avaliação que vai colocar dinheiro no seu bolso, vai ter que parar de seguir os outros. Vai ter que ir aonde os outros não foram. Vai ter que prever ou saber o que os outros não estão prevendo. Vai ter que descobrir alguma coisa que ninguém descobriu. É por isso que as informações confidenciais são tão valiosas, porque estão disponíveis apenas para uma minoria e lhe dá uma vantagem injusta. Se você quiser um retorno *excepcional*, vai ter que fazer algo que seja uma exceção e, se utilizar informação confidencial é ilegal, você vai ter que dispor de uma vantagem injusta que seja justa.

E só há alguns poucos lugares onde um investidor comum poderá obtê-la. Aqui vai o resumo da ópera.

Conhecer uma pequena empresa muito bem. Faça parte de uma minoria. Uma hora de trabalho coloca-o nos 0,1% de privilegiados que sabem alguma coisa sobre uma pequena empresa negociada em bolsa. Uma relação próxima com a administração pode não lhe trazer informações confidenciais, mas pode lhe dar uma chance muito melhor de prever o que os outros não sabem.

Conhecer as tendências no seu ramo de atividade e extrapolar isso para as empresas que são negociadas na bolsa. Use o seu radar pessoal. O seu ramo de atividade está indo bem? Quais são os motores do crescimento? Esses motores aparecem na forma de companhias listadas na bolsa e, se a resposta for sim, de que maneira? Para aqueles que não têm um pulso particular de uma determinada atividade, dá para aprender muita coisa na rua, observando onde você está gastando o seu dinheiro, que setores e que varejistas estão tendo um maior movimento. Outro truque é fazer as perguntas certas nas ocasiões sociais. "Como é que vão as coisas?" As pessoas adoram falar sobre aquilo que elas sabem. Algumas das minhas melhores dicas foram obtidas perguntando aos diretores das empresas que vinham fazer apresentações na corretora que ação eles comprariam, se pudessem comprar qualquer uma do pregão da bolsa, com exceção da empresa deles. (Às vezes, é melhor não perguntar por quê.) Eu me lembro de que o Brett Blundy, o empreendedor do varejo e fundador da Bras N Things e das lojas de discos Sanity, estava apontando a Millers Retail em 1998, a $1,05. A ação subiu para $7,00 em menos de três anos.

Rede de contatos. Na minha experiência, as ideias que mais geraram dinheiro partem de pessoas parecidas com você. Ninguém fica rico isolado num quarto escuro. Clubes de investimento, amigos no ramo e corretores – tudo isso tem o seu valor. Todo mundo que se interesse pela bolsa de valores sabe de alguma coisa, mas você não vai descobrir nada sendo uma espécie de Robinson Crusoé da internet.

Trabalhando mais do que os outros. Às vezes, as informações mais óbvias estão nos comunicados ao público. O problema é que a maioria de nós tem pressa, o que dá uma vantagem ao operador mais estudioso. Eu mesmo operei durante o *boom* da tecnologia fazendo uso de uma dica muito frágil que, na verdade, já era informação pública havia mais de uma semana – desde que eu tivesse me dado ao trabalho de ler os comunicados ao público. Um amigo meu, que é administrador de fundo, um dia me escreveu dizendo que algumas de suas melhores tacadas tinham simplesmente surgido a partir da leitura dos comunicados públicos. A Orica praticamente confessou na sua Assembleia Geral de Acionistas, em certo ano, que a empresa estava descapitalizada e que era um alvo para os fundos de *private equity* – a oferta acabou não acontecendo, mas o preço foi de $24,35 para $26,30 em poucas semanas.

Aprendendo a operar, não a investir. Leia livros sobre operações de bolsa e logo você vai descobrir que operar é a arte de planejar o futuro, ter disciplina, gerenciar riscos e ficar frio. Não é uma questão de se prever o futuro, mas de se tirar vantagem daqueles que não planejam, não têm disciplina, correm riscos demais e perdem a cabeça. A única maneira de se operar com sucesso é aprendendo a operar. A mera disciplina vai aumentar seus resultados.

Se não quiser fazer nenhum desses esforços, sua melhor aposta na bolsa de valores será simplesmente investir na característica mais consistente – a tendência. O simples fato de você participar vai fazer você ganhar o dia quando a bolsa estiver em alta. E o fato de não participar vai lhe salvar a pele quando a bolsa estiver caindo. Tudo o que você tem que fazer é perceber o ponto da virada.

O valor do tempo em dinheiro

Tempo é dinheiro, e tempo bem gasto vale mais ainda.

O salário médio na Austrália, para um trabalhador adulto em tempo integral, é, no momento da redação deste livro, de $64.844 por ano. O que equivale a $1.247 por semana, ou cerca de $31 por hora, ou $ 0,52 por minuto.

Essa é a renda bruta. No meio disso, ainda há o imposto de renda, que vai lhe tomar $14.803. Com isso, o que você ganha é $24 por hora, ou $0,40 por minuto.

Nas finanças, nós falamos constantemente sobre o valor do dinheiro no tempo. Mas, na vida, nós agora temos a base para calcular o "valor do tempo em dinheiro". Um minuto vale $0,52 em renda bruta e $0,40 no seu bolso.

Escovar os dentes (por cerca de três minutos) custa para uma pessoa comum $1,20 em dinheiro vivo e $1,56 em renda bruta.

Num ponto mais sério, uma latinha de cerveja parece custar apenas $1,66. Mas, com a fórmula do valor do tempo em dinheiro, uma latinha dessas acaba custando 4,15 minutos da sua vida, e, se você demorar mais de 4,15 para beber, o preço dobra. Por isso, trate de beber rápido.

Avançando um pouco mais nesse cálculo, uma caixa de cerveja custa uma hora e 40 minutos da sua vida. Além disso, se você for a uma despedida de solteiro e beber uma caixa inteira, isso vai acabar lhe custando mais 24 horas em que você não vai conseguir ganhar nada.

Colocando as coisas dessa maneira, uma simples latinha de cerveja, se tomada na companhia de 23 dos seus melhores amigos, vai lhe custar 4,15 minutos e mais uma hora sem trabalhar. São 64,15 minutos de vida perdido para cada latinha. Ou, posto de outra forma, $1,66 mais $24 do valor do tempo em dinheiro, ou seja, $25,66 por lata.

Se você ganhar acima da média, aí a cervejinha fica mais cara. Para alguém que ganhe $100.000 por ano, um minuto de vida custa $0,58 em dinheiro vivo; para quem ganha $150.000, o minuto vale $0,82; e para quem ganha $200.000, um minuto de vida vale $1,04. É claro que é ótimo ganhar $200.000, mas isso também significa que você tem 1,6 minuto para beber uma cervejinha antes de o preço da latinha dobrar; se você for a uma despedida de solteiro, o preço da lata cerveja pula para inacreditáveis $64,06.

Agora vamos ver outra coisa.

Cada $10.000 que você gasta num carro vai lhe custar 10,4 semanas de vida.

Se a casa for financiada, cada $10.000 pagos em 20 anos custarão 44,9 semanas de vida.

Um financiamento de $100.000 custa 8,64 anos da sua vida.

Uma hipoteca média, que fica acima de $300.000, se financiada em vinte anos, custará mais de 25 anos da sua vida.

Para os corretores, o negócio é assim. Para ganhar um mínimo de $80 em cima de 40% do total da comissão e ter uma renda anual de $100.000, isso significa que você tem 55 minutos para conversar, executar, relatar, fazer um *follow up*, administrar tudo, monitorar a venda, falar várias vezes sobre ela, receber a bronca, deliciar-se com a glória e levar o cliente para almoçar antes que a operação se transforme num verdadeiro prejuízo, em termos do valor do tempo em dinheiro. E isso sem descontar as operações erradas.

Tempo é dinheiro.

E esses são só os cálculos numéricos. Para algumas pessoas, o tempo é mais valioso, dependendo do que se faça com ele. Um minuto num lugar da moda, onde todos querem ver e ser vistos, por exemplo, vale mais do que um minuto emburrado.

Nesse sentido, uma dívida é mais cara do que você pensa. Pela fórmula do valor do tempo em dinheiro, você não pode calcular o valor total de uma dívida, sem levar em consideração o valor "oculto" da dívida, que é o tempo que você perde para pagar. Se você se preocupa com a sua dívida, então também há que se acrescentar o tempo que você perde se preocupando com a tal dívida (em alguns casos, 20 anos). Muito ligado a esse custo há um outro, que é a oportunidade que você perdeu de ser feliz.

De repente, empréstimos com margem passam a ser bem menos atraentes e tomar um empréstimo para fazer um investimento sai bem mais caro.

Nós perdemos tanto tempo nos preocupando em ganhar dinheiro. Mas pode-se igualmente incrementar o valor do tempo gasto. Nesse sentido, um investimento numa caixa de cerveja e num baile de solteiros, especialmente se você der sorte, pode sair bem barato.

O diploma

A esperança é mais importante que o dinheiro em si.

Existe um debate que há muitos anos toma conta do setor de serviços financeiros. Chega até a dar briga. É o que gira em torno do cartão de visita.

Um dos lados nessa disputa considera que colocar as suas qualificações no cartão é "esnobismo". O outro lado alega que, se você passou um período considerável da sua vida dedicado aos estudos, abrindo mão das atividades esportivas, do sexo oposto e de criar uma família, então você teria todo o direito de anunciar isso no seu cartão.

Na Inglaterra, você nem pensaria em deixar o cartão em branco, porque lá eles achariam que você não tem qualificações. Aliás, eles até se perguntariam por que você se deu ao trabalho de lhes dar um cartão.

Mas na Austrália existe uma cultura Packer-Linford de que não é necessário se ter qualificações para ser bem-sucedido. Isso pode ter sido verdade para o Kerry Packer, porque ele já nasceu em cima de milhões de dólares. A oportunidade para conquistar um cliente pode passar rápido. Eles estão sempre com pressa. Se um cartão pode fazê-los parar e olhar, então por que não aproveitar a chance de impressioná-los? Os consultores que ocultam suas qualificações correm esse risco sozinhos.

O que você pensaria se recebesse um cartão em branco? Que o consultor é um asno? Ou que ele ou ela é altamente qualificado, mas modesto? Bem, me deixe tirar um pouco desse peso de suas costas.

Mesmo que o cartão não traga qualquer qualificação explícita, para se ter uma licença no setor de corretagem de valores mobiliários, ele ou ela tem que atender aos requisitos mínimos de educação elencados na

Instrução Normativa 146 da ASIC (*ASIC Regulation Guidelines* 146). O exame para se obter esse certificado aparentemente é um filtro para excluir os idiotas e os farsantes, embora, a julgar pela maneira como a maioria dos operadores consegue passar nesse teste, ele realmente deve ser só um requisito mínimo. Mas, pelo menos, trata-se de um padrão e exige uma quantidade significativa de estudo.

Ultrapassada essa barreira, nós temos então que completar certa quantidade de créditos de "atualização profissional" a cada 12 meses. Temos que obter uma determinada quantidade de pontos para estudos "estruturais" e "não estruturais". Isso exige cerca de uma hora de estudo para cada crédito e inclui uma pequena prova de múltipla escolha para cada tópico.

Embora isso pareça uma dor insuportável para os guerreiros do nosso setor, o fato é que uma parte do material de estudo é até muito interessante. Muitos assuntos tratam da vida real, em vez de questões técnicas, e não ficam chovendo no molhado. Para aqueles que demonstram algum interesse, em vez de simplesmente colar do colega, o conteúdo é bastante prático e dá o que pensar.

Por exemplo: um dos assuntos que nós tivemos que estudar foi o conceito de felicidade financeira. Segundo Aristóteles, a felicidade é o objetivo de todos os seres humanos. Portanto, talvez você queira saber o que faz as pessoas ficarem felizes.

Por mais deprimente que seja, a resposta é... quase nada.

A felicidade é relativa e passageira. A felicidade financeira é conquistada aumentando o seu padrão de vida em comparação ao seu padrão atual e em comparação com o padrão de vida dos seus colegas. Mas, infelizmente, quando você conquista a felicidade por meio de uma elevação do seu padrão de vida, você logo se adapta. Você aumenta suas ambições. A posição recém-conquistada passa a ser o novo normal. E a sua felicidade diminui.

Isso significa que nenhuma melhoria real do padrão de vida cria uma felicidade de longo prazo. Prova disso é a trágica vida pessoal de algumas pessoas muito ricas. A incapacidade de uma *verdadeira* melhora no padrão de vida de sustentar a felicidade é comprovada pelo fato do nosso padrão de vida ter melhorado muito nos últimos trinta anos, mas o nosso nível de felicidade, não.

Mas nem tudo está perdido. Seguindo na mesma teoria, você deve ter em mente que a *promessa* ou esperança de uma melhoria futura no seu padrão de vida vai fazê-lo mais feliz do que conseguir uma melhoria *efetiva* no seu padrão de vida. Colocando de outra maneira: a esperança é mais importante do que o dinheiro em si. Se você quiser ser feliz, é muito simples. Basta ser otimista. Imaginar que, no futuro, o seu padrão de vida vai melhorar é muito mais divertido do que efetivamente atingir essa meta.

Portanto, na hora de vender um produto financeiro, a técnica mais simples que existe é vender a promessa de uma melhoria no padrão de vida.

Com esse ensinamento, você pode vender qualquer coisa. Os produtos financeiros prestam-se muito bem a essa "promessa de melhoria". Compre isso, e o seu padrão de vida vai melhorar no futuro. Os CFDs, empréstimos de ações, fundos mútuos, corretagem *on-line*, corretagem *full service* e planejamento financeiro jogam com os mesmos desejos das dietas, das academias de ginástica e da religião.

Faça isso, que a vida melhora.

O outro elemento presente nas vendas é a velocidade. Se você conseguir entregar rapidamente o que promete, tem mais chances de efetivar uma venda. Portanto, além de prometer uma melhoria, nós geralmente temos que determinar quanto tempo vai ser necessário. Quanto mais rápido, melhor. Perca dez quilos em dez dias. Retorno de 500% ao ano. Evidentemente, também existe uma relação direta entre a "rapidez prometida" e a "decepção do pós-venda". Se você não prometer nada, vai ter um cliente para a vida inteira. Mas, se prometer uma satisfação imediata, seu cliente só vai ser seu por um dia.

Voltando aos cartões de visita. Um famoso operador conseguiu encontrar um meio termo. Seu cartão traz a qualificação "BSc 50m". Aparentemente, o BSc é a única qualificação significativa da vida dele.

É o certificado de 50 metros de natação do Brighton Swimming Club, que ele obteve quando estava na escola.

E esse é exatamente o tipo de conselheiro que você deve procurar. Para trabalhar nesse setor com esse tipo de qualificação, ele deve ser muito otimista e ter senso de humor. Talvez ele não faça você ficar rico, mas vai fazer você feliz, e, segundo Aristóteles, isso é tudo o que interessa.

Esperando Godot

Comédia ou tragédia?
Antes do fim, nunca dá para saber.

Uma vez eu interpretei um papel naquela que foi descrita como a peça mais significativa escrita em língua inglesa no século XX: *Esperando Godot*, de Samuel Beckett. Tragicomédia calcada em cima de duas pessoas que não têm nada para fazer a não ser ocupar o tempo com uma conversa vazia, enquanto esperam por alguém que não vão ser capazes de reconhecer, vivem confundindo com outra pessoa e que, no fim das contas, acaba nunca chegando.

A produção em si mal gerou comentários das escolas de meninos e meninas no Malvern Winter Gardens. Talvez se o meu personagem tivesse se chamado Bob em vez de Estragon, e se eu não tivesse cochilado durante a peça, a graça intelectual de Beckett talvez tivesse um retorno melhor junto à plateia.

Vamos acelerar trinta anos no tempo, e lá estou eu vivendo outra tragicomédia, o colapso da bolsa de 2008. Nesse show, nós interpretamos o jogo mais significativo da bolsa do século XXI: *Esperando o fundo do poço*. O enredo era parecido com o de Beckett. Ocupávamos o tempo com discussões vazias, enquanto esperávamos por alguma coisa que éramos incapazes de reconhecer, que vivíamos confundindo com outras coisas e que acabou nunca chegando.

Enquanto esperávamos, tínhamos tempo para pensar em todo o horror e o heroísmo dos tempos de alta e encontrar um pouco de comédia no meio de toda a tragédia. Tivemos uma boa porção de ambas, e, na maioria das vezes, não dava para distinguir. Aqui vai um olhar retrospectivo dos sinais de que o auge da bolsa estava se aproximando.

Esta lista deve entrar para a história da Austrália e servir como um sinal de alerta, caso algum dia eles voltem a acontecer.

- A BHP fez uma oferta de compra pela RIO no dia 12 de novembro de 2007, 11 dias depois daquele que foi o auge da bolsa e no meio de uma bolha de *commodities*. Era a própria definição da exuberância irracional.
- A RIO rejeitou a oferta da BHP, alegando que estava a dois graus de distância do seu valor real. No pior momento, a oferta ficou 4,19 graus acima do que a RIO valia, menos de 12 meses depois. Na bacia das almas, a RIO tomou a iniciativa de vender seus ativos para os chineses. Vá entender uma coisa dessas.
- Orica, Asciano, FKP, Ridley Corp e IAG rejeitaram ofertas no auge da bolsa.
- Owen Hegarty, o CEO da quase falida Oxiana, antes da quase malfadada fusão com a falida e ressuscitada Zinifex (ex-Pasminco) disse que o ciclo de *commodities* ficaria "forte para sempre". Foi somente muito mais tarde que ele vendeu um terço da parte que a empresa detinha na Oz Minerals, por 85% a menos do que ela valia, quando ele fez essa declaração.
- A Airline Partners Australia (que inclui a Allco Finance Group, a Macquarie e outros sócios de *private equity*) fez uma oferta de $5,60 por ação da companhia aérea Qantas no final de 2006. Uma oferta de $11,13 bilhões. A oferta foi rejeitada, mas, um ano depois, o valor de mercado da Qantas tinha caído 75% em relação ao valor da oferta, o que transformou isso num erro de cálculo de $8,3 bilhões. O mais importante é que, na crise financeira que se seguiu, a oferta poderia ter acabado por levar a Qantas, ou pelo menos seus compradores de alto coturno, ao ostracismo.
- A Wesfarmers fez uma oferta pela Coles em abril de 2007. Na época foi dito que "todas as nossas ações foram guiadas por uma única e principal consideração, que é a de gerar valor para vocês" (os

acionistas da Wesfarmers). Eles pagaram $22 bilhões pela Coles e a capitalização conjunta das duas empresas (Coles e Wesfarmers) na época era de $50 bilhões. Esse valor conjunto caiu para $14,3 bilhões em 18 meses, um tombo de 71%.

- A Babcomb & Brown nos disse que não viam nenhum problema de financiamento na mesma apresentação em que levantaram $220 milhões, sem qualquer motivo específico, com o preço da ação a $13,65 em março de 2008, depois de cair de um preço máximo de $34,78, em junho de 2007. O CEO recebeu honorários de $22 milhões naquele ano. A B&B faliu em dezembro de 2008.
- A James Packer's Consolidated Holdings vendeu 50% da PBL Media para um grupo de investidores de *private equity* por $4,5 bilhões em outubro de 2006. Em junho de 2007, eles venderam outros 25% para os mesmos compradores, por apenas $515 milhões. Os investidores acabaram tendo que fazer uma recapitalização da empresa e investir mais $335 milhões. A Packer não

contribuiu nada, e sua participação de 25% acabou sendo diluída para 0,074% do total.

- A Kerry Stokes vendeu uma participação de 50% em seus investimentos de mídia para o grupo KKR por $3,3 bilhões, em novembro de 2006. Na época, Kerry declarou o seguinte: "O KKR é um investidor astuto e experiente nos negócios de mídia". Mas talvez também devesse ter avisado que "eu e o Packer somos *desinvestidores* astutos e experientes nos negócios de mídia".
- Em maio de 2008, Alan Moss anunciou sua aposentadoria do posto principal da Macquarie, quando a ação estava a $58. Ele deixou a empresa com um pacote de saída estimado entre $40-50 milhões. Um ano depois, o preço da ação do grupo Macquarie bateu em $15.
- John Kinghorn, dono da RAMS Home Loans, vendeu 278,1 milhões de ações da empresa para o público em junho de 2007, por $2,50 – uma venda que lhe rendeu $695,3 milhões. O prospecto alardeava que "os fluxos de caixa eram altamente previsíveis, semelhantes aos de uma renda fixa" e que possuíam "excelentes perspectivas financeiras". O preço das ações desabaria para $0,89 em três semanas, dando um prejuízo de $450 milhões para os novos acionistas, muitos deles clientes da RAMS. A ação atingiria seu preço mais baixo um ano depois, cotada a apenas $0,046.

A arte da boa comédia é nada mais nada menos que *timing*.

E, só para constar, também teve a história da OPES Prime (importante corretora australiana que quebrou em 2008); do Mick Gatto (membro do submundo de Melbourne, muito envolvido em operações imobiliárias) indo a Cingapura para reaver o dinheiro da OPES; e de um operador da Soc Gen realizando operações de €50 bilhões e perdendo €5 bi antes de ser descoberto.

E, depois, ainda houve a Fannie Mae e o Freddie Mac, o Lehman Brothers, o Bear Sterns e a AIG, e metade do setor financeiro dos Estados Unidos e da Europa passando perto da morte.

Era o governo australiano apressando as garantias de depósito bancário e dividindo o mercado de depósitos em produtos "garantidos" e "não garantidos".

Depois veio a maratona presidencial americana, precedida pela corrida de Barack Obama e Hilary Clinton pela candidatura democrata.

Houve uma desabalada venda a descoberta, a Allco, a MFS e a ABC Learning Centers sendo varridas do mapa, uma queda de 91% da Fortescue Metals do ponto mais alto ao ponto mais baixo, a desvalorização das *commodities*, a falência dos bancos e o soluço da China. E aí veio o mais tragicômico de tudo: Alan Greenspan, que montou a bomba que acabaria por destruir tudo, aposentou-se como se fosse herói.

Comédia ou tragédia? Nunca se sabe, até a peça ter terminado. Guarde essa lista para a próxima vez.

Caso a gente se esqueça.

Esta é a Inglaterra

Um exemplo poderoso do que há de positivo e de negativo nas gangues.

Você viu aquele filme *This Is England?* Nele, um garoto é intimidado e humilhado na escola, vira amigo de uns *skinheads* e se transforma de um perdedor solitário num membro da gangue, com uniforme e tudo, num único dia. Esse é um exemplo poderoso do que há de positivo e de negativo nas gangues.

Positivo – Pertencer a alguma coisa. Ter amigos. Ter um conjunto de regras a seguir. Não ter que pensar com a própria cabeça.

Negativo – Ter de abrir mão dos seus valores para pertencer àquele grupo. Perder a independência.

Pessoas que se juntam por opção própria ou por força das circunstâncias e adotam um padrão de comportamento coletivo sob uma bandeira comum são o pilar central de todas as gangues e grupos. De *skinheads* até a religião organizada, os grupos a que pertencemos nos definem, e os momentos mais fortes de nossas vidas acontecem quando os contestamos, mudamos ou saímos deles, desafiamos os líderes, pensamos com a própria cabeça e partimos numa nova direção com o nosso próprio conjunto de regras.

As páginas da literatura estão cheias dessas lutas – do *playground* até o campo de batalha. Tudo é uma questão de pertencer, acreditar e se comportar de uma determinada maneira. Enquanto caminhamos pela vida, as coisas tendem a se acomodar, nossos padrões vão se mantendo, e fica mais fácil continuar do que mudar, aceitar do que lutar e não pensar do que pensar.

O mesmo acontece na bolsa. Ela é cheia de gangues. Muitos de nós fomos parar nelas sem realmente pensar a respeito. Aqui vão algumas das que existem.

A Gangue do Warren Buffet. Um bando de fãs facilmente iludidos, com ideais irreais de que podem ler algumas frases do mestre e ter o mesmo desempenho do investidor mais inteligente do nosso tempo.

A Gangue da Carteira de Longo Prazo, aquela em que No Fim Tudo Dá Certo. Também conhecida como a gangue de "passar o máximo de tempo na bolsa e não de tentar capturar o *timing* da bolsa". Toda vez em que a bolsa passa por uma baixa prolongada, eles são destruídos.

A Gangue que Faz o Melhor de Si, com as Melhores Intenções, para Administrar o Próprio Superfundo pela Internet. Essa é casca grossa. As pessoas assumem a responsabilidade pelo futuro delas e das próprias famílias no tempo livre, geralmente sem qualquer tipo de orientação ou experiência.

A Gangue do "Chutando como um Louco". Geralmente são novatos na bolsa, que acham que, como é a bolsa, o jogo é um pouco mais sofisticado que jogar par ou ímpar.

A Gangue do CFD. O principal critério para entrar nela é ser bastante suscetível ao *marketing* e ter um *software* fantástico. Não saber que você vai apostar contra profissionais do ramo que operam um produto altamente alavancado ajuda a prolongar sua permanência nela.

A Gangue dos Contratos Futuros. Muito fácil de se entrar, mas muito difícil de se permanecer por muito tempo, porque tem o maior índice de perdas de clientes (só perdendo para os CFDs). As únicas pessoas que (no longo prazo) ganham dinheiro com os contratos futuros são os operadores.

A Gangue de Manter uma Ação Para Sempre. Essa tem o maior número de milionários e de "miliotários". (Miliotários, *subst:* Pessoas que tinham um patrimônio de um milhão de dólares e perderam tudo.)

A Gangue dos Operadores. Essa turma, antes respeitada, costumava agir sob o lema "minha palavra é o meu compromisso", até que o Estouro da Internet afundou seus membros num mar de culpa, leis e burocracia. Hoje é apenas uma sombra do que já foi.

A Gangue da Análise Técnica. Para ser membro dela, não é preciso fazer qualquer trabalho, além de ver o que todo mundo está fazendo e tratar de imitar o mais rápido possível. É uma turma surpreendentemente disciplinada, e isso, por si só, tem garantido sua existência e sua permanente riqueza. Seus membros mais bem-sucedidos também pertencem à Gangue Fundamentalista.

A Gangue Fundamentalista. Acredita nos números, na pesquisa, nas premissas e no que a empresa diz, mas tudo isso está sujeito a erros significativos e a algumas informações falsas de vez em quando.

A Gangue das Opções. É melhor só entrar nessa aí por rápidos períodos, quando estiver de posse de alguma informação confiável e confidencial. Para permanecer muito tempo nela, você vai ter que saber o que está fazendo e ter uma carteira bem grande, para garantir suas operações.

A Gangue do Eu Não Boto o Meu Dinheiro na Bolsa. Os membros dessa gangue ou têm muito dinheiro e ganham na renda fixa o suficiente para atender às suas necessidades, ou perderam tudo e foram proibidos pela esposa de continuar a destruir o futuro da família.

A Gangue do Eu Vendi no Auge da Alta. Número de membros: nenhum.

Retornos não tão médios

Entendendo os números que gostamos tanto de citar.

Quando a bolsa despenca, ela dá algumas dores de cabeça para a indústria de fundos administrados e aos departamentos de *marketing*. Eles não têm muito o que dizer naquelas declarações de retorno anuais, depois que perdem um punhado de dólares de seus clientes. Talvez, no máximo, um pedido de desculpas.

Mas há um lado positivo, porque, nos 12 meses seguintes, você, o lesado, vai poder encher o saco dos seus companheiros de jantar com histórias de como todos os administradores de fundos são uns bonequinhos inúteis dirigindo BMWs, que as taxas que eles cobram são caras demais e que até um macaco faria melhor do que eles, e que pelo menos a culpa não é sua.

Mas se você realmente descer até a raiz do problema, vai ver que tudo o que dá errado com a maioria dos fundos administrados é que a bolsa simplesmente caiu. E isso não tem nada a ver com os administradores de fundos, ou com as taxas que eles cobram. No momento em que você decide entrar num fundo mútuo, você está decidindo aceitar o retorno médio da bolsa, descontadas as taxas de administração. Esse é o trato. É isso o que acontece quando você espalha o seu dinheiro entre 500 ações em seis países e vinte ramos de atividade. Você pode botar toda a culpa neles, é claro, mas raramente é o caso. Afinal, não são eles que dirigem a economia, a empresa ou a bolsa de valores.

Apesar de tudo isso, quando aquelas cartas anuais chegam trazendo as más notícias, todo mundo pensa em tirar a responsabilidade das mãos "desses palhaços" e "assumir o manche" pessoalmente. O seu consultor financeiro vai tentar dissuadi-lo, evidentemente (também, com todas as comissões que ele vai perder...), mas, se tem alguém que vai encorajar você a "virar a casaca" vão ser o seu corretor, seu contador e a indústria dos Superfundos Autoadministrados. Eles adoram quando você assume o comando.

Diante de toda essa concorrência pela sua atenção, a indústria de fundos mútuos vai apresentar uma arma e tanto para segurar seu investimento – para eles, foi tudo o que sobrou. É o chamado histórico de rendimentos compostos de longo prazo.

Sejamos didáticos. Primeiro, sobre rendimentos compostos. Vamos começar pela definição de um retorno composto de 10%. Pegue um dólar. No primeiro ano, você ganha 10%. No fim do ano, já vale $ 1,10. No segundo ano, você ganha mais 10%, ou $ 1,21. E, no terceiro ano, você ganha mais 10% e já tem $ 1,33. E por aí vai. Um rendimento composto é o que você ganha quando deixa todos os seus rendimentos aplicados, e esse rendimento gera novos rendimentos.

O que se diz normalmente é que o rendimento composto médio da bolsa é de 9,5% ao ano no longo prazo, e, se você pegar as datas certinhas (como de 1980 a 2007, que foi um período bastante bom), é mais ou menos isso mesmo. Vamos partir do princípio de que os números estão certos e calcular o rendimento composto sobre um dólar nessa base. Vamos deixar de lado os dividendos e concentrar apenas no capital.

Assim, vamos investir um dólar a uma taxa de 9,5% ao ano. Depois do primeiro ano, ele vale $ 1,095. No final do segundo, $ 1,199. Continuemos nessa toada por oito anos, e o número já chega a $ 2,066. Em doze anos, nosso investimento de $1 se transformou em $3. Ou seja, com um retorno de 9,5% ao ano na bolsa, você dobra o seu dinheiro a cada oito anos e triplica em doze. Se eu lhe dissesse que uma casa à beira-mar triplicaria de valor em doze anos, você tomaria um empréstimo no banco para investir nela. E é exatamente isso o que a bolsa de valores vem alardeando.

Vamos extrapolar isso num prazo mais longo. Se você tivesse pego $1 no dia 30 de junho de 1937, há 72 anos, investido e reinvestido tudo a uma taxa de 9,5% ao ano por 72 anos, em 30 de junho de 2009, você teria $688. Caramba! Se você tivesse investido $10 mil no índice All Ords em 1937, seu capital hoje seria de $6,88 milhões. Meu Deus, então vamos todos comprar ações e segurá-las para sempre. Veja como é simples esse negócio de investir na bolsa. Não precisa nem pensar. Fantástico.

Só tem um probleminha...

Por mais tentador que seja despejar todo o seu dinheiro em ações até a eternidade e nem pensar no assunto, existe uma pergunta que alguém tem que responder. Se $1 a uma taxa de rendimento composta de 9,5% ao ano em 72 anos se transforma em $688, então por que que $1 investido no All Ords no dia 30 de junho de 1937 só se transformou realmente em $51,39?

O quê? Devia valer $688, e $51,39 é 1/13 de $688. Isso quer dizer que o tal retorno anual não é de 9,5%, no fim das contas?

Pois é. Faça alguns cálculos utilizando os exercícios financeiros australianos, que vão de junho a junho, e você vai descobrir que, na verdade, a média aritmética que reflete o desempenho efetivo do All Ords utilizando o mês de junho como base está mais para 5,73%, e, nesse caso, você não dobra o seu capital a cada oito anos e triplica em doze: você dobra em treze anos e triplica em vinte.

E até essa é uma medida otimista: o ano de 1936 está excluindo um dos piores períodos da história das bolsas (de 1929 ao início da década de 1930). Se esses anos também forem incluídos e se fizer uso de todo o histórico disponível do índice All Ords desde 1875, a taxa média geométrica de retorno fica em torno de 5,07%.

Isso quer dizer que a bolsa sobe, em média, 5,07% ao ano, com um ano bom e um ruim de vez em quando. Mas aqui também a realidade é um pouco diferente. A verdade é que a bolsa é "volátil" e não fica "na média", e, com isso, você confia nessa média por sua conta e risco, uma vez que:

- desde 1936, a bolsa caiu em um terço dos exercícios financeiros;
- a queda média num ano de baixa é de 10,9%;
- a alta média num ano de alta é de 17,5%;
- o melhor exercício financeiro se encerrou em junho de 1968, com alta de 65,8%;
- o pior exercício financeiro se encerrou em junho de 1982, com queda de 32,4%.

E, assim, no "ano que vem", a bolsa pode subir 65,8% ou cair 32,4%. O fato é que a média significa muito pouco, porque os retornos não ficam "na média", com um ano bom ou ruim de vez em quando. Na verdade, e isso é para rir, desde 1936 não houve um único ano fiscal na Austrália em que a bolsa tenha subido realmente 9,5% (houve 9,2% e 9,6%, mas 9,5% não).

Em vez disso, o rendimento anual da bolsa ao longo dos anos andou por todos os lados, e insinuar que a história irá se repetir é pura manipulação de mercado. De qualquer modo, para a história se repetir, seria necessário que fatos absolutamente revolucionários, como a invenção dos computadores pessoais, do motor a combustão, das ferrovias, da internet, da televisão, do *boom* da informação e a industrialização da China se repetissem de novo.

A outra questão é que o retorno de 9,5% ao ano é uma média das médias, o que é a mais absoluta besteira.

Observe este exemplo. Num ano você ganha 100%. No seguinte, você pode perder 50%. O resultado líquido é igual a zero. O seu dólar virou dois, depois caiu pela metade. Você continua com $1 depois de dois anos. O rendimento é zero.

Mas o que um marqueteiro inteligente faz é o seguinte. Para calcular o retorno médio nesses dois anos, somam-se os retornos dos últimos dois anos (+100% e -50% = +50%) e divide-se por dois. O resultado líquido, anunciado pelo reluzente folheto, é de 25% ao ano, nos últimos dois anos. Jogando um ano sobre o outro, isso sugeriria que o seu dólar teria se transformado em \$1,56 (1 x 1,25 x 1,25) depois de dois anos. A verdade é que ele continuou valendo \$1.

O problema é que um aumento de 10% está sendo tratado, independentemente de ele se referir ao \$1 original, a \$2 ou a 50¢. Quando a bolsa cai 50% e, no ano seguinte, sobe 10%, não se está fazendo qualquer ajuste, pelo fato de só se estar adicionando 10% a 50¢, e não sobre o dólar originalmente investido.

Uma média das médias é um engodo, mas como calcular a média é uma maneira legítima de se medir alguma coisa, ninguém está descumprindo a lei.

E há mais um ponto a se considerar, que é o fato de se poder ter pontos de partida diferentes. Nos 72 anos desde 1937, se você pegar o retorno anual médio de 9,5% e calcular esse rendimento composto, com o mês de março como base, o resultado vai estar superestimado em 300%. Se usar o mês de setembro como base, vai estar superestimado em 400%.

Moral da história: nós, da indústria de serviços financeiros, podemos falar qualquer coisa sobre os retornos da bolsa de valores, dependendo de que datas-bases e de que "médias" nós usarmos.

Videntes

Leia a pesquisa e pergunte por quê.

Tem poucas coisas na vida sobre as quais eu e minha mulher discordamos. Uma delas é o quanto confiar em videntes.

Alguns acontecimentos foram determinantes para mim, é lógico.

O fato de um vidente budista ter dito um dia à minha namorada que ela iria se casar com um militar. Naquela hora, eu estava sentado atrás dela com um corte escovinha de fuzileiro naval. Não pude acreditar como aquele homem quase santo tinha se rebaixado a fazer uma dedução tão óbvia, logo na primeira frase. Fiquei muito decepcionado.

Na Austrália, um dia nós pagamos a um vidente para nos "divertir" depois do jantar, e ele falou tudo o que nós tínhamos conversado na mesa. Ele estivera sentado ali perto.

Um dia eu fui a uma festa, e a vidente – desta vez do sexo feminino – estava vestindo o mesmo vestido de baile de outra garota. Ela não era vidente? Então deveria saber.

Você sempre ouve aquilo que quer ouvir. E eles ficam brincando com a gente. Quanto maior a empatia, mais dinheiro na conta.

Você pode comprar o *script* da leitura que uma vidente faz da sua aparência pela internet (mas custa caro).

Ninguém nunca vai contar a sua sorte, sem ser pago por isso.

O fato disso poder ser feito através de números mostra o quanto é fácil explorar essa necessidade humana tão básica. A certeza, ou, para ser mais exato, jogar com a incerteza vende. E é muito reconfortante.

Minha mulher escolheu acreditar (o que é muito diferente de realmente acreditar). Então, melhor para ela, mesmo que seja só para se divertir com a mão espalmada. Cômodo.

Dito isto, alguns dos videntes mais bem pagos do mundo são as corretoras de valores e seus analistas. Vendendo um pedaço do futuro. Vendendo certezas. Espantando a incerteza. Eles têm os mesmos obstáculos. Cinismo, descrença e motivos altamente questionáveis.

As pesquisas, assim como os videntes, são muito criticadas, principalmente pela propensão de promover certas ações por motivos empresariais. Não vamos mentir. Tem muita pesquisa "empresarial" por aí. Qualquer analista pode dizer isso. Às vezes, eles *têm* que escrever certas coisas, e muitos não querem ter nenhuma ligação com isso.

Se você pensar bem, vai ver que quase todas as empresas vão ter pelo menos uma corretora em sua folha de pagamento, e as grandes corretoras vão *querer* estar nessa folha fazendo um monte de elogios. Faz parte do jogo. A burrice é que, normalmente, essa é a melhor pesquisa que existe. Esqueça a recomendação e o preço-alvo. Uma parte da pesquisa é a que traz as melhores informações sobre a empresa. O simples fato de um corretor ter feito uma recomendação de "compra" não quer dizer que não valha a pena comprar. Eu já cometi esse erro.

Mas, em vez de falar mal da pesquisa, ou desconfiar dela, meu conselho é ler o máximo possível e aí se fazer essa simples pergunta: "Por que eles escreveram isso?"

Na maioria das vezes, foi por obrigação. Foi feito um anúncio, uma aquisição, uma emissão de ações, distribuição de resultados. Nesse caso, você sabe o motivo. Às vezes, é uma questão empresarial. Mas, às vezes, tem alguma coisa de diferente. Algo maior.

Uma ação pode mudar sua vida. Você não vai precisar mais nada se descobrir que ação é. E, às vezes, você nem precisa descobrir porque eu vou lhe dizer que existem analistas por aí que se dedicam a encontrá-las para você.

Para se dar bem no "mundo dos analistas", para conquistar aquele brilho interior que vem das posições mais altas, você tem que construir uma reputação. E reputação é tudo. Os mais inteligentes sabem que a única maneira de se construir isso é gerando dinheiro para os clientes e companheiros de trabalho. Saber como se faz.

Os que percebem isso só procuram uma coisa: encontrar ações cujos preços subam.

Geralmente eles trabalham em corretoras menores e geralmente analisam empresas menores. É só assim que eles conseguem descobrir diferenças significativas entre valor e percepção sem "interferências empresariais", sem que os departamentos corporativos e os seus chefes lhes digam o que escrever. Eles descobrem foguetes debaixo das pedras, ações que os outros analistas não perceberam.

A proliferação de *marketing* empresarial sob o rótulo de "pesquisa objetiva" acaba lançando uma suspeita sobre todas as pesquisas. O que é uma grande pena para todos aqueles cujo único objetivo é fazer uma pesquisa que dê dinheiro e faça crescer sua reputação.

Deixar de lado a recomendação e o preço-alvo não vai ajudá-lo a descobrir qual é a razão por trás da pesquisa. Para fazer a distinção entre o que é independente e o que é viciado, você vai ter que fazer um pouco mais do que isso: vai ter que ler com mais profundidade, porque, apesar de as duas dizerem que podem prever o futuro, só uma delas realmente se preocupa com o seu futuro.

Investindo em valor

Falando para o povão.

Investir em empresas de valor significa identificar o valor de uma empresa, entrar no mercado quando o preço das ações estiver sendo negociado abaixo da avaliação e, então, esperar até o mercado reconhecer o valor da empresa e precificar isso. Tudo muito simples. Até que você realmente entenda o que é "valor" e como ele é calculado.

No nosso meio, o valor é calculado por analistas, e virou moda eles destrincharem toda a análise que fazem até uma simples recomendação e um preço-alvo, que parecem muito fáceis de se entender, mas, na verdade, se baseiam em cálculos complexos e inconsistentes. Apesar de toda a certeza que os preços-alvos parecem exibir, as avaliações sobre as quais se baseiam são muito frouxas e quase impossíveis de se entender. Por vários motivos.

Primeiro, porque os analistas têm que partir de muitas premissas para calcular o valor de uma empresa, e as premissas são a fonte de todos os erros. Você tem que saber quais foram as premissas utilizadas, antes de aceitar a conclusão. Por exemplo: uma recomendação de "compra" no setor do petróleo baseada numa premissa de $150 o barril reflete a premissa de esse preço estar a $150, e não o valor das ações subjacentes.

As informações que formaram a base das premissas dos analistas quase sempre partiram da própria empresa em questão e assim foram filtradas – e limpas – pela empresa, para o consumo do analista.

Existem umas cem maneiras diferentes de se calcular o valor. E elas não são necessariamente universais, compatíveis ou precisas para os seus objetivos ou cronograma de investimento. Uma avaliação pode se basear no fluxo de caixa descontado (FCD), enquanto outra pode se basear numa comparação relativa de preço por lucro (P/L), ou ser uma avaliação da soma das partes. Você sabe exatamente o que está vendo ou o que está procurando?

O preço-alvo de uma corretora geralmente não tem qualquer relação com o preço-alvo de outra, mesmo que estejam trabalhando exatamente sobre o mesmo conjunto de fatos. Isso porque elas utilizam métodos diferentes, ou partem de premissas diferentes, como maçãs e laranjas. Mas, na aparência, é tudo maçã.

E, além de tudo, ainda há a questão do horizonte de tempo. Foi uma recomendação de curto, médio ou longo prazo? E, mesmo assim, o que elas significam, e como se encaixam nas suas necessidades?

A mera declaração de um preço-alvo só vale dependendo do método das premissas por trás dele, e, a não ser que você saiba quais são, você não pode tomar uma decisão de investimento exclusivamente em cima desse preço-alvo e dessa recomendação. Os preços-alvos publicados parecem comunicar uma certeza que simplesmente não existe.

Depois, ainda tem mais um problema. Além de todas as variáveis de método, premissas e horizonte temporal, tem uma questão que ameaça a integridade de todas as pesquisas escritas e ameaça "macular" todas as pesquisas pelo simples fato de existir. É o grande horror dos relatórios dos analistas e se chama "favorecimento". Em outras palavras: as corretoras escrevem relatórios de pesquisa sobre os seus próprios clientes ou clientes em potencial. E o mais provável, apesar das páginas e mais páginas de ressalvas, é que você simplesmente não vai saber disso.

É fato que algumas das maiores companhias com ações na bolsa terão contratado quase todas as grandes instituições financeiras em algum momento da história, para um assunto ou para outro. Veja o caso da BHP Billiton, por exemplo. Você realmente acredita que alguma corretora vai falar mal da empresa e menosprezar tudo o que pode vir a ganhar com ela? E, mesmo que uma instituição não tenha uma relação oficial, elas sabem que, se derem uma recomendação de "venda" contra uma grande empresa, elas nunca irão trabalhar para ela. Por causa desse conflito sutil e subjacente, muitos relatórios de analistas são "doentes" de otimismo.

Junte tudo isso e você tem uma salada de premissas, chutes e favorecimentos que podem fazer boa parte dos cálculos fundamenta-listas de "valor" e suas recomendações não só ser de pouca valia, mas, às vezes, deliberadamente equivocados.

E, acima de tudo, há momentos na bolsa em que declarar qual é o "valor" de uma empresa não passa de uma fantasia. No auge ou na pior parte de um ciclo econômico, por exemplo, ou no auge ou na baixa de um ciclo da bolsa (quando os preços e lucros estão muito voláteis e as premissas são pouco confiáveis), você pode perfeitamente procurar adivinhar o futuro nas estrelas. Todos nós acreditamos no que diziam no auge da bolsa em 2007, mas estava tudo errado. Igual a tentar descobrir a direção do vento durante um tornado.

E aí, o que se deve fazer?

A resposta é não descartar as pesquisas, mas *ler* as pesquisas. É meio esquisito dizer isso, mas você tem que ler as pesquisas, pelo seguinte motivo.

Algumas das melhores pesquisas são escritas por analistas, para as empresas. Ou, colocando de outra maneira, pela corretora que tem uma relação com a empresa. Talvez não pela inevitável recomendação de "compra" e pela avaliação generosa, mas pelos *insights* que o corretor que analisa a empresa tem e que os que estão lá dentro não têm.

A maioria dos analistas são pessoas inteligentes. Eles também conhecem a empresa muito melhor do que você. Quaisquer que sejam os métodos, erros, premissas e preconceitos, o esforço deles vai ter valor, se você procurar bem. Mesmo que no fim você conclua que eles estão errados.

A compreensão surge do conhecimento. Leia a pesquisa e você vai entender a empresa, o que a faz ganhar dinheiro e quais são seus riscos, quando comprar e por quê. Uma opinião bem informada tem valor, no entanto, você não vai saber o valor dela se não compreender como é que essa opinião surgiu.

Através dos preços-alvos e recomendações, as corretoras atendem à nossa fome de ganhar dinheiro sem fazer esforço. Mas, convenhamos, você realmente acha que é tão fácil assim?

O grande mentiroso

Metade desse negócio de bolsa é jogatina e diversão – não vamos mentir.

Há momentos na bolsa em que algumas ações viram "Monte Carlo ou nada". O exemplo mais comum acontece quando as companhias recebem uma oferta de compra. A oferta vai ser aceita ou rejeitada? Coisas do tipo "pegar ou largar". Como a BHP fazendo uma oferta pela RIO, que acabou sendo retirada da mesa, ou a Oz Minerals tendo que escolher se iria à falência ou se seria comprada pela China Minmetals.

Por algum tempo, algumas ações não podem ser analisadas, porque o resultado parece mais uma aposta. Como corretor, não dá para se fornecer qualquer orientação decente sobre essas ações. Honestamente, tudo o que se pode dizer é:

– Mais alguém quer apostar?

Mesmo assim, todo corretor e operador adora esse tipo de situação, em que bilhões de ações são negociadas, e os apostadores despejam milhões de dólares num jogo onde as chances são de meio a meio para cada lado. Ridículo. Ou não...?

Acontece que, enquanto o investidor de uma carteira de longo prazo é um verdadeiro deus quando a bolsa está subindo e é depenado quando a bolsa cai, a única parte do mercado que continua a todo vapor, independentemente de como estiver a bolsa, é a necessidade de se apostar. As pessoas nunca deixam de fazer uma fezinha.

O lado de "jogatina" do mercado continua funcionando até quando a bolsa está em queda. Enquanto isso, os investidores tradicionais estão levando uma coça por conta dos preços e volumes mais baixos.

Quando a bolsa está em baixa, os corretores têm pouco a oferecer aos investidores, e só os que se concentram nos jogadores sobrevivem. As pessoas querem apostar, e, quando as coisas estão horríveis, e não há nada mais a fazer, parece que os investidores se unem a eles.

E por que não? O que é que você vai fazer quando já está farto de todas as estratégias de investimento e do pouco retorno que elas dão em cima de toda a fé que você depositou? Quem é que vai querer ouvir os planos de cinco anos da Telstra, quando você pode estar cavalgando a 200 Km/h de cara para o vento, apostando na Oz Minerals? Jogar é divertido e certamente proporciona uma distração muito bem-vinda, em vez de perder dinheiro quando a bolsa está em baixa.

Mas a lição do dia é que jogar não é de graça e tem seu preço.

Um dia, participei de um almoço no Aspinalls, um prestigiado cassino londrino, oferecido pelos proprietários. Estavam querendo ser listados na bolsa de Londres. No almoço, eles contaram alguns dos segredos dos cassinos. As melhores chances estão nos dados, no 21 e no bacará, e a melhor chance que um apostador tem é ganhar e dar logo o fora. Eles também disseram que os cassinos são protegidos por uma coisa que os matemáticos não levam em consideração ao fazer suas estatísticas e contra a qual os governos não podem criar leis, uma coisa que é absolutamente real sobre a natureza humana e que tem financiado os cassinos com bilhões de dólares ao longo dos séculos. É o seguinte: os vencedores continuam jogando, enquanto os perdedores vão embora.

Há uma atração natural dos clientes que opera a favor dos cassinos. Quando perdemos, vamos embora. Muito poucos ganham e se vão. No fim, todo mundo acaba perdendo, e, se você tentar sair antes do fim, os cassinos têm toda uma série de técnicas para manter você lá dentro. É por isso que os grandes apostadores acabam ficando na suíte presidencial de graça.

Um cassino não é um lugar para se ganhar dinheiro. É uma diversão que se paga. Aceite esse fato e você vai começar a perceber que a arte não é levá-lo a sério, mas se divertir o máximo possível. Ter a melhor diversão pelo que você pagou.

Minha mulher, por exemplo, compra o bilhete da loteria de sábado na segunda-feira. Ela é esperta. Tem a semana inteira para pensar no que iria fazer com os milhões do prêmio. Ela se diverte seis vezes mais pelos $14,40 que ela paga do que alguém que compra o mesmo bilhete no dia do sorteio. E daí que ela só tem uma chance em 2,04 milhões de ganhar? Não vamos discutir se isso é muito inteligente, querida. Você comprou $14,40 em esperanças, e o negócio é esse.

E, assim, quando você estiver apostando na bolsa, não vamos fingir que é um investimento e ficar todos sérios e com ares de inteligente. Se você ganhar, pode surtar. Pode se animar. Estoure um champanhe, dê uns socos no ar. Você tem que curtir esse tipo de coisa, esse tipo de sorte.

Mas não é um investimento, é uma aposta. Uma diversão. E tem o seu preço. Vai jogando que, um dia, você vai acabar pagando essa conta, em outra ação, em algum resultado aleatório, porque os vencedores continuam jogando. Só não fique muito confiante, não comece a fazer planos com a sua sorte e não gaste por conta, porque aqueles que ganham rapidamente também perdem rapidamente. A gente não consegue evitar apostar "mais uma".

É muito fácil se convencer de que você está envolvido em algum tipo de investimento sofisticado, quando, na verdade, está é numa jogatina de ações completamente sem sofisticação. Por isso, deixe esse papo furado para lá. Seja honesto consigo mesmo quando você não sabe o que está fazendo. Não há nada de errado em ter um ganho rápido. Só não fique pensando que é muito inteligente.

Metade do jogo é uma simples aposta. Não vamos mentir.

Lidando com um prejuízo

Se estiver tendo um prejuízo, leia essa lista. Vai ter vendido tudo antes de chegar ao fim.

Eu trabalhava para uma corretora japonesa em Londres, em 1987, quando a bolsa de valores desabou. A conta corrente principal (que era o dinheiro da própria corretora, negociado no mercado por uma equipe de operadores profissionais) começou a sangrar, enquanto os operadores responsáveis tentavam se desfazer de posições perdedoras e acabavam fazendo um estrago maior ainda nesse processo. Depois disso, ela acabou mandando que quatro operadores tirassem férias de um mês – para impedi-los de continuar negociando. Mandou que fossem jogar golfe. Eles foram. Essa ordem fez com que a corretora economizasse uma fortuna.

Abandonar uma operação que está dando prejuízo é uma decisão muito difícil de se tomar, mas continuar mantendo as esperanças pode ser o maior pecado de todos. Então, por que é tão difícil lidar com um prejuízo?

Um estudo acadêmico sobre finanças comportamentais apareceu com uma teoria, verdadeira ou não, que faz uma tentativa bem convincente de explicar isso.

Diz a teoria que um prejuízo tem um impacto emocional três vezes maior do que um ganho. Nós reagimos com mais emoção ao perder dinheiro do que ao ganhar. É por isso que os mercados despencam com uma velocidade três vezes maior do que na hora da subida. É que o medo é um gatilho mais poderoso na hora de agir do que a ganância – na hora de vender, ou você é rápido, ou está morto. Na hora de comprar, você tem tempo.

A emoção é um problema para todos os investidores individuais. Quando se está fisicamente suando por ter tido um prejuízo, quando você está convicto de que esse é tão grande que não dá nem para contar para a sua mulher, será que você está num estado para tomar uma decisão racional? Não. Você precisa de regras e de mecanismos para eliminar toda essa confusão e tomar a decisão para você. Para fazer o que todos nós somos tão despreparados para fazer. Assumir um prejuízo.

Os corretores têm que tratar desse "será que eu devo realizar o prejuízo" com os clientes todos os dias, por isso desenvolvemos alguns argumentos para convencer nossos clientes a fazer o que é sensato (mas, por algum motivo, esses mesmos argumentos não funcionam em nós mesmos).

- Se você estiver tendo um prejuízo, se você não estiver tendo prazer com o negócio, estiver começando a ficar nervoso, e as ações ainda forem suas, leia essa lista. Você vai querer vender antes de chegar ao fim.
- Se uma ação estiver caindo, é bem mais provável que ela continue caindo do que ela venha a render um trocadinho para atender a sua vontade.
- Quanto mais uma ação cair, mais intensas se tornam as ordens de venda, porque, quanto maior o prejuízo, mais gente decide vender. Por isso, venda rápido. Uma venda rápida é a que dá o menor prejuízo.
- Se você vender dez ações que estiverem em queda, como qualquer analista técnico irá lhe dizer, essa terá sido a decisão correta em nove casos – mas você só vai se lembrar da décima ação.
- Se vender agora, não estará mais exposto. Tudo o que terá de fazer é aceitar bem o prejuízo.
- Se vender agora, você sempre poderá recomprar a ação que vendeu. E talvez até consiga comprar a um preço menor do que vendeu.

- Se vender agora, você entra no olho do furacão. Tudo fica calmo. Você pode observar tudo à distância e pensar por uns momentos. Você sempre pode optar por entrar outra vez no furacão e, se entrar, estará pensando com mais clareza e armado com um plano.
- Se estiver tendo prejuízo com uma ação, pense para si mesmo: "se eu tivesse dinheiro na mão, eu compraria essa ação, a esse preço? Não? Então o que eu estou fazendo com ela na mão?" Venda. (A maioria das pessoas começa a "odiar" as ações quando elas perdem dinheiro, por isso esse argumento sempre funciona.)
- O seu estado mental tem valor. Quanto a sua esposa pagaria (ou você pagaria) para ter você sem preocupações no fim de semana, em vez de arrancando os cabelos dos filhos? Cuide-se. Você não tem muitos fins de semana no ano. Não estrague uma boa parte deles mantendo posições arriscadas e que dão prejuízo até segunda-feira, só porque não teve peito de vender na sexta.
- Comprar mais da ação que está caindo para ganhar na média é o que os corretores vão aconselhar você a fazer para desviar sua atenção do fato de que eles o colocaram numa posição em que você perdeu dinheiro. Você realmente quer transformar uma operação de curto prazo num prejuízo de longo prazo? Todo dia, você vai encontrá-la na sua carteira, piscando "seu idiota" para você. Existe um valor em se evitar isso.
- Comprar mais da ação que está caindo para ganhar na média é uma enganação. Se você tem dinheiro para investir, deve ser colocado no melhor investimento do mundo inteiro. Será que você realmente acha que vai ser exatamente a ação que você comprou a um preço mais alto e que está em queda no momento? É muito, mas muito difícil. Você também já está bem exposto. Por que você compraria mais de uma coisa que já se mostrou ser um horror?
- A melhor maneira de se tornar um investidor de longo prazo é fazer uma operação de curto prazo e errar.

Não há a menor lógica em ficar furioso com os prejuízos. Faça o que a maioria dos corretores faz com as suas próprias posições. Eles têm uma planilha Excel ligada *on-line* à bolsa que monitora todas as suas posições e o quanto elas valem. No fim da página, há um total de quanto vale toda a carteira. Isso vai mudando o dia inteiro, segundo a segundo. Subiu $500, caiu $500. Esse número é a única verdade. É o que valem as ações. O que você pagou pelas ações é totalmente irrelevante. Então, para que se preocupar se a última linha é lucro ou prejuízo? É uma quantia em dinheiro. Se perdeu, está perdido – e ponto. Dificilmente vai se recuperar só porque você pagou um preço mais alto. (Mas ainda há clientes que vão lhe dizer que eles têm $50 mil em ações da ABC Learning Centers, quando a posição vale $25 mil. Só que você não tem $50 mil de ABC. Tem é $25 mil.)

A maioria dos clientes que têm ações que dão prejuízo vão lhe dizer que detestam a empresa XYZ. Então, para que ficar com elas na mão? É muito melhor aplicar o dinheiro em alguma coisa que você vai gostar de ver pela manhã, em vez de alguma coisa que irá deixá-lo deprimido.

Em caso de dúvida, venda.

Você vai ver que administrar o prejuízo é uma experiência purificante.

Casamento

Um investimento de longo prazo. Igualzinho.

Sam, que é o meu braço direito, está prestes a se casar com Marisa.

Ele ama Marisa. Mas ela não é o único amor da vida dele. Ele também adora investir e, como já leu todos os livros no planeta Terra, sobre esse assunto, desenvolveu um conjunto muito forte de princípios de investimento, princípios que, se aplicados adequadamente, o preparam também, para o sucesso no casamento.

Aqui vão algumas regras de Sam e, para ajudá-lo a ter êxito, algumas das minhas.

Antes de comprar

A seleção da ação certa é muito importante. Ao contrário do meu primeiro investimento que foi, em retrospecto, um caso fortuito, Sam e seu futuro investimento são uma dupla formada no paraíso. Eles gostam das mesmas coisas. São almas gêmeas. Feitos um para o outro. Até aqui, tudo bem.

Pesquisar bem. Pesquisar nunca é demais. Antes de investir a longo prazo, você deve a si mesmo uma olhada por baixo das plumas para descobrir o que está no centro porque, sem dúvida alguma, é isso o que vai dar sustentação. Seja decisivo. Sam passou seis anos analisando seu investimento, e isso é muito tempo. Com um investimento tão atraente como esse, ele teve sorte de alguém não ter roubado seu almoço. Porque a pesquisa também não pode ser tão extensa.

Aceite um elemento de risco. Independentemente do tamanho da sua pesquisa, a verdade é que, em algum momento, você simplesmente vai ter que fechar os olhos e se atirar de cabeça, ou vai deixar passar a oportunidade. Nunca dá para ter certeza absoluta.

Dividendos. Apesar de geralmente se aceitar que os dividendos fazem parte da expectativa de um investimento, alguns investidores acham que os dividendos são um desperdício completo dos recursos da empresa. Por isso, a política de dividendos é algo que deve ser estabelecido com clareza antes do investimento ser feito. Apesar de dois dividendos por ano ser uma coisa normal, um dividendo a cada dois anos já está mais do que bom. Depois do último dividendo ter sido pago, dividendos "especiais" nem sempre são bem vistos. Você também pode ter que pagar dividendos demais. Discuta isso antes.

As aparências enganam. Como o *boom* da Tecnologia nos ensinou, aqueles investimentos muito glamurosos e bonitos acabam se revelando os piores, no longo prazo. Procure um bote salva-vidas e não uma lancha.

Depois de comprar

Tenha sempre um horizonte de longo prazo. Qualquer um que busque ganhos de curto prazo inevitavelmente vai fracassar a longo prazo. Eu sei que os CFDs são mais novos, mais rápidos e mais bonitos, mas, depois de dois anos se virando com eles, você vai acabar no mesmo ponto onde tudo começou, desejando ter sido um investidor de longo prazo desde o começo.

Não espere nada. Assim, até os menores retornos vão fazê-lo feliz.

Um investimento é uma via de mão dupla. Seus investimentos vão atender às suas necessidades, mas só se você atender às necessidades deles. Ninguém – nem você, nem o seu investimento – vai ser um bom parceiro se as necessidades não estiverem sendo atendidas.

Manutenção constante. Você não pode simplesmente montar o investimento e depois esquecer. Eles exigem atenção constante, especialmente quando as coisas não estiverem bem. Você tem que mostrar interesse.

Participe das reuniões. É seu dever ouvir o que seus investimentos falam sobre si mesmos, independentemente do quanto essas conversas possam ser aborrecidas. Em contrapartida, você precisa fazer comentários, dar orientação, demonstrar interesse e se mostrar incisivo, para o bem da relação.

Transparência. Total e franca, tanto no bom como no mau tempo. Qualquer outra coisa vai virar uma bola de neve com o tempo, até virar uma catástrofe.

Apoio. Em algum momento do caminho, você vai descobrir que os seus investimentos querem fazer algo de diferente, inesperado e até corajoso. Uma coisa que você não esperava. Mas a estrada é longa, e você deve apoiá-los.

Se tudo der errado

Não perca a perspectiva. É apenas um investimento.

Lide com seu prejuízo. Todos nós partimos com a melhor das intenções, mas, quando se percebe que se cometeu um erro, um prejuízo logo constatado é o prejuízo mais barato que se tem. Acabe com tudo, se for o caso. Será melhor para todos.

Ativos. Apesar de constatar o prejuízo poder parecer o fim do mundo, você ainda vai sair da situação com ativos incríveis. Sua liberdade para voltar a investir, sua experiência em realizar prejuízos e provavelmente metade do capital, para não falar dos dividendos. Não é o fim do mundo. É o começo de um futuro melhor, um caminho pelo qual milhares de pessoas já passaram antes de você.

E, finalmente, aprenda com os seus erros. Você devia ver o meu segundo investimento de longo prazo. Eu tomei uma certa liberdade com a política de dividendos, mas estou mais feliz assim.

Negociando companhias em fase de aquisição

Quando as aquisições estão na moda, há que se seguir algumas regras, antes de estourar o champanhe.

O *boom* do *private equity*, antes do auge da bolsa em 2007, foi uma espécie de piada. Muito dinheiro estava disponível e estava sendo empregado em ativos com retorno potenciais mínimos. Mas, na próxima vez, nós vamos saber, exatamente como o James Packer já sabia, o Kerry Stokes já sabia e o Gerry Harvey já sabia. Estavam todos vendendo a ideia. Foi uma verdadeira onda de sorte para os que já tinham visto acontecer e contavam com a própria experiência para reconhecer a situação.

Mas, para nós, simples mortais, foi um pouco doloroso. Nós sempre chegávamos um dia atrasado ou pegávamos o cavalo errado, e era muito frustrante ver as outras pessoas fuçando sob as pedras e, com um pouco mais do que sorte, descobrindo um foguete lá embaixo.

Operar no meio de um *boom* de aquisições é muito difícil, e tudo acaba dependendo do seu cronograma.

Portanto, aqui vai meu conselho para a próxima vez.

- Se você vem escolhendo ações há 5, 10 ou 30 anos, esqueça. Continue fazendo o que sempre fez – o que não é um conselho muito relevante.
- Se operar só no curto prazo, esqueça. Continue fazendo o que sempre fez – negocie as ações como se fossem repolhos, nem pergunte o que é que elas fazem, o que está por trás delas e o que dizem os fundamentos. Basta seguir o embalo dos gráficos e das tabelas. O seu é o único método de operação a curto prazo que funciona.

Sobramos nós, todos os outros. Os pobres papais e mamães que nos consideramos "investidores", que temos um horizonte de longo prazo e que, de vez em quando, citamos uma frase do Warren Buffett, mas que, lá dentro, gostaríamos de ganhar o máximo de dinheiro possível, o mais rápido possível, tudo isso dentro de parâmetros com os quais conseguiríamos viver – sem ter que contar ao cônjuge.

Tendo passado um bom tempo de minha vida ocupando esse espaço, deixe-me contar um pouco do que aprendi com as operações de empresas em fase de aquisição.

A primeira é uma verdade nua e crua que aprendi graças à cortesia de um operador muito calejado. É o seguinte: você vai perder mais dinheiro operando em cima de uma informação que você acha que é confidencial a respeito de uma oferta (ou qualquer outro fato) do que negociando em cima de informações disponíveis para o público em geral.

Experimente me dizer que não é verdade.

Aqui vão algumas dicas.

- Compre qualquer ação na hora do anúncio de uma oferta (real) que você vai ganhar dinheiro. Uma oferta mostra qual é a quantia mais baixa que alguém está disposto a pagar e abre a possibilidade para propostas e contrapropostas mais altas. É um velho ditado, mas é verdade, e, quando o mercado está em alta, funciona. No entanto, você já tem que estar na festa. Entre assim que puder. Sim, vai haver uma oferta ou outra que dá errado, mas, mesmo com essas, você vai passar algum tempo "no positivo". A ganância é o seu calcanhar de Aquiles. Portanto, vá com calma.
- Não mantenha na carteira uma ação no dia de uma decisão da ACCC (Australian Competition and Consumer Commission). Uma decisão da ACCC raramente faz o preço de uma ação subir se a compra for aprovada, mas geralmente pode fazê-la despencar se a decisão for contrária. Deixe um pouco para o próximo.
- Se você está investindo com base apenas num boato, você tem que entender que não está realmente investindo. Quando a ação

está sendo negociada com um prêmio de oferta (ou seja, a possibilidade de uma oferta já vem sendo embutida no preço), isso não é mais um investimento. É uma aposta, e só um boato em dez, se muito, apresenta resultados. É uma chance muito pequena. Vá no embalo e aproveite a sua chance. Mas não é um investimento.

- Se você possuía na carteira a ação de uma empresa antes de ela receber uma oferta de compra, e agora está bem mais rico sem ter feito nenhum esforço, acredite no seu instinto. Você não tem mais nada em que confiar. Se estiver dando socos no ar, isso é sinal de que está feliz e até um pouco surpreso com o seu lucro. Nesse caso, venda um pouco. Deixar de ganhar os últimos por cento quando o jogo já está chegando ao fim é muito melhor do que perder uma boa parte do dinheiro.

- Não se preocupe se as outras pessoas estiverem ganhando dinheiro. Não se incomode se outras pessoas passam por você dentro de um Porsche. São apenas carros bonitos de se ver.
- Não tenha fé. É uma aposta. Não é uma crença.
- Guarde as suas calças. Não aposte a casa.
- No fim das contas, as ondas de aquisições são temporárias e momentâneas. Não as leve muito a sério, não se comprometa demais e tente se divertir um pouco.

Quando uma dívida era uma dívida

O mundo mudou, em 1985, de "se eu quero, eu trabalho"para "se eu quero, eu arranjo".

Lembra de quando uma dívida era uma dívida? Bons tempos aqueles. Quando, se não se tinha dinheiro, não se comprava nada. Quando existia uma coisa chamada "poupança", está lembrado?

Quando eu me mudei para o meu primeiro apartamento alugado, em Londres, dormia numa cama de acampamento com um saco de dormir até ter dinheiro para comprar uma cama de verdade. Para ir de um lado para o outro, contávamos com motos Honda de 70 cc. Faziam centenas de quilômetros com um litro de gasolina. A economia valia mais do que o orgulho. Nós as consertávamos na sala de casa. Ter móveis era um luxo. E tirar férias, só para os riquinhos.

Naquele tempo, você tinha que ter para poder comprar. Fazia-se um orçamento. Na faculdade, tínhamos que morar no bairro dos inferninhos de Southampton, ao lado de um bordel. Era o que dava para pagar. Tínhamos que fazer algumas trocas para ter as coisas básicas da vida. As meninas da casa vizinha nos usavam como uma espécie de equipe de emergência, em caso de necessidade. Em troca, elas lavavam a nossa roupa.

Eu atravessei todo o ano de 1979 gastando £11 por semana. Por quê? Porque era tudo o que eu tinha. Naquela época, um empadão com batatas fritas no refeitório custava 55p; se fosse com feijão, saía por 65p. Eu tinha que "me arranjar" com oito refeições por semana. Era o que cabia no orçamento. Ficar bêbado no fim de semana exigia uma enorme gama de truques, engenhosos, mas previsíveis, inclusive passar fome, e, se isso não desse certo, arrancar uns drinques de pessoas insuspeitas do sexo oposto, ou do mesmo sexo. Tudo dentro do orçamento.

Meu primeiro carro foi pago com o dinheiro que ganhei colhendo agrião em Whitwell, Derbyshire, dez horas por dia, seis dias por semana, durante dez semanas de um verão. Eu tinha que ficar de pé ou ajoelhado todos os dias dentro d'água, abaixando e levantando. Saúde e segurança no trabalho eram coisas do futuro. O tal primeiro carro que eu tive foi um Citroën 2CV. Uma daquelas famosas geringonças francesas de cabeça para baixo.

Era uma lata velha, e, um ano depois, eu tive que pessoalmente tirar o motor, no meio da rua, retirar os garfos dos chassis e reconstruir tudo. Quando um dos parafusos caiu no tambor de freio, deixando o pedal completamente impossível de se controlar, eu não tinha como pagar um novo, e assim dirigi para quatro semanas de férias de *windsurf* na Cornuália (um lugar muito montanhoso), só com o freio de mão. Durante as férias, eu tirava os bancos da frente, esticava o de trás e dormia no carro. Se o tempo estivesse bom, abaixava a capota. Essas são algumas das memórias que mais me dão prazer e alegrias.

Os ricos eram diferentes. Eles não abasteciam os próprios carros, bebiam vinho, iam aos restaurantes, ao cinema, não usavam lavanderias públicas, tinham aspirador de pó, Walkman, falavam de esquiar, pertenciam a clubes de tênis, viajavam de avião e representavam uma minoria que nós desprezávamos como esnobes e almofadinhas, numa nobre tentativa de diminuir o interesse que as garotas tinham por eles.

Eu não me lembro exatamente de quando tudo isso mudou. Acho que foi quando os americanos começaram a aportar no setor financeiro de Londres, ou quando a corretora para a qual eu trabalhava me ofereceu um carro da empresa e um financiamento subsidiado para a minha casa. Tinham descoberto um acesso ao crédito sobre o qual nós nada sabíamos e passaram isso para nós. Saí direto de um Mark 4 Ford Cortina de dez anos de idade (que eu adorava) para um Ford Escort XR3i preto, com pneus grossos e discretos e listras de corrida (até hoje, o melhor carro que eu tive na vida).

Eu não sabia bem o que era uma hipoteca, mas, com 5% de depósito, eles disseram que nós podíamos pegar emprestado até três vezes o nosso salário anual. E assim fizemos. Mudamos de Brixton para Clapham.

Isso foi lá pelos idos de 1985. O ano em que o mundo mudou de "se eu quero, eu trabalho" para "se eu quero, eu arranjo". Desde então, ninguém mais quis outra coisa.

Uma observação pessoal: ensine a seus filhos o valor do dinheiro.

Graças a Deus, dois deles ainda estão no primário. Talvez ainda dê tempo de salvá-los de premissas financeiras inadequadas. Para os dois mais velhos, estou pensando em tentar uma velha e dolorosa tática de choque chamada "se quiser, trabalhe". É a educação que você conhece.

Só estou esperando para ver a expressão na cara deles quando descobrirem que o último iPod não vai sair da minha *poupança* logo no primeiro choramingo deles.

Escolhendo o ponto mais baixo de um mercado em queda

Concentre-se nas operações bem-sucedidas, e sua carteira vai reaparecer milagrosamente no fundo do poço.

Na newsletter *Marcus Today*, eu "imploro" para os assinantes me fazerem perguntas idiotas. Esta aqui é uma que eu recebi no meio da queda da bolsa de 2008.

Prezado Marcus,

Quando é que você vê a bolsa reagindo?

Um abraço, Warren

Eis minha resposta.

Prezado Warren,

No nosso ramo, adivinha... Perguntas idiotas exigem respostas idiotas. A minha está aqui.

Eu não sei quando é que essa queda vai parar. Não sou tão inteligente assim, e qualquer um que diga que sabe está, na melhor das hipóteses, chutando e, na pior, lhe enganando. Porque eles também não sabem.

No Japão, a bolsa caiu uma média de 7,6% ano após ano, por cerca de vinte anos. Nesse período, homens e mulheres mais inteligentes do que você e eu disseram que o fundo do poço havia chegado umas mil vezes, e eles continuam errados. Aparentemente, os mortais não estão à altura desse desafio.

Uma baixa da bolsa termina quando o mercado diz que ela terminou, e isso vai ser cerca de seis meses antes da economia real se recuperar e nove meses antes de as estatísticas confirmarem que acabou. Vai acontecer quando as manchetes nos jornais ainda estiverem muito ruins e vai acontecer por algum motivo imperceptível que nenhum de nós vai ver. Você só vai saber que passou depois que já tiver passado.

Se participar da bolsa quando ela sobe já é meio caminho andado, estar na bolsa quando ela cai é sinônimo de perder o jogo. Qualquer pessoa que saia de armas na mão quando a bolsa está caindo é simplesmente um herói, ou muito burro, Waz.

Você não pode se dar ao luxo de estar na bolsa quando ela está caindo e, como muitos de nós descobrimos na última queda, participar com uma carteira diversificada e de longo prazo, com todos os pecados que ela embute (esperança, fé, preguiça e falta de ação) é um desastre. Nós precisamos de algo melhor. Portanto, aqui vai um plano. Pegue essa carta durante a próxima queda da bolsa, quando estiver perdendo dinheiro no curto prazo e tentando se dar bem no longo prazo. Quando quiser vender, mas não consegue.

O plano de operações focadas

Nós estamos falando sobre o fundo do poço, e não há dúvida alguma de que a linha que representa o índice um dia vai chegar ao seu ponto mais baixo. Mas a verdade é que a bolsa não é uma massa homogênea de ações com o mesmo desempenho. Ela é composta de setores diferentes – financeiro, recursos minerais, indústrias e imóveis.

Quando você pergunta sobre o fundo do poço, você tem que perguntar primeiro em que setor, porque o fundo vai ser atingido em momentos diferentes, por setores diferentes. Pensar na bolsa como um todo é deixar de levar isso em consideração. Para se dar bem quando a bolsa está caindo, você não tem que se concentrar nela como um todo, nem em carteiras, nem em setores, mas em ações individuais. Você tem que negociar as ações, e não apenas "estar na bolsa".

Na hora de comprar ações individuais, a única coisa em que se deve confiar são os vetores que fazem essas empresas prosperarem e o embalo das próprias ações. A chave para se ganhar dinheiro é perceber as mudanças desses vetores. Nas profundezas voláteis de uma queda na bolsa, ou nos píncaros de uma alta, os primeiros sinais não vão vir das pesquisas, nem dos lucros, nem dos fundamentos, mas da análise técnica.

Nas profundezas terríveis de uma queda na bolsa, não dá para se fazer uma grande declaração de que o pior já passou e que está na hora de voltar a comprar. Ninguém tem essa inteligência. Em vez disso, você tem que acreditar no que a bolsa está lhe dizendo e começar a comprar ações individuais na hora que elas começam a subir bem, especialmente quando há uma força motriz importante indo na mesma direção.

Essa é a receita: ser capaz de verificar uma mudança nos vetores, nos setores e nas ações, e operar em cima dessa mudança de sentimento. E isso não tem nada de mais. E o que a bolsa como um todo está fazendo (que pode ser outra coisa, ou nada) pode desviar sua atenção dessas oportunidades.

Mas, antes de sair correndo e operar quando a bolsa está em queda, existem algumas regras. Você só pode operar com a bolsa em queda se tiver disciplina – a disciplina de se aferrar a regras muito rígidas de limitar as perdas, usá-las todos os dias, deixá-las de lado quando tudo estiver indo bem e utilizá-las na hora em que as coisas saírem erradas. E isso exige esforço – um tipo de esforço que os investidores em carteiras não estão acostumados a fazer.

Uma bolsa em queda é um mercado para operadores. Não é comprar e esquecer. É comprar e ficar monitorando.

Por isso, não tente adivinhar o fundo de uma bolsa em queda. Em vez disso, concentre-se nas operações individuais, tenha disciplina e, no fim, da mesma maneira como uma carteira com ordens de stop loss *iria realizar seus lucros no fim de uma alta, uma série de operações bem-sucedidas vai acontecer um dia no final de uma queda, e esse vai ser o começo de uma alta.*

E, quando isso acontecer, sua carteira vai ressurgir milagrosamente. Nesse dia, você vai olhar para trás e perceber que, sem saber, a bolsa atingiu o fundo do poço.

Espero que tenha ajudado, Wazza.

Um abraço, Marcus.

Em guerra

O dinheiro que você investe na bolsa é de verdade. Seja sábio.

Se eu fosse pedir $10.000 para abrir uma loja, o que você me diria? O mais provável seria "cai fora". Mas, se passássemos dessa fase, você provavelmente iria querer saber que tipo de loja que seria, o que eu iria fazer com ela, qual a localização e quanto custaria para alugar e decorar, o que eu iria vender e qual seria a minha margem. Depois que passássemos por essas coisas, a questão seria quem iria administrá-la, quais seriam as projeções de venda, quais seriam os lucros ou prejuízos, e quem cuidaria da loja pelo menos no primeiro ano, e quanto seria o capital de giro necessário para mantê-la e por quanto tempo.

Compararíamos os juros e os dividendos pagos sobre o investimento, e, finalmente, se eu não pudesse lhe prometer um retorno compatível com o risco – além do seu dinheiro de volta –, não haveria jeito de você colocar a mão no bolso. Mas ponha os mesmos $10.000 numa corretora que opera na bolsa, e toda essa prudência sai voando pela janela. Pode parecer incrível, mas é verdade. Eu mesmo sou culpado disso. Ao me debruçar sobre as ações, todo o conceito de "dinheiro" parece mudar. Para um investidor, uma quantia como $10.000 não é nada. Mas tire $50 da carteira do mesmo corretor, e ele vai se defender com unhas e dentes.

A diferença, é claro, está na obviedade da afronta. Diante de um ladrão, nós agiríamos com presteza e com Deus do nosso lado. Mas diante da bolsa e de uma tela de computador, nós permitimos todo tipo de dedos entrando na nossa carteira e todo tipo de estranhos em nossas vidas. A bolsa é um belo lugar para os inteligentes se imiscuírem na vida pessoal dos inocentes (apesar do fato de a gente se apaixonar por todos aqueles produtos bem empacotados nos tornar mais culpados do que inocentes).

Na bolsa de valores da Austrália, toda transação tem uma contraparte. Isso quer dizer que, para cada vendedor há um comprador, e para todo vendedor há um comprador. Por isso, onde houver um vencedor, haverá um perdedor. Todo dólar que alguém ganha, alguém perdeu ou deixou de ganhar. Olhando desse jeito, você começa a perceber que operar na bolsa de valores é uma guerra. É você contra eles. Todos os outros investidores são seus concorrentes, e a bolsa não é nada mais que gente – gente anônima, gente que não tem a menor obrigação moral de se preocupar com você. A bolsa é todo mundo e pode ser qualquer um, e você é um alvo para todos eles, e a recíproca também é verdadeira.

Na bolsa, é esperado tomar dinheiro dos incautos, aplaude-se quem toma dinheiro dos inocentes, e arruinar as vidas, as aposentadorias, os fundos escolares e o futuro das famílias é aceito como parte da guerra, sem a menor necessidade de indenização. Jesse Livermore foi um dos operadores mais famosos do mundo, que ganhou uma fortuna no início do século XX – estimada em US$ 100 milhões – só operando na bolsa. Ele dizia que entrar no mercado era como entrar num campo de batalha, e, se você ler algumas das histórias mais (e menos) famosas dos corretores, é exatamente isso o que era, histórias de guerra onde cada negócio era uma batalha, não só contra o mercado, mas contra suas próprias fraquezas, tentações e idiotices. Cada escaramuça era lembrada em cores vivas, e todas eram difíceis de esquecer.

Mas leia essas histórias, e você também vai perceber que, para poderem sobreviver, os corretores têm que dar muito duro. Eles se dedicam. Desenvolvem planos e estratégias detalhadas para se manterem vivos e constroem sistemas que são testados e aprovados e estão sempre em perpétuo desenvolvimento. Eles sabem *por que* eles estão fazendo o que fazem e gostam de aprender o *como*. Mesmo assim, muitos de nós partimos para o campo de batalha sem saber absolutamente nada. Podemos até ter rifles, mas não somos soldados.

Moral da história: operar na bolsa é um negócio e tem que ser tratado como tal. Quando você olha o seu monitor, está abrindo a porta para a sua conta bancária, e você é o único guardião. Se a *débâcle* de 2008 serviu para nos ensinar alguma coisa, é que só participar não é suficiente. Você precisa se armar.

Nota do Autor – Jesse Livermore faliu várias vezes, principalmente ao ouvir os outros e tentar comprar mais na queda para ganhar na média. Ganhar uma fortuna é uma coisa. Mas o que se precisa saber mesmo é como segurá-la.

O bê-a-bá das IPOs

Tudo o que você precisa saber sobre IPOs.

Os preços variam em função da oferta e da demanda. E assim, uma IPO (*Initial Public Offering*), uma Oferta Pública Inicial de Ações, é, muitas vezes, percebida (e vendida pelas corretoras) como uma oportunidade para se comprar algo de oferta limitada, em meio a uma demanda potencialmente grande. E, como não há preço de mercado, e nenhuma medida óbvia da demanda na hora da oferta, ela é normalmente vista como um privilégio que não se deve recusar, em vez de um risco a ser evitado.

Analisemos o mercado de IPOs australiano nos últimos cinco anos, inclusive que corretoras costumam fazer as melhores colocações e logo ficará óbvio que, em vez de ser um bônus, existem tantas armadilhas (senão mais) em participar de uma IPO, quanto comprar uma ação já negociada em bolsa. Isso porque a transparência de uma ação que está entrando no mercado é geralmente obscurecida pelo *marketing* de lançamento.

O simples fato de o convidarem a participar de uma IPO não é razão para descartar a prudência habitual, com a qual você trataria qualquer oportunidade. Você continua sendo obrigado a fazer suas pesquisas.

Aqui vão algumas dicas reunidas sobre o mercado de IPOs. Algumas são muito óbvias; mesmo assim, valem ser elencadas.

Corretoras – grandes e pequenas

- As grandes corretoras costumam fazer as emissões das maiores empresas.

- As pequenas corretoras costumam fazer as emissões das empresas de menor porte.
- As emissões das grandes corretoras, em *média*, costumam se dar melhor no *after market.*
- Os retornos das emissões de empresas de menor porte costumam ser, na média, bem mais voláteis, com um grande número de emissões "inexpressivas".
- As pequenas corretoras costumam ter mais IPOs que dão errado, mas geralmente compensam isso com um ou dois sucessos absolutamente retumbantes.
- Algumas corretoras aparentemente fazem muitas emissões pequenas com um nível de sucesso reduzido. Parece que algumas só estão atrás das comissões, com pouca simpatia pelos participantes do mercado (que vêm a ser seus clientes). Colocando de uma maneira mais simples, o "patamar de qualidade" delas é mais baixo. Que é uma função do mau relacionamento entre o departamento "corporativo" e a mesa de operações.
- Algumas pequenas corretoras fazem um pequeno número de emissões que, em geral, são mais bem sucedidas. Por exemplo, na minha pesquisa de cinco anos, uma pequena corretora de Melbourne fez apenas cinco emissões que deram um retorno médio de 283%. Com um pequeno número de emissões de qualidade, ela claramente tem um alto "patamar de qualidade", o que sugere que ela dá preferência à sua base de clientes, em vez de simplesmente correr atrás das taxas de emissão.

Algumas verdades por trás do mercado das IPOs

- Todo o mercado de IPOs se resume a risco e retorno para as corretoras e seus clientes.
- Se uma empresa é grande, os riscos são menores, e as recompensas (para as corretoras) são maiores.
- Se a empresa for muito, muito grande mesmo, vai precisar de corretoras capazes de distribuir para uma base de clientes realmente

global – como o Credit Suisse, o UBS, a Merrill Lynch, Citi e Goldman Sachs JB Were. Quando você vir essas corretoras na lista, pode contar que a emissão tem um risco bastante baixo.

- Qualquer empresa que queira entrar na bolsa, quer aparecer na lista de uma corretora com boa reputação e uma ampla base de clientes para quem distribuir as ações. As grandes companhias podem escolher a(s) corretora(s) a dedo. As pequenas empresas é que têm de ser escolhidas e, às vezes, (muitas vezes) rejeitadas. Assim, quanto menor a corretora, mais baixo teve que descer a empresa até conseguir alguém que cuidasse da emissão. Quanto menor a corretora, maior o risco, e você tem que se perguntar: se as grandes corretoras não quiseram colocar seus clientes ou sua lista de subscritores nessa empresa, será que eu vou querer isso para mim?
- Quanto menor e mais arriscada for a IPO, mais a bola está na quadra das corretoras. Elas começam a escolher a dedo com quem elas estão preparadas para se associar seu nome e sua base de clientes.
- A grande questão para as corretoras é a seguinte: as boas emissões fazem os clientes ganharem dinheiro, aumentam a clientela e melhoram sua reputação. As más emissões destroem a base de clientes, além da reputação, e também diminuem as chances de elas realizarem boas emissões na próxima vez. Elas têm que comparar o risco de "estrago para a casa" com o tamanho das taxas que irão ganhar.
- À medida que a IPO vai ficando menor e mais arriscada, a lista de corretoras preparada para aceitá-las vai diminuindo.
- Quanto menor e mais arriscada for a IPO, maiores as taxas que a corretora irá exigir.
- Essas taxas vão de zero a cerca de 12%. De 2 a 4% (ou até menos), é considerado normal. Qualquer coisa acima disso, você sabe que está diante de uma batata quente, difícil de passar adiante.

Como saber se você está diante de um vencedor ou de um perdedor

- Dê uma olhada na taxa que está sendo paga. Quanto maior a taxa, menos vontade a corretora tinha de pegar o negócio. É um ótimo indicador de como as corretoras veem essa IPO. Ela representa o risco ou a recompensa de terem seu nome associado à emissão. Você vai encontrar as taxas enterradas nas declarações do emissor do produto, e, se você não quiser perder seu tempo lendo todas aquelas letrinhas miúdas, pergunte à corretora que estiver lhe oferecendo as ações.
- Se a emissão for grande, estiver sendo colocada por várias grandes corretoras, e elas estiverem ganhando uma taxa de 2%, então há uma grande chance da IPO ser um sucesso, ou, na pior das hipóteses, o risco é baixo.
- Se a IPO for pequena, estiver sendo colocada por uma única e pequena corretora, que ainda por cima está ganhando 10%, *evite.*
- Se a IPO estiver sendo colocada por uma única e pequena corretora, mas estiver lhe sendo ofertada por outra pequena corretora, cuidado. Se a emissão estivesse indo bem, a corretora principal estaria conseguindo vender toda a emissão, sem precisar pedir ajuda à concorrência.
- Da mesma maneira, é duplamente ruim receber uma oferta de ações emitida por uma grande corretora por parte de uma pequena corretora. Se a grande corretora está pedindo às concorrentes menores para desovar as ações, isso significa que eles não podem (ou não querem) se arriscar a vendê-las para a sua própria e ampla base de clientes. Para elas, é melhor queimar os clientes dos outros.

Boas perguntas a se fazer ao corretor que está fazendo uma oferta firme de ações a serem emitidas

- Quais são as corretoras que estão fazendo a emissão? O que você quer ouvir é que a corretora que está lhe oferecendo tem uma participação oficial na emissão. Caso contrário, as corretoras que cuidam da emissão estão lutando para desovar as ações e estão usando a sua corretora (concorrente) para conseguir isso.

- Mesmo que a sua corretora esteja envolvida, pergunte se ela está utilizando outras corretoras para fazer a distribuição. Se ela estivesse confiante no sucesso, e as ações estivessem quase que pulando sozinhas das prateleiras, ela não estaria precisando da ajuda da concorrência.
- O seu corretor (a pessoa física que está lhe oferecendo as ações) tem permissão para comprar pessoalmente algumas ações? Se tiver, ele(a) está comprando? (Os corretores têm que declarar se são partes interessadas.) Se não estiverem comprando, você tem que se perguntar por quê...
- Quais foram os resultados das emissões feitas pela corretora que está conduzindo a oferta nos últimos cinco anos? Esse tipo de informação geralmente vem de outras fontes, embora esteja disponível quase que gratuitamente. Essa pergunta vai irritar algumas corretoras, mas aquelas que têm um bom histórico vão se orgulhar em lhe dizer.

Como saber se a emissão é boa

- Se for pequena, mas estiver sendo colocada por uma grande corretora.
- E a corretora está ganhando uma taxa de 1%.
- Corretoras que não estão envolvidas escrevem belíssimas análises sobre a empresa (para depois dizerem que foram elas que puxaram a alta no *after market).*
- A única razão pela qual você conseguiu algumas ações foi que o seu marido ou mulher, que é o maior *dealer* da mesa de ações da corretora-líder, recebeu uma alocação firme de ações para distribuir de bônus.
- Você é o melhor cliente da sua corretora, sabe que ela tem uma alocação de ações firmes, mas não está lhe oferecendo nada.

- Os vendedores da empresa estão mantendo uma participação de 99%.
- Os vendedores estão alocando muitas ações para suas próprias equipes.
- Todos os diretores da companhia têm um monte de opções.
- As grandes instituições pediram 10 milhões de ações, mas só foi possível receber 10 mil.

Como perceber se a emissão é uma fria

- Você recebeu uma oferta firme por parte de três corretoras que, há um ano, não se dão ao trabalho de ligar para você.
- A emissão começou há três meses, e você está recebendo a oferta só agora.
- Quando seu corretor diz que a empresa alocou ações para "todos os funcionários" (em caso de desespero, venda para os empregados).
- Estão anunciando a IPO num jornal, para investidores de varejo, e o tamanho da fonte permite que o anúncio seja lido a cem metros de distância.
- Você é um investidor comum, de varejo, mas o corretor lhe oferece um encontro pessoal com a diretoria da empresa e ainda pode escolher a hora no *roadshow* institucional que a empresa está fazendo.
- O corretor põe você na frente de sua própria família, na hora de alocar as ações.
- Os diretores da empresa que está fazendo a oferta estão vendendo as próprias ações, em vez de captar dinheiro para ir atrás de novas oportunidades. Você é que é a oportunidade – para eles.
- Você compra ações na primeira ocasião em que lhe foram oferecidas e recebe uma nova oferta na mesma tarde, antes de encerrar a emissão.
- A corretora está recebendo uma comissão de 4% e repassando 100% dessa taxa para o *dealer* que lhe vender as ações.

- O nome da empresa tem uma marca glamurosa, que só se tornou conhecida semana passada.
- O índice do setor a que pertence a companhia subiu 185% no mês passado.
- A empresa já tentou entrar na bolsa, mas retirou a oferta.
- A empresa diminui o tamanho da oferta, em qualquer momento.
- O reluzente prospecto em quatro cores responde por 30% dos custos da emissão.
- A empresa aumentou a taxa oferecida à corretora no meio do processo.
- Você recebe uma opção grátis para cada ação que comprar.
- Estão lhe oferecendo para ser sub-subscritor, e você nem sabe o que é isso.
- O prospecto da oferta é em Braile.

E não se esqueça da regra de ouro das emissões:

- Se a emissão for boa, não vão lhe oferecer. Se oferecerem... não é para você.

Um *feedback* pernicioso

Nós só corremos numa direção por algum tempo. Quando a turba estiver a toda, prepare-se para mudar.

Você já levou um golpe no rosto? Eu já. É um inconveniente que faz parte do caratê. Se pegar direito (no nariz ou na ponta do queixo), você vê um *flash* de luz que o cega e tem um momento de pânico, onde um sinal parte direto da espinha para o cérebro instruindo-o para (1) cair de quatro sem querer, (2) chorar e (3) desistir.

Mas levar um golpe e saber qual é a sensação deixa-o preparado para receber mais um. Não dá para ler a respeito, não dá para procurar no Google. Você tem que realmente sentir e, depois de muita prática, você não vai mais cair, nem chorar, nem desistir. Você vai aprender a sorrir e dizer "isso é tudo o que você é capaz de fazer?", e aí dar o troco.

Na queda da bolsa entre 2007 e 2009, nós recebemos muitos golpes no rosto. No início, ficávamos chocados. A quebra de alguns nomes importantes (da Babcock & Brown e do ABC Learning Centers, por exemplo), a incredulidade diante do fato de que os lucros não conseguiam manter o preço das ações, o colapso do pilar da bolsa australiana, que é o setor bancário (poooou!), a destruição do setor de trustes imobiliários, antes visto como seguro, o desmantelamento de tudo o que carregasse dívidas, o Apocalipse do setor financeiro global (bam!) e metade do valor de uma carteira média se evaporando (zap!).

E aí, depois do choque e do susto iniciais, a batalha prosseguiu com anúncios de prejuízos, cortes nos dividendos, vendas a descoberto disparando, lucros em queda, emissões de dívida e de capital, logo seguidas por uma recessão global, uma desaceleração da China, um aumento colossal nos déficits públicos e perdas de emprego (Pof! Zang! Bang!).

Tudo isso atingiu mais exatamente aqueles que menos mereciam, aqueles que respiravam e viviam a mais nobre (ou ignóbil) das buscas, os traders, os operadores por conta própria, os administradores dos fundos fechados, e todos aqueles que, com a melhor das intenções, tentavam melhorar sua situação e a da família.

Tiveram que acompanhar, absolutamente estupefatos, suas empresas oferecerem emissões a preços de banana para instituições que não lhes tinham a menor lealdade e que logo detonaram o preço das ações embolsando os lucros imediatamente (capooou!). Em muitos casos, o dinheiro captado em determinadas instituições foi menor do que o valor que foi destruído para os acionistas. Mas, mesmo assim, eles foram em frente.

As pessoas tiveram que enfrentar verdadeiras batalhas, enquanto as chamadas de margem faziam um estrago na vida de qualquer um que estivesse alavancado. As estruturas de empréstimo entraram em colapso, gerando prejuízos cruéis e desiguais para pessoas inocentes (OPES Prime).

E a batalha saiu da bolsa de valores e chegou até a casa das pessoas – à queda no preço dos imóveis, hipotecas sem lastro e investimentos imobiliários mal planejados. Tudo isso gerou muita pressão em cima das famílias, dos relacionamentos e das expectativas.

Mesmo quem tinha dinheiro na mão não foi poupado. Os rendimentos se evaporaram quando as taxas de juros baixaram. Não havia mais onde se esconder. Tudo o que se podia era ser grato por haver pessoas que estavam numa situação ainda pior do que você.

Aqueles de nós que sobreviveram a toda essa carnificina sofreram muito e acabaram ficando anestesiados. No fim, não havia mais muita coisa que pudesse deixar alguém assustado. Alguns acontecimentos que antes poderiam nos levar às lágrimas agora eram lugar comum, e perfeitamente previsíveis e banais.

Mas, enquanto nós nos acostumávamos com isso, o mesmo não acontecia com a mídia. Ela não deu trégua. Ajudava a alimentar o monstro. O suficiente para provocar um comentário do FMI de que a crise estava se autoalimentando e que uma recuperação só seria possível se alguma coisa passasse por cima do que eles chamaram de "*feedback* pernicioso".

Essa foi boa.

Depois de digerir a teoria do FMI, você passou a sentir esse *feedback* pernicioso em todas as coisas mesquinhas, previsíveis e um tanto inevitáveis que perpetuavam a atual situação, que continuavam a espancar o cachorro morto e que não adiantavam nada. E aí se começou a bloquear o que era pernicioso e a se concentrar no otimismo.

Foi um momento interessante no "comportamento de manada". Nós só corremos numa direção por certo tempo, e, depois de sair arrebentando a toda numa direção por tempo suficiente, faz parte da natureza humana se acalmar, diminuir o passo e olhar para ver se não há outro caminho.

Foi o mesmo que aconteceu no auge da bolsa.

Quando a turba estiver indo a toda, está na hora de se preparar para uma mudança. Ela nunca fica doida para sempre. Em algum momento imperceptível, sempre surge alguma coisa para virar a cabeça das pessoas – e, às vezes, não é nada mais do que passar tempo demais fazendo as mesmas coisas. Chega uma hora em que a turba e a bolsa decidem caminhar na direção contrária.

Quando a bolsa está em queda, é aquele dia em que nos anestesiamos em relação ao *feedback* pernicioso e vicioso. Nessa hora, nós nos mantemos firmes, não choramos e não desistimos. Só sorrimos e dizemos: "Isso é tudo o que você tem?" Nesse dia, você pode ganhar anos de rendimentos médios em alguns meses, em cima daqueles que continuam arremetendo a toda na outra direção, com a cabeça baixa e os olhos vendados.

O *Crème de la Crème*

Nós partimos de muitas premissas e corremos muitos riscos nesse negócio de investimento.

Eu me lembro de quando um banco inglês de grande porte e acompanhado de perto pelos analistas, o Royal Bank of Scotland, surpreendeu o mercado, em plena crise de 2008, com a notícia de que ele tinha tido o maior prejuízo de uma empresa, em toda a história da Inglaterra (£28 bilhões).

Na época, a Crise Financeira Global já era bem entendida. Todos nós já tínhamos ouvido falar nos tóxicos ativos *subprime* e no colapso da duplinha de Wall Street – o Lehman Brothers e o Bear Stearns. Mas as ações do Royal Bank of Scotland caíram 67% no dia da notícia. Uma indicação clara de que, apesar de todas as pesquisas e análises em relação à crise, nós ainda não sabíamos bem o que estava acontecendo.

Claramente, o anúncio foi uma surpresa para o mercado. Aposto meu último centavo que o tamanho do prejuízo surpreendeu até mesmo a diretoria do Royal Bank, quando os números foram apresentados a ela, antes do anúncio.

Não existe nada pior para uma empresa do que os acionistas perceberem que nem a própria companhia sabe o que está acontecendo. Se o CEO e a diretoria não entendem a própria empresa, como é que um analista com pouco tempo disponível e apenas parcialmente exposto vai saber mais? E se um profissional não consegue fazer isso, qual é a chance que um investidor individual conseguir?

O Royal Bank of Scotland, com sua exposição a ativos tóxicos, nos ensinou que nós *nunca* vamos saber tudo sobre determinadas empresas, e muito menos ser capazes de prever o futuro delas. Também deixou claro que todos nós trabalhamos em cima de muitas premissas e corremos muito mais riscos nesse negócio de investimento do que estamos dispostos a admitir. Há muita coisa que simplesmente não é revelada, que não se sabe ou que não é compreendida, mesmo nas companhias mais analisadas.

Reclamamos que os relatórios dos analistas são pouquíssimo úteis certas vezes, especialmente quando a bolsa está caindo (os relatórios são sempre otimistas demais), mas, quando desastres inimagináveis acontecem, fica claro que os analistas não tinham a menor chance. Empresas muito grandes e complexas mal sabem o que estão fazendo, por isso nunca será possível que uma pesquisa "aprofundada" vá proporcionar muito mais do que um bom chute.

O que nós precisamos é de um Rating de Risco da Análise (RRA) para cada ação.

Um banco de investimento, por exemplo, teria um RRA alta. É quase impossível saber o que eles fazem. Os analistas não podem entrar nos escritórios deles, inspecionar seus negócios confidenciais e ver a exposição que eles têm, muito menos entender seus contratos de derivativos de balcão. Os analistas simplesmente não têm como descobrir isso sozinhos. É a própria empresa que tem de dizer a eles, em termos genéricos. E, nesse caso, a pesquisa é pouco mais do que o reflexo de como a própria empresa se vê – e assim, ela teria que ter um RRA bem alto.

Qualquer um que lesse as análises sobre a Babcock & Brown (empresa multinacional de consultoria de investimentos, com sede em Sydney, que foi à falência em 2009), antes de ela ir à falência, veria o problema. A visão que a empresa tinha de si mesma era, em retrospecto, completamente equivocada, e qualquer analista que ousasse discordar teria que fazer isso sozinho e de maneira independente. Sem um acesso total (e comercialmente impossível) aos dados da empresa, eles só poderiam no máximo *suspeitar* o que iria acontecer. Eles jamais poderiam *saber*. E isso dificilmente serviria de base para uma análise polêmica e impopular que poderia fazê-lo famoso por todos os motivos errados e responsável por um estrago muito grande, se a sua opinião estivesse equivocada.

Não é à toa que os corretores não mandam "vender". A empresa simplesmente não conta o que não quer que eles saibam. E eles não podem adivinhar.

E não é à toa que nós nos surpreendemos constantemente com companhias como o Royal Bank of Scotland. A capacidade de algumas empresas de esconderem a verdade é fora do normal, e, quando o tempo fecha, nós só vamos conhecer a verdade quando ela realmente *tiver* que ser revelada, e não quando ela *deveria* ser revelada. Na hora em que é revelada, é tarde demais.

Moral da história: algumas empresas são muito mais difíceis de serem analisadas do que outras, mas não há como se distinguir. Uma pesquisa feita sobre uma empresa sem transparência tem exatamente o mesmo aspecto de uma pesquisa sobre uma empresa transparente. O interessante, talvez, seja que a maioria das análises vai falar maravilhas, dando uma impressão de conhecimento e de infalibilidade, mesmo que ela não disponha de informações para isso. Acredite numa pesquisa dessas, e você logo irá descobrir que, especialmente quando a bolsa está em queda, pensar que você sabe de alguma coisa é pior do que não saber nada.

Seria melhor não saber do que pensar que sabe. Pelo menos, se você tem consciência de que não sabe uma coisa, você não vai ficar surpreso quando descobrir que não sabe, não é verdade?

Alta previsível

"Se não vender, não vai ter prejuízo." E várias outras bobagens.

Quando a bolsa despenca, existe um número limitado de expressões furadas no dialeto do mercado que um corretor consegue aguentar. Aqui vão as mais comuns. Muito poucas têm algum valor.

No longo prazo, tudo vai dar certo. Bem, detesto ter que dizer isso, mas talvez as coisas não saiam bem assim. Basta olhar para o que aconteceu quando o *boom* econômico do Japão acabou. Os Estados Unidos emitem todos os sinais de estar acontecendo algo parecido. Os japoneses passaram por um período de baixa no mercado acionário que reduziu o valor dos papéis em 80%, ao longo de vinte anos. Lamento dizer que nós temos que pensar que, no longo prazo, tudo é possível. E, de qualquer maneira, o que é longo prazo? Atualmente, a expectativa de vida na Austrália gira em torno dos 78,7 anos para os homens e 83,5 para as mulheres. O longo prazo é relativo à nossa idade. A expressão "no longo prazo, tudo vai dar certo", na melhor das hipóteses, é uma platitude muito generalista e uma demonstração de esperança, mas não é um fato concreto e, quanto mais velho você for, menos valor ela tem.

O retorno médio do índice All Ords vai dobrar seu capital a cada seis anos e triplicar a cada 10. Sim, o retorno médio nos tempos bons, e enquanto as coisas estiverem normais, vai dar esse resultado. Mas as estatísticas mais recentes de longo prazo foram geradas por *booms* periódicos. Nos Estados Unidos, mais recentemente, o desenvolvimento do PC e da internet alavancou o crescimento de companhias listadas na bolsa como a IBM, a Microsoft, a Apple, a Intel, a Hewlett Packard, a Dell, a Cisco e a Google. Essas foram ações que adicionaram um valor extraordinário (e incomum) aos índices em curtos períodos. E tudo isso foi complementado pelo *boom* de crédito ao consumidor, no qual o crédito se transformou de uma "dívida a ser paga", num lubrificante para oportunidades e ambições, em que se lastrearam (e se afundaram) algumas grandes instituições. Confiar na retomada dos retornos médios da bolsa exigiria uma nova ocorrência da Revolução Industrial, do desenvolvimento das rodovias, da produção em massa, do telefone, da eletricidade, do computador pessoal, da disponibilidade de crédito e, no caso da Austrália, do surgimento de uma nova China se acelerando. O futuro, especialmente o da bolsa, é uma tela negra. É um quadro pintado pelo amanhã, e não pelo passado. Não existe conforto algum em se reafirmar os sucessos do passado. Usar a história como um guia para o futuro, especialmente o de curto prazo, é um conceito equivocado, próprio para provocar uma série de erros.

Se não vender, não vai ter prejuízo. Uma bobagem total. Os acionistas da Voicenet e da Davnet com certeza terão uma opinião diferente, assim como toda a população japonesa. Todo mundo que fica olhando e se preocupando com o valor de suas ações caindo dia após dia está incorrendo num custo. Pode não ser um custo financeiro, mas um custo de vida. "Se não vender, não vai ter prejuízo" é um ditado

inventado pelos consultores que fizeram tudo errado, mas não querem confessar isso. É uma negação, numa hora em que você precisa de ação, mesmo que seja só para preservar sua paz de espírito – que é o seu bem mais valioso.

Se vender e perder os 30 melhores dias de uma alta, o retorno médio do ano cai pela metade. Lamento informar, mas isso vale tanto para a alta como para a baixa. Que tal vender para evitar os 30 piores dias? Esse conceito também chama a atenção para o fato de que as médias dependem de uns poucos dias muito bons, o que significa que a bolsa não sobe regular e candidamente. Ela se mede por algumas boas tacadas ocasionais. O que dificilmente pode ser considerada uma base confiável para alguém ter conforto. O uso das médias esconde a volatilidade. Infelizmente, a volatilidade é a realidade e não as médias, e, para alguns de nós, isso significa uma boa dose de incerteza o tempo todo.

Compre ações defensivas. Se você for um investidor institucional preocupado em bater o retorno médio da bolsa, então comprar ações defensivas numa baixa da bolsa faz sentido, porque você perde menos e se dá melhor do que a concorrência. Mas elas não servem para as pessoas comuns – que interesse elas teriam em perder pouco, ou simplesmente perder? Para elas, as ações defensivas são irrelevantes. Como investidor individual, se estiver interessado em perder menos, venda. Não compre algo que perde dinheiro mais devagar. Infelizmente, a maioria das pesquisas de mercado é voltada para as instituições. Por isso, essas pesquisas se concentram no desempenho relativo e não no desempenho real. É por isso que essas análises trazem recomendações como "*outperform*" e "*underperform*". Elas estão dizendo se acham que a ação vai se dar melhor ou pior do que a média do mercado. Não têm utilidade alguma para um investidor individual, se a bolsa estiver caindo. Eles precisam de um desempenho real, e não relativo.

Todos nós ficamos de saco cheio dessas palavras vazias quando a bolsa está caindo. Desculpe o mau humor, mas alguém tem que dizer isso.

Como ser uma pessoa melhor

Dívidas e responsabilidades fazem com que nos tornemos pessoas melhores, inovando, aprendendo e nos afirmando.

Enquanto escrevo esse livro, a hipoteca média para um imóvel ocupado pelo próprio dono, na Austrália, é de $260.000. Não parece um número muito assustador, mas pense na possibilidade de você, de repente, ter que pagar tudo isso. É muito dinheiro para se arranjar, depois de descontados os impostos. Você teria que poupar dinheiro. Considerando que a maioria de nós já gasta mais de 110% do que consegue ganhar todo ano e não poupa nada, é uma tarefa brutal.

Como *Pai Pobre* (ganhando salário e sem ter participação na sua empresa), a perspectiva de pagar o empréstimo é pequena. Faça alguns cálculos rápidos, e logo fica claro que você teria que economizar $1.000 (depois dos impostos) todo mês por 20 anos para se aposentar livre do financiamento da casa própria. Digamos que isso seja uns $24.000 por ano. Vinte e quatro mil dólares do seu salário antes dos impostos que você acabou de perder. Se faltar menos de vinte anos para a sua aposentadoria, você terá que ajustar esses números adequadamente.

Mas ainda tem mais. Tem os $15.000 de juros sobre o empréstimo todo ano (pelas taxas de 2009). Antes dos impostos, uma estimativa conservadora é de mais $24.000 tirados do seu salário.

Agora, a hipoteca média de que falávamos já está lhe custando $45.000 do seu salário anual esperado.

Por mais que você pense que isso é administrável, quando leva em consideração que o salário médio anual na Austrália, em 2009, é de $64.844, fica claro que a hipoteca média está matando o homem comum, e, mesmo que os salários médios venham a subir, a hipoteca média também vai. Basicamente falando, existem muitos assalariados por aí que estão com a corda no pescoço; se quiserem se aposentar sem dívidas (que horror), eles ou vão ter que ganhar bem acima da média, contentar-se com um imóvel menor em algum momento ou arriscar-se a perder o padrão de vida.

Se a definição de felicidade é a expectativa de uma melhoria no nosso padrão de vida, então a expectativa de uma queda no nosso padrão de vida seria a definição da infelicidade. Assim, uma pessoa comum é infeliz e, se não for, estará querendo tapar o sol com a peneira. Hmmm.

Eu tenho uma teoria de que, quanto mais responsabilidades uma pessoa se impuser (financiamentos, filhos etc), mais ela deverá tirar da vida. As dívidas e as responsabilidades fazem com que nos tornemos pessoas melhores, inovando, aprendendo e nos afirmando. Ao me ver diante de dívidas, sempre adotei o lema de "ganhar mais", em vez de viver como um miserável para pagar tudo. Eu posso me dar ao luxo de ter essa atitude por causa da minha idade – tenho menos de 50 (mas isso já é muito!).

Mas vai chegar uma hora em que a minha capacidade de ganhar dinheiro deve atingir um platô, não porque eu não possa ganhar mais, mas porque, uma vez na vida, eu vou querer me sentar com a minha mulher e ler os jornais, sem ter que sair correndo de casa. Uma vez na vida já seria bom. E é esse desejo que vai marcar o meu horizonte financeiro. Ainda vai demorar um pouco, mas um dia ele vai estar no meu radar.

O caminho para a minha felicidade foi estabelecer expectativas (você vai ter que fazer isso com a sua cara metade), descobrir o que fazer para corresponder a essas expectativas e, então, se possível (e geralmente), ultrapassá-las. Como disse um dos meus cunhados, a maioria dos sonhos é realizada por aqueles que se dedicam a realizá-los. O problema da maioria dos sonhos é que as pessoas não sonham com muita força. Para realizar seus sonhos, você precisa de expectativas irreais, e, para estipulá-las, você precisa de um tempo. Precisa de um plano.

Um dia fui consultar um planejador financeiro. Fizemos uns planos bem básicos. Na verdade, chega a ser até constrangedor para a atividade que o planejamento financeiro seja algo tão simples (mas que poucos de nós nos damos o trabalho de fazer). Pegue uma caneta. Pegue um envelope. Vire-o (embora isso fique melhor numa planilha do Excel).

É muito simples. Monte uma tabela com duas colunas para cada ano, a começar pelo atual. Coluna A e coluna B.

Na coluna A, escreva os rendimentos líquidos (depois dos impostos) que você espera. Parece simples. Mas esse processo vai lhe ensinar muito sobre você mesmo. Quando você realmente olha para os rendimentos líquidos esperados, você percebe que não pode simplesmente contar com aquela renda inesperada que nós tantos esperamos. Como ganhos na bolsa, bônus, heranças, loterias, aumento do valor dos imóveis. São itens "de risco" e, do ponto de vista do planejamento financeiro, não têm qualquer garantia e não se pode confiar neles. Quando você só põe no papel o seu rendimento esperado real, as suas perspectivas de repente se desligam das expectativas subconscientes. O futuro começa a parecer menos brilhante. E isso é antes de se computar as perdas inesperadas.

Na coluna B, ponha as despesas esperadas. As de casa e qualquer uma que seja previsível durante o ano, como o financiamento do carro, as contas de luz, a mensalidade da escola, o de sempre (se necessário, faça uma estimativa).

A alimentação é um item muito importante, e você tem que inflacioná-lo pelo ganho de massa corporal esperado dos seus vários filhos e pelo tempo que você espera que eles permaneçam sob o seu teto. (Não se esqueça de dizer aos rebentos que a casa é sua, e que eles só estão ali de passagem, graças à sua boa vontade.) Se tiver meninos, multiplique esse custo por 1,5. Você logo vai perceber que o seu orçamento ficará inviável, a não ser que expulse a maioria de casa quando estiverem com uns dez anos.

Mas o financiamento do imóvel, os juros desse financiamento e as mensalidades escolares são o maior dreno de despesas. Inflacione as mensalidades escolares a 6% ao ano (uma previsão otimista) e deixe uma margem de variação. Depois, acrescente uma coluna para as despesas inesperadas, para alguns sonhos que você queira realizar (como uma reforma na casa e umas férias anuais no Club Med de Bali).

Agora você está diante da realidade, e, se você for como eu, a coluna B vai ser muito maior que a coluna A, pelo menos pelos próximos dez anos.

Depois desse pequeno joguinho (e do choque), algumas coisas vão ter chamado a sua atenção.

Você precisa ganhar mais.

Precisa gastar menos.

Há coisas que você não quer ver.

Você vai trabalhar até os 75 anos de idade.

E vai precisar dar uma bela tacada, senão nunca vai se aposentar.

Seja lá como for, logo vai ficar claro que o "nunca" na verdade já chegou. Planejar não é difícil. É muito simples e acaba levando à verdadeira definição de felicidade – saber para onde se está indo (com a família) e como chegar lá.

Truques da mente

Como se sentir melhor, mesmo com prejuízo.

Geralmente, quando eu saio de férias, a bolsa cai. Embora uma vez eu tenha conhecido um corretor que também achava que a bolsa sempre caía quando ele saía de férias. Na verdade, descobrimos que sempre que nós saíamos de férias quando a bolsa ia mal, ela caía. Portanto, a culpa não era nossa.

Em 2008, no pior momento da bolsa, eu e o Sam estávamos trocando figurinhas numa tarde em que não havia muito o que fazer e decidimos fazer uma lista de maneiras como poderíamos acrescentar valor à nossa base de clientes. Foi uma luta. Quando a ordem é vender tudo, e você já fez isso, a única coisa que nós podíamos inventar eram maneiras de nos sentirmos melhor sobre o que já havia acontecido financeiramente com a gente. Inventamos algumas manipulações da mente que, na próxima queda da bolsa, você poderá utilizar em si mesmo. Veja se consegue diminuir a dor e se tornar mais humilde com os seguintes pensamentos.

Poderia ser pior. Da nossa posição, vimos algumas verdadeiras carnificinas financeiras. Quando você trabalha no mercado, com pessoas que respiram o mercado o dia inteiro, o retorno médio da bolsa é meio irrelevante. Tem pessoas nas corretoras e do outro lado da linha com enormes exposições a determinadas situações, não só ações, mas negócios inteiros, empregos, oportunidades e ambições. Uma parte foi destruída. A primeira mensagem quando a bolsa está caindo é que, se tudo o que você perder é o retorno médio, já será meia bênção.

Totalmente abençoado. Se conseguir se sair melhor do que o retorno médio quando a bolsa está caindo, então você é totalmente abençoado.

Renda. Muitos aposentados, e com razão, se preocupam com a renda e, quando as taxas de juros caem (como tudo o mais quando a bolsa está descendo a ladeira), o retorno sobre a poupança, que é a fonte de renda deles, tende a se evaporar. É realmente estressante ter de refazer o orçamento e diminuir suas expectativas financeiras. Mas para aqueles que têm dinheiro na mão quando a bolsa está em baixa, agradeçam aos céus por não terem sido triturados na bolsa. Tem gente que é.

Culpa. Todo mundo está sempre procurando o melhor para as suas famílias e seu futuro, com a melhor das intenções. Levar um tombo nessa missão por causa de uma queda na bolsa é completamente injusto, mas deixe-me dizer uma coisa: não dá para culpar ninguém. Absolutamente ninguém – nem reis, nem rainhas, nem presidentes, comandantes de bancos centrais, reguladores, CEOs, estrategistas, economistas, gurus, especialistas ou os seus amigos – viu a crise de 2008 chegando. Então, qual era a nossa chance? Nenhuma. Você não tem culpa, nem a sua esposa, ou quem quer que tivesse a responsabilidade pelos investimentos da sua família. Foi tudo culpa do mercado, e você pode encontrar um pouco de consolo nisso.

Aceitação e arrependimento. Todos nós já passamos por coisas na vida contra as quais nós temos que nos debater. Todos nós. Coisas que, se tiverem liberdade para agir, podem atormentar sua mente e afetar muito o seu humor. Nos momentos de lazer, é muito fácil deixar que uma má experiência financeira tome sua mente de assalto e estrague o seu dia, sua semana ou o seu mês. Mas eu aprendi, com a idade e com uma vida familiar muito intensa, que a coisa mais importante na vida é o "agora", e, nesse ambiente privilegiado, um momento que se perca de raiva ou de arrependimento sobre o passado é um momento perdido. Enquanto caminhamos pela vida, nós temos que nos entender com os erros e as infelicidades e com o impacto que eles causaram na nossa situação financeira, e não temos outra opção a não ser olhar para essas experiências como uma plataforma para novas estratégias. Não há outro caminho – o que podia ser feito foi feito, discutido, aceito, e, agora, temos que seguir em frente. Você não pode usar essas horas para se irritar ou ficar emburrado. Não vai adiantar nada, sua família não vai entender, e esse tipo de mentalidade ainda é um desperdício dos poucos dias que nós temos nesse planeta – não só para você, mas para os que estão à sua volta. Se perder tempo, você perde mais do que dinheiro. Você tem que aceitar as perdas assim que for possível. Já está feito. Vamos em frente. O próximo. O passado já morreu. Agora é hora de pensar em como planejar o futuro.

Dinheiro é dinheiro, e, seja lá o que ele traga, nossos ativos mais importantes sempre vão ser aqueles que estão na nossa casa. O dinheiro não muda isso, e nós não devemos deixar que ele nos mude.

O shortinho da sorte

Lições de uma bolsa em baixa. No fim, só vai dar tudo certo se não você não estiver no fim.

As mulheres estavam saindo, e Lulu (nossa querida divorciada) apareceu vestida com o shortinho da sorte. Existe algo de sexy numa divorciada, que as torna meio excitantes. Não que eu tenha percebido o veludo preto apertado, preso às torneadas pernas malhadas na Fitness First.

A noite estava caminhando conforme o planejado até que o shortinho da sorte, a que o vestia e suas propriedades magnéticas se perderam no meio de uma manobra da tropa, entre o restaurante e o clube. A última vez em que foi visto, o shortinho estava num bar escuro, num amasso com um integrante do sexo oposto.

Deu-se uma busca, seguida por uma hora de torpedos mandados sem resposta, até que a Comandante Suprema gritou "a noite acabou", e os combatentes desertaram para os seus alojamentos, para seus maridos que obviamente cuidavam dos filhos e para um sono reparador.

Na manhã seguinte, a prazerosa rotina da Bayside de Melbourne foi por água abaixo. Crianças de cinco anos eram ignoradas, enquanto gritavam, com as calças abaixadas, pedindo para ir ao banheiro. Meninos de sete anos tinham que comer e se vestir sozinhos. Quem tinha 11 anos foi direto para aqueles cinemas barulhentos demais e quem tinha 12 teve que ir sozinho para o *netball.*

As torres de telefone celular se incendiavam, enquanto as mães dos subúrbios praianos não paravam de fofocar. A investigadora Beaumaris se encontrava com a investigadora Sandringham no *coffee shop* e assumiam o Comando das Fofocas. As conversas frenéticas cobriam toda uma orgia de especulações. Será que uma noite de sexo poderia se transformar em amor e casamento?

A mesma coisa acontecia com os corretores, falando sobre a noite anterior. Toda vez que Wall Street dá um pulo, nós nos perguntamos se é o começo de uma alta da bolsa, e, toda vez que ela cai, nos perguntamos se é o início de um período de baixa.

Você pode perder muito tempo tentando adivinhar o que não se adivinha. Tentando projetar o "para sempre" a partir do que aconteceu há um segundo. Só o tempo irá dizer – e a única maneira de se saber é esperar.

Mas se você esperar demais na vida, no amor e na bolsa de valores, vai acabar perdendo tudo o que eles têm a oferecer. Veja o caso do meu irmão, por exemplo.

Ele passou muito tempo tentando se precaver antes de casar. Meu irmão acreditava na ideia de que, em algum lugar do mundo, havia uma pessoa feita só para ele. Sem se deixar abalar pela pouca chance que tinha, ele se dedicou a procurar no mundo inteiro, pesquisando, se insinuando, rejeitando e seguindo em frente.

Eu, por outro lado, tinha uma teoria de que, se eu estiver numa sala com trinta pessoas do sexo oposto, eu poderia, com um pouco de inteligência e boa vontade, encontrar uma parceira para toda a minha vida. Tudo bem, eu errei. Mas, munido da experiência do meu primeiro casamento, eu me casei muito bem na segunda tentativa, antes do meu irmão, que é mais velho que eu, ter se casado pela primeira vez.

Nós dois chegamos ao mesmo lugar, só que eu fui mais rápido. Aprendi com a experiência. Quando ele casou, depois de muito procurar, não tenho certeza de que suas chances tivessem melhorado. Mas, olhando para trás, ele fez um excelente investimento.

O fato de não se saber exatamente qual vai ser o resultado não é desculpa para não se fazer nada. Em todos os aspectos da vida, você tem que correr riscos. E, enquanto isso, a vida vai seguindo. Não dá para voltar atrás, mas você não pode permitir que isso o impeça de ir em frente. Os riscos estão por todos os lados, e a questão não é pesquisar todos os resultados possíveis e imagináveis, mas administrar o resultado quando alguma coisa der errado. Isso pode ser meio difícil nas questões do coração, mas na bolsa é uma arte muito bem desenvolvida, que exige pouco mais do que atenção e disciplina. A chave para a bolsa de valores, como talvez para tudo na vida, é estar sempre aprendendo e crescendo e você não vai conseguir isso se não sair da sua zona de conforto.

Por isso, aprenda um pouco com a agenda da Lulu. Ponha o seu shortinho da sorte, parta para a noite com confiança e não tenha medo do resultado.

E, se tudo der errado, contenha os prejuízos, aprenda com seus erros e agradeça pelo que tem. Pode não ser amor ou casamento, mas, às vezes, uma noite ótima é melhor do que apenas mais uma noite.

Por que eles mandam comprar

Por que os corretores mandam "comprar" e raramente dizem que é para "vender".

A corretora para a qual eu trabalhava nos anos 1990 perdeu seu principal analista de mídia. Estávamos na Inglaterra, e ele tinha acabado de escrever um relatório brilhante sobre a Maxwell Communications.

A análise abria uma porta sobre um dos mais poderosos magnatas da mídia no país e expunha a companhia exatamente pelo que ela era. Um brinquedinho nas mãos do proprietário Robert Maxwell, listada na bolsa, mas totalmente sem transparência, com padrões de governança corporativa que causariam arrepios no *establishment* britânico que colocou dinheiro nela. Estava quebrada, e o relatório do nosso colega apontava o dedo para o imperador, que estava nu. Estava tudo ótimo, exceto por um pequeno e infeliz detalhe. O companheiro não conseguiu conter sua ironia, algo muito pouco encorajado numa corretora, muito menos num relatório de análise. O título do *briefing* era "Não Há Como se Recomendar uma Compra" (entenderam?). Pois bem. O Robert Maxwell ligou para a corretora e insistiu até que o analista de mídia fosse demitido. E ele foi, mesmo que depois todos vissem que ele estava certo.

Mais tarde, Maxwell caiu de seu barco e desapareceu para sempre, deixando os filhos com o pepino de responder por um enorme desvio de fundos da companhia. Foi um final extremamente infeliz para a família Maxwell, e vários acontecimentos subsequentes deram razão ao nosso analista. Mas ele não foi readmitido.

Parece que não basta só estar certo. Existe uma determinada etiqueta nos relatórios de análise, regras não escritas, que precisam ser respeitadas, minas terrestres que precisam ser evitadas – e dizer a verdade não é defesa. Como diz aquele velho ditado dos motociclistas, "não adianta estar certo se você estiver morto". Captaram, analistas?

Uma das maiores minas é a recomendação de "vender", e é incrível que, apesar de todos os cérebros envolvidos na nossa indústria, nós não conseguimos, seguidamente, impedir que nossos clientes percam dinheiro em ações que estão se desvalorizando. Os corretores nunca dizem que é para vender, e os motivos para isso são bem diferentes. Um pequeno resumo seria este.

- As recomendações de venda não geram muitos negócios. O público de uma recomendação de venda é limitado aos que já são acionistas. O público para uma recomendação de compra é infinito. O público para uma recomendação de venda é finito.
- Com uma recomendação de venda, tudo o que você pode fazer é ligar para os acionistas. As empresas não gostam quando você liga para os acionistas delas e diz que é para vender.
- As companhias tendem a cortar as linhas de comunicação quando você diz que é para vender. Não gostam de dar comida ao inimigo.
- Se você acha que elefantes têm memórias enormes e mau humor, experimente lidar com um cliente que vendeu uma ação que continuou subindo. As recomendações de compra trazem menos transtornos.
- Dizer que é para vender é difícil de vender. Você tem que ligar para as pessoas que detêm as ações e dizer que elas estão erradas. Bela maneira de se deixar os clientes angustiados.

As empresas que se preocupam com o preço de suas ações vão levar isso para o lado pessoal. Conheço um CEO onde 1¢ no preço da ação significa $700.000 no bolso dele. Se quiser ganhar um inimigo para a vida inteira, escreva "vender" na obra da vida dele. Saibam disso, corretores.

Mesmo que o analista não se importe com isso, dizer que é para vender é um modo certeiro de o analista acabar com as chances de o departamento corporativo fazer negócios com a empresa em questão. Fechar uma operação com uma empresa é um trabalho duro que leva anos. Os departamentos corporativos existem para dar apoio às empresas e aos preços das ações, e não para implodi-los. Uma recomendação de venda do seu próprio analista é como um míssil Exocet para qualquer ambição corporativa. As companhias não vão fazer operações estruturadas (que é o próprio sangue para a maioria das corretoras) com corretoras que não as apoiam. Diga que é para vender, e você vai ter que demitir o analista antes que o departamento corporativo volte a ter uma chance de pôr os pés na empresa. E os analistas não gostam de ser demitidos.

Finalmente, um ponto pessoal. Do ponto de vista do consultor, ninguém se lembra quando você impede que eles percam dinheiro. Só quando você os faz ganhar dinheiro. E, mesmo quando se lembram, acham que foi porque eles fizeram uma boa escolha.

O poder das premissas

As premissas que vêm de cima penetram nas análises de todas as empresas e influem nos preços-alvos.

Os corretores mudam regularmente as premissas sobre o preço de uma *commodity* ou da taxa de câmbio. Altere o preço do cobre e a taxa de câmbio usados com que você começa a trabalhar, e isso pode levar a mudanças enormes, e quase ridículas, nas previsões de lucros para as companhias em questão. Uma pequena mudança no câmbio e nos preços previstos para os metais em 2008 fez com que um analista aumentasse suas previsões para a Alumina em 29,2%, 28,1% e 53,8%, os lucros da Oz Minerals em 21,8% e 52,7%, os da Newcrest em 22% e 51,4%, e os da Iluka em 33,8%.

O que que eu quero dizer com isso? (E não é uma crítica a esse corretor. Todas as grandes corretoras fazem isso.) Que as premissas são lançadas de cima para baixo, e não de baixo para cima.

O que eu mostrei aí em cima é um bom exemplo de como, nas grandes corretoras, as premissas que vêm de cima penetram nas análises de todas as companhias e afetam os preços-alvos e as recomendações das ações individualmente, apesar de nada ter realmente mudado. Isso é algo comum nas corretoras, e não há muito que os analistas, que têm que inserir essas premissas em seus modelos, possam fazer.

A importância das premissas. As mudanças consideráveis nos lucros descritas acima (que são muito comuns quando se altera uma variável importante como o câmbio) mostram como as premissas centrais são importantes para as conclusões da análise de um corretor. Também mostram como um analista que faz uma recomendação, ou calcula o

P/L, os dividendos ou o preço-alvo só é tão bom quanto as premissas que ele utiliza, que, às vezes, são feitas por outras pessoas e não por ele.

Analistas desmoralizados. Você também pode ver como, com uma única canetada no câmbio, as premissas que vêm de cima desmoralizam os analistas de uma empresa ou de todo um setor, que estudam detalhadamente uma companhia. Para simplificar, na hora de fazer uma previsão de lucros, e portanto dos dividendos, os detalhes não interessam. As premissas é que dominam. A burrice de tudo isso é que, apesar de as premissas serem muito mais importantes, elas são muito menos confiáveis do que o conhecimento detalhado que o analista tem da empresa.

Manada. Também é interessante entender-se que, por causa do impacto das previsões que formam as premissas, os economistas não costumam ser muito radicais. Senão, passam a ser muito impopulares com os analistas da companhia, que vão acabar com avaliações que estão "fora de preço" – avaliações que fariam com que eles parecessem amadores. Assim, os economistas nas grandes corretoras vão tentar "abraçar a média", prevendo o que os outros preveem. Faz parte da profissão ter previsões palatáveis e não muito polêmicas. A melhor maneira de se conseguir isso é prevendo algo que seja próximo da realidade. E isso se faz acompanhando os preços das ações e ajustando as previsões olhando pelo espelho retrovisor, enquanto os preços mudam para um lado ou para o outro. Quantas vezes, por exemplo, nós vemos as corretoras aumentando as previsões para os preços do barril de petróleo, do ouro ou do câmbio depois do fato, depois de uma nova tendência ter se desenhado no câmbio, no ouro ou no preço do barril de petróleo. Isso acontece o tempo todo. Em geral, as premissas dos analistas tendem a correr atrás da realidade e, por causa disso, o mesmo acontece com as premissas e previsões que eles fazem para as empresas.

Previsões que olham para o passado. A vontade de não aborrecer e de não se afastar da massa tende a fazer com que muitas análises de empresas pareçam atrasadas. Elas se ajustam à realidade, em vez de levar à realidade. Por esse motivo, quando uma corretora aumenta a previsão de preço para uma *commodity*, isso quase não influencia nos preços das ações porque o mercado já chegou a esse ponto e está muito na frente da corretora e das análises que ela faz. Na verdade, trata-se de "previsões que olham para o passado", porque elas mudam de acordo com o que já aconteceu. O mercado precifica a realidade todos os dias, enquanto a corretora só precifica quando a análise que ela fez fica desatualizada; e ela tem que se adaptar à realidade, para não permitir que as previsões pareçam uma idiotice.

Não dá para comparar. Também vale a pena notar que, por causa das premissas, você não pode comparar os preços-alvos e as recomendações das corretoras, se não souber em que premissas elas se basearam. É perfeitamente possível (e muito comum) que dois analistas saibam tudo sobre uma determinada empresa e que estejam trabalhando em cima de fatos idênticos, mas tenham previsões, avaliações, preços alvos e recomendações completamente diferentes. Não porque eles não concordem entre si, mas porque receberam premissas diferentes, e, como sabemos, as premissas são a fonte de todas as embrulhadas. Na bolsa de valores, mais ainda.

Grandes vetores. A enorme sensibilidade dos lucros às premissas também ilustra como os grandes vetores (como o câmbio e os preços dos minérios) são importantes para o preço de uma companhia. Saber tudo o que há para saber sobre a Woodside, a Newcrest, a Perilya, a Panoramic ou a Paladin é muito nobre. Mas, se você errar o preço do petróleo, do ouro, do zinco, do níquel ou do urânio, não vale nada.

A única solução é saber quais foram as premissas utilizadas, e a maneira de se descobrir isso é ler mais do que a primeira página do relatório de análise. Se não, você vai ter que ligar para o analista (e fingir que é cliente).

Eu me recuso a ter um GPS no meu carro. É a mesma coisa que seguir as recomendações e os preços-alvos. Ambos passam instruções simples que renegam a necessidade de conhecimento. Eles lhe dizem para onde ir, mas onde quer que você vá parar, não vai ter a menor ideia de onde esteve, ou de como chegou até ali.

O investidor nada inteligente

A escolha é sua.
Contrate um administrador de fundo... ou case com um.

Um maço de cartas entra pela minha porta todo ano, na mesma época – são os relatórios anuais e as cartas dos administradores dos fundos. Eles contam que você ganhou – ou perdeu – um bocado de dinheiro no ano passado, e, pelos próximos 12 meses, você vai irritar os seus companheiros de jantar com a história de que até um macaco faria melhor que isso; que todos os administradores de fundos são uns inúteis que dirigem BMW; que são todos uns incompetentes; e que, para fazer tudo isso, eles ainda cobram caro. E, quando o ano for ruim, as cartas vão incentivá-lo a pensar em assumir as rédeas fazendo o seu próprio fundo fechado etc. Não existe nada como um prejuízo de curto prazo para destruir a sua confiança inerente no longo prazo.

Mas sejamos honestos. Se dissecarmos o problema até a raiz, tudo o que dá errado com a maioria dos fundos administrados é que a bolsa simplesmente caiu. Não tem nada a ver com os administradores, nem com as taxas que eles cobram. Na hora em que você tomou a decisão de entrar num fundo mútuo, você aceitou receber o retorno médio que a bolsa dá, menos as taxas. O trato foi esse. Com certeza você pode colocar toda a culpa neles, mas dificilmente é o caso.

Apesar de tudo isso, quando a bolsa cai, e começam a chegar as cartas com a notícia da incompetência da indústria de fundos mútuos, é a oportunidade de ouro para todos os orientadores financeiros aconselharem você a mudar tudo. É tão fácil vender uma coisa dessas – assuma as rédeas, os administradores de fundos são mesmo uns palhaços, e as taxas que eles cobram, um escândalo.

Mas, antes que você tome essa decisão, vamos separar o *marketing* da realidade.

Para tomar conta dos seus próprios investimentos, você precisa de tempo. Para administrá-los com êxito, você precisa de tempo, interesse, talento e paixão. Eu sei que é divertido ficar brincando com o seu próprio fundo como se fosse uma atiradeira, disfarçado de um investidor inteligente, sofisticado e de sangue frio, mas na verdade você está brincando com o seu fundo sob o disfarce de um jogador emocional, sem sofisticação e desprovido de inteligência.

E existem custos também, que vão além dos custos de se instituir o fundo, o preço anual do contador e as necessidades administrativas. Não está escrito nos panfletos, mas incluem tudo isto.

Sua carreira. Ter que cuidar dos seus investimentos, enquanto passa o dia inteiro no emprego é um peso. Se eu fosse empregador, proibiria totalmente os *sites* de negociação na internet no horário de trabalho, do mesmo modo que eu proibiria os *sites* pornográficos – aliás, até antes de proibir a pornografia. Isso custa o dinheiro do empregador. Além disso, eu acredito que, se você investir o tempo que gasta acabando com a sua poupança de aposentadoria no desenvolvimento da sua carreira ou do seu próprio negócio, vai ter um retorno muito melhor. E certamente mais confiável.

Sua família. De vez em quando, trabalho em casa e estou mais que ciente que a minha família tem que conversar às minhas costas, enquanto eu fico olhando para a tela da bolsa no computador. Uma família jovem que está se desenvolvendo é um momento que passa e que não volta mais. É um erro muito caro chegar em casa do seu emprego de verdade e pensar que o seu emprego extra-oficial de "investidor" lhe dá o direito de ignorar sua família, que não vai ser jovem para sempre. Especialmente nos fins de semana. Os filhos não merecem que o pai tente arrancar-lhes os cabelos só porque o papai é um investidor ridículo, e o Dow Jones caiu na sexta-feira à noite.

Seu relacionamento. Trabalhar com investimentos pode exercer uma enorme pressão em cima do relacionamento. No fim das contas, é tudo uma questão de dinheiro, e esse é o maior motivo dos divórcios (e dos casamentos). Geralmente, uma pessoa fica responsável pelos investimentos e vai para o escritório cuidar de algo que, para o parceiro, é um grande mistério. Se você for bom, não há nada de errado, mas, se não for, pode haver uma ruptura. Se você for assumir a responsabilidade pelo futuro financeiro da sua família, então trate de envolver a esposa e a família inteira. Conte o que está acontecendo. Peça a opinião deles. Tenha uma conversa mensal sobre isso. Para mim foi uma grande surpresa descobrir que é a minha mulher quem tem o maior apetite para risco lá em casa, e não eu. Eu só tive que me dar o trabalho de perguntar. Foi um momento esclarecedor. Agora, nós pegamos as mesmas ondas (e eu tenho alguém para culpar, se alguma coisa der errado).

E, se não for você a pessoa envolvida, trate de se envolver. O "parceiro" pode não saber, mas ele ou ela pode precisar da sua ajuda. Se a porta do escritório tiver um aviso de "não entrar", posso garantir que o seu fundo fechado está levando uma coça. Mas você deve saber que, quando a bolsa está caindo, não é culpa de ninguém.

Você pode tentar administrar seu próprio fundo, se quiser, mas quando tudo dá errado, quem você prefere culpar? A si próprio, ou a um idiota que dirige um BMW? A escolha é sua.

Pai rico, filhos pobres

Dívida é dívida - não se esqueça disso.

Quando eu era moleque, *o chefe* me disse (no melhor estilo Monty Phyton):

– A p'imeira casa que eu comp'ei, eu tive que do'mir no 'soalho. Paguei o financiamento inte'o e só então eu comp'ei a cama. O meu conselho, filho, é que você comece a comp'ar o seu imóvel o mais rápido possívil. Se já tiver a cama, milhor ainda.

Bem, para mim a coisa não foi tão ruim. Mas também não foi do jeito que é hoje. Eu me lembro do tempo em que se tinha de ir de terno ao banco. Eles não lhe emprestavam um tostão se não o conhecessem. E, quando tinha uma hipoteca, a gente recebia uma "declaração de dívida" todo mês que dizia "*sua dívida conosco é...*" e "*nem pense em não pagar*".

Meu cunhado (um dos muitos que tenho) me ligou há uns dois anos, perguntando como cancelar o internet banking. Pedido estranho. Mas acontece que, mesmo com todo o esforço, ele não conseguiu. O problema é que a nova mulher dele (que é irmã da minha) tinha acabado de descobrir a senha do internet banking dele e tinha entrado lá para dar uma olhada na situação financeira dele.

Depois de alguns minutos, ela levantou o rosto e gritou para o outro lado da sala:

– Caramba, a gente está cheio da grana. Vamos tirar umas férias no México.

Ele foi até lá.

Infelizmente, o que ela estava vendo era o tamanho da hipoteca da casa. Havia um número grande, que era o financiamento, e ali ao lado, pedindo para ser gasto, a quantidade de dinheiro que ele ainda tinha direito a tomar emprestado. As férias no México, um carro novo, uma lancha – bastavam algumas tecladas.

Minha cunhada é uma pessoa sensata – tanto quanto qualquer Spice Girl viciada em compras pode ser aos vinte anos. É claro que ela viu uma linha de crédito.

Como qualquer pessoa que passou alguns anos dolorosos cheio de dívidas, vivendo sem luxo, sacrificando-se pelos filhos e pagando o financiamento da casa irá lhe dizer, ela estava olhando para a coluna errada. A verdadeira preocupação para quem é jovem e que acabou de financiar a casa não é a mágica, a coluna de crédito, mas a outra – aquela onde aparece a enorme dívida. Aquela que mostra *o tamanho da sua dívida*. Essa é a quantidade de dinheiro que você não tem e sobre o qual paga juros diariamente. É a grana que o pobre cunhado vai ter que pagar sozinho, se ela der seguimento à tradição da família de parar de trabalhar assim que possível, depois de ter filhos.

É surpreendente que algum casal jovem consiga se livrar das dívidas hoje em dia. E eles não se livram. Os bancos lutam com unhas e dentes para emprestar mais dinheiro a eles. O conceito de um dia tudo vir a ser pago é estranho para os bancos, e essa abordagem acabou passando para os devedores – velhos e moços.

A capacidade de refinanciar o que você ia ter que pagar, sem ter que se esforçar mais do que apertar algumas teclas do computador, é uma grande evolução cultural. Mas alguém tem que dizer para eles que não é muito inteligente ter uma lancha de $50.000 na garagem que não é sua. Isso não é um *ativo*, sabe, é uma *dívida,* e isso não é inteligente, amigo.

A Crise Financeira Global vai mudar muitas atitudes em relação às dívidas. E vai ter que mudar porque, como muita gente descobriu, quando o preço dos ativos se evapora, a dívida não some. A dívida é como um farol no meio de uma tempestade. Ela fica lá, e, enquanto tudo em volta vai sendo destruído, a dívida continua tendo que ser paga.

Quando os bancos pararam de se preocupar se as pessoas pagariam suas hipotecas, a gente também parou. Nós vamos ser a primeira e, se alguém quiser aprender, a última geração que regularmente gastou mais do que ganhou. Mas, de um jeito ou de outro, nós vamos acabar tendo que pagar tudo, e a única maneira de fazer isso é se preocupando.

Ou então, comprar ações de bancos. Devem estar ganhando uma fortuna às nossas custas.

Biscoitinhos e xícaras de chá

Até as pessoas mais simplórias podem ganhar força, diante da ameaça de parecerem imbecis.

Eu costumava morar num condomínio sem graça perto de Essex, cerca de 50 Km ao norte de Londres. Comprei a casinha modesta do século XV nos meus tempos de *yuppie*, quando o meu bônus anual era capaz de financiar o déficit público.

Tendo me acomodado mal e mal naquela comunidade, logo percebi que eles o consideravam um intruso se as suas raízes locais não remontassem, no mínimo, ao século passado. As minhas remontavam até o *boom* da bolsa dos anos 1980 e um desejo de aproveitar o potencial de valorização de uma cidadezinha tipo *Vigária de Dibley*, posicionada sem querer numa linha de trem que o levava tranquilamente até a Liverpool Station, em Londres.

A casinha que comprei se chamava Glebside Cottage, e o potencial estava não na casa em si, mas na localização. Se derrubassem tudo e asfaltassem, você teria acesso ao campo de Glebe – umas áreas dadas ao vigário, além dos emolumentos normais dele. Nós morávamos ao lado da paróquia. O campo de Glebe, pertencendo ao vigário, ficava ao lado da igreja, mas, na verdade, pertencia ao conselho.

Sem que eu soubesse na hora da compra, o conselho da paróquia, cumprindo ordens da diocese local, queria transformar o campo de Glebe numas cem casas, o que logo a transformaria na paróquia mais bem financiada na História, desde os tempos da Babilônia.

Foi uma comoção, é claro.

Um projeto como esse deveria trazer um número de forasteiros maior do que o próprio número de habitantes locais, ameaçando assim 1986 anos de desenvolvimento não comercial da cidade.

E foi assim que o conselho da igreja, na verdade o próprio vigário, o pilar central do tecido espiritual da cidade, se aproximou de mim discretamente para comprar a casinha. Como um capitalista pagão, minhas raízes não eram tão fundas. Aceitei.

Só que todo esse plano tinha uma falha. A compra tinha que ser levada ao conselho da igreja para ser aprovada. Nada de mais, pensamos. A esse tipo de reunião compareciam invariavelmente aquelas pessoas muito ocupadas, que não tinham nada a fazer a não ser tomar chá, lamber as botas do vigário e trocar receitas de bolo.

E foi assim que eu aprendi minha primeira lição sobre a paixão que é tentar que alguém faça o papel de bobo, aliás, fazer uma cidade inteira de bobo.

O clube de croqué da aldeia descobriu a chave do enigma, e a notícia se espalhou. Na hora da votação, a reunião do conselho da igreja teve a presença de mais de 300 pessoas, um número que não se via desde o julgamento do escândalo do bolo de 1834. Eu e o conselho da igreja fomos esculhambados de alto a baixo. Eu escapei por pouco com vida, enquanto biscoitinhos de aveia e xícaras de chá quicavam na capota do meu BMW.

Ninguém gosta de fazer o papel de bobo. A lição mais importante que aprendi com essa experiência é que até as pessoas mais simplórias podem tomar ares de grandeza diante da ameaça de passarem por idiotas.

Nesse caso, por que que nós não partimos para a ação, ao nos ver diante de algumas das práticas mais idiotas da bolsa? Por exemplo, fazendo isto.

Usar a performance passada como guia para a performance futura. É um pilar central de boa parte da teoria financeira apropriar-se da história e projetar suas lições para o futuro, como se fosse uma previsão. Essa é uma premissa extremamente furada, mas é adotada não porque está certa, mas porque, sem ela, não há certeza nem estrutura. É como acreditar em Deus – importante para se viver, mas não necessariamente verdadeiro ou matematicamente lógico. A bolsa de valores usa a história para projetar uma ilusão de certeza, e, em nossa insegurança, nos agarramos a essa premissa. A verdade é que a história tem pouco ou nenhum valor na hora de fazer uma previsão.

Julgar os administradores de fundos pelo desempenho passado. A verdade é que, se um administrador de fundo está tendo o melhor desempenho, ele deve estar correndo mais riscos do que aqueles que estão mais embaixo. Um desempenho excelente num ano é sinal de que você deve sair do fundo, e não entrar. Se o administrador tiver cinco anos excelentes seguidos, quem sabe se não é um retorno aleatório na distribuição normal dos retornos? Talvez ele tenha tirado cara cinco vezes seguidas e juntou tudo isso num folheto reluzente? Quem é que vai saber?

Correr atrás de IPOs. As IPOs têm uma regra de ouro. Se forem boas, ninguém vai lhe oferecer. Se oferecerem, é porque não prestam.

Existem muitas outras premissas idiotas na bolsa. Tipo investir numa carteira de vinte ações para retornos de longo prazo, quando você poderia simplesmente comprar um fundo de índice. Como pensar que declarações de interesse tornam uma análise realmente independente. Como índices de Preço/Lucro, sem saber de onde saiu o Lucro. Como deixar de levar em consideração os impostos. Como pensar que colocações privadas são grandes coisas. Ou pensar que os administradores de fundos não merecem as taxas que cobram.

Eu poderia continuar, mas o vigário acabou de aparecer para levar alguns biscoitinhos e xícaras de chá.

Três caminhos certeiros para a riqueza

Não se esqueça de mim no testamento.

Eu fui às corridas de Cootamundra alguns anos atrás. Uma beleza. Levei as crianças. Nunca é cedo demais para apresentar os filhotes à moda, ao álcool e à jogatina.

A desculpa para a viagem foi dar uma palestra para alguns investidores, clientes de uma grande amiga minha. E eu queria ir. Falar com clientes do interior tem uma coisa boa – são pessoas duras e honestas e, graças ao fator tempo, sabem o que é ter prejuízo. Eles nunca acham que a sorte é para sempre, porque sabem muito bem que ela não vai durar. São realmente os melhores tipos de clientes. Calejados.

Nas semanas que antecederam à palestra, passei muitas horas preparando uma apresentação absolutamente fascinante, com um conteúdo financeiro extremamente interessante.

Confiante nas minhas transições de Powerpoint do tipo desaparecer no fundo preto, revelar para baixo e revelar para a direita, perguntei à minha anfitriã na noite anterior:

– O que é que você quer que eu diga para eles?

Minha apresentação lindamente envernizada não estava pronta para a resposta.

– É só dizer como ganhar dinheiro, Marcus.

Evidentemente, ela tinha razão. Ninguém quer apresentações de PowerPoint engraçadinhas. O que eles querem é saber como ganhar dinheiro. Nas palavras de Jesse Livermore (famoso trader de Wall Street, nascido em 1887): "A pessoa comum não quer saber se a bolsa está subindo ou caindo. O que ela quer saber especificamente é que ação ela deve comprar ou vender. Quer alguma coisa de graça. Ela não quer saber de trabalhar. Se puder, não quer nem pensar".

Seis horas depois, eu tinha endireitado tudo. O Jesse Livermore teria ficado orgulhoso de mim. Três caminhos certeiros para a riqueza. Caminhos garantidos.

Estão bem aqui.

Não se esqueça de mim no seu testamento.

1) **Nascer rico.** Esse é o melhor de todos porque não exige esforço algum e ainda tem o benefício extra de lhe tornar extremamente atraente para o sexo oposto.
2) **Casar com alguém rico.** Esse segundo pode parecer que exige algum esforço e ter que ceder em alguma coisa, mas não é necessariamente assim. Basta seguir esses bem estabelecidos princípios darwinianos desde a mais tenra idade, e o mundo vai ser seu. Quando estiver diante de dois parceiros igualmente atraentes e adequados para você, fique com o mais rico e, se não conseguir saber qual é o mais rico, fique com aquele cujos pais dirijam um carro europeu de último tipo. É só com essa regra simples que um dia você vai ser capaz de descobrir como a Riviera Francesa é chata.
3) **Ganhar na loteria.** Esse aqui parece difícil, e você pode ver que a ênfase aqui é de realmente *ganhar* na loteria. É uma exigência muito específica. As suas chances de ganhar na loteria mais popular da Austrália é de cerca de 1 em 2,04 milhões (que é mais ou menos a mesma de um raio acertar você... duas vezes).

Como já disse antes, o verdadeiro valor de se comprar bilhetes de loteria não está na vitória, mas na esperança. Muitas décadas de teorias financeiras resumiram a felicidade a uma *expectativa* na melhoria do seu padrão de vida. Não uma melhoria real, mas uma expectativa de melhoria. Nesse sentido, um bilhete de loteria tem um enorme valor, mesmo sem se ganhar. Ele lhe dá esperança, e, tenho que dizer, para muita gente, isso basta.

Se você não tiver êxito em nenhum desses caminhos garantidos, vai ter que trabalhar duro como o resto de nós.

O sol não se levanta

Nem tudo acontece de acordo com as regras.

Eu me lembro de ter assistido à luta entre Muhammad Ali e Ken Norton em 1973. Aquela luta me transformou num fã do boxe. Eu tinha 11 anos. Ken Norton era um *outsider* e as apostas nele pagavam 7 para 1. Sua luta anterior tinha lhe dado uma bolsa de $300 e ocorrido na frente de 700 espectadores. Mas ele quebrou o maxilar de Muhammad Ali. Os comentaristas dizem que quebrou no segundo assalto. Norton admite que foi no 12º.

– Ali tinha uma fratura de uns quatro centímetros de comprimento. Se eu continuasse a bater ali com força máxima, a dor tomaria conta, e ele acabaria desmaiando.

De qualquer maneira, depois de 12 assaltos, os juízes deram a vitória a Norton. Eu acordei meu pai à meia-noite para dar a notícia.

Munido desse entusiasmo, eu costumava participar dos eventos de boxe *black tie* da Bolsa de Valores de Londres. Era um amálgama interessante de almofadinhas de escolas públicas (aqui na Austrália seriam de escolas particulares) e pobretões do East End. Isso fora do ringue. O ano era 1989. O aquecimento da noite incluía a transmissão direta da luta de Mike Tyson contra Frank Bruno, direto do Hilton de Las Vegas.

Naquela época, Frank Bruno era talvez o esportista mais querido da Inglaterra, e o boxe, um esporte em que o país inteiro, e Londres em especial, havia depositado todo o seu orgulho nacional. Frank era um homem enorme, com um físico impressionante. Depois de lutar contra Joe Burger no White Hart Lane em 1987 (nenhum dos habitantes locais sabia exatamente para quem torcer), ele passou dois anos se protegendo de uma derrota (isto é, sem lutar), enquanto se negociava uma luta

dele contra Mike Tyson. Quando o Frank entrou no ringue de Nevada, fazia dois anos que não o víamos sem camisa. Estava perfeito. Parecia saído do Olimpo. Com ombros que desafiavam todos os padrões. Os músculos da nuca pareciam os de um touro. Ele tinha 4,5 Kg a mais que Tyson, dez centímetros a mais de altura e 30 centímetros a mais de envergadura. Tinha passado dois anos focado exclusivamente nesta luta. Estava o máximo, e, para alívio da Inglaterra, seu sorriso de ursinho de pelúcia havia sido substituído por uma determinação rude, do tipo "não venha se meter comigo". É isso aí. Finalmente, a nossa chance. Nossa grande esperança.

Nossa esperança foi para o espaço em 15 segundos, e a luta acabou em cinco assaltos.

No Café Royal, em Londres, o telão foi recolhido, e a luta ao vivo começou. Ver o Frank ser detonado foi uma experiência brutal. Mas, naquela noite, em Londres, as coisas foram um pouco mais brutais. Você já pensou de onde saem os currículos dos grandes lutadores? 43 vitórias, 31 por nocaute. Nenhuma derrota. Vêm de noites assim. Escondidas em lugares como o Café Royal. Um verdadeiro absurdo. Sem nenhuma câmera para mostrar as cotoveladas, as cabeçadas e os socos depois do sino. Ninguém pergunta nada. Nada vai a público. Vale tudo mesmo – qualquer coisa. Tudo passa batido por árbitros que fingem não ver nada. Árbitros que sabem muito bem distinguir uma boa luta de uma má luta – sendo que boa luta é sinônimo de brutalidade, sangue e violência. Olhando para trás, as principais decisões já haviam sido tomadas, antes mesmo de os lutadores chegarem ao local.

A luta principal só aconteceu de madrugada. Era entre um branco baixinho, meio mole e muito tatuado, e um negro que se parecia com o Frank Bruno. Grande, bem torneado. Esculpido em pedra e depois polido. Chegava a dar pena da mãezinha do branco. Os almofadinhas fizeram as apostas, e os pobretões aceitaram de bom grado o outro lado. O negro foi destruído. Os almofadinhas ficaram horrorizados, e o dinheiro, repassado às criancinhas carentes.

Desde então, eu guardo uma série de lições aplicáveis à bolsa.

- Nem tudo acontece de acordo com as regras.
- Não fique pensando que o árbitro vai salvar você (OPES).
- "Parece ótimo" não é sinônimo de "ótimo desempenho". Aliás, no mercado financeiro, um "material reluzente" geralmente tem uma correlação inversa com o desempenho. (Compare com o relatório anual da Berkshire Hathaway.)
- Para ganhar uma luta, você tem que treinar para uma luta. Não basta só fazer musculação. Você tem que ter uma experiência relevante. Um corretor que tem formação em astrofísica pode ser muito impressionante, mas se ele chora toda vez que tem prejuízo, isso não vai ajudar o currículo dele.
- Só estudar não basta. Para saber como é negociar ações, você realmente tem que subir no ringue e negociar ações.
- Informação confidencial tem seu valor, e, se um pobretão do East End quer apostar com você que o sol não vai se levantar amanhã, o sol não vai se levantar mesmo.

Um conselho indelével

Quando as pessoas julgam as outras, dizem muito sobre si mesmas.

Eu tenho um amigo em Londres que, apesar daquilo que vou contar agora, é um sujeito e tanto, cheio de energia, otimista, um cara que pode clarear até o dia mais pesado com seu entusiasmo, um cara que é incapaz de dormir ou deixar você dormir, se estiver perdendo uma diversão.

Mas o que o Senhor dá com uma das mãos, Ele tira com a outra. Meu amigo tem um defeito que não consegue controlar. Por algum tempo, ele costumava roubar toda e qualquer coisa. Era um cleptomaníaco.

Entre as coisas que eu sei que ele afanou estão motocicletas, uma bicicleta de criança, muitas pranchas e velas de *windsurf*, placas de carro, passaportes, uma asa-delta do alto da montanha de um resort de esqui, uma lavadora de roupas de trás de uma van de mudança, enquanto a família estava entrando na casa nova (dessa vez, ele foi pego) e, *la pièce de résistance* (que qualquer inglês perdoaria), ele vendeu sua Land Rover para um francês e, no dia seguinte, usou a chave reserva para trazê-la de volta para a Inglaterra. Não foi uma questão de malícia. Apenas sua incapacidade de deixar passar uma oportunidade para utilizar uma propriedade alheia de maneira mais completa do que o outro utilizava.

Com esse currículo, você já pode ver que ele também era conhecido por andar por aí com uma caneta-tinteiro no bolso das calças, com a qual ele escrevia o nome em praticamente tudo. Meu *Londres de A a Z* continua com o nome dele escrito na lombada, com tinta preta indelével. Foi porque uma vez eu emprestei a ele.

As pessoas julgam os outros pelos seus padrões. Meu amigo colocava o nome em tudo, porque ele partia do princípio de que todas as outras pessoas também roubavam, como ele.

Quando as pessoas julgam as outras, elas dizem muito sobre si mesmas. As pessoas se definem pelo que elas dizem, pelo que fazem e, principalmente, pelo que falam das outras pessoas. É por isso que as fofocas são tão interessantes. Falar dos outros e julgar os outros não é mais do que falar sobre si mesmo. Se você diz que "ele é feio", isso quer dizer "eu não sou feio", e, se os seus amigos dizem "é verdade, ele é feio", na verdade estão querendo dizer "nem você é feio, nem nós".

É por isso que os *bullies* intimidam. Ao excluir um indivíduo do grupo por causa de uma coisa pequena (como usar óculos), eles esperam ganhar o apoio da maioria. É um mundo realmente cruel e complexo quando o fato de alguém dizer "ele é feio" na verdade significa "eu quero que você seja meu amigo".

Não é à toa que os *bullies* intimidam tanto. Eles precisam ter amigos.

Pelos mesmos motivos, quando as pessoas elogiam umas às outras, o que elas estão dizendo é "eu também quero ser desse jeito". É por isso que a nossa sociedade usa heróis e vilões como exemplos. É o motivo por que temos uma lista de honra, medalhas, funerais oficiais, prêmios Nobel, *Halls* da Fama e, é claro, títulos de *sir* para jogadores de rúgbi – para fazer uma declaração sobre os nossos valores e nosso ambiente.

No mundo das finanças, isso torna as coisas muito complicadas. Você tem que saber de onde está vindo a orientação que você recebe, antes de poder avaliá-la.

Por exemplo, uma recomendação de compra num ambiente *institucional* (isto é, falando com outros administradores de fundos) significa que nós esperamos, ou, no caso da empresa ser nossa cliente, torcemos para que ela vá se sair melhor do que a média do mercado entre o momento atual e o final do exercício financeiro, quando a sua performance for medida. Isso é muito diferente de uma recomendação de compra num ambiente de *varejo*, quando deveria significar que nós esperamos que você vá ganhar dinheiro comprando esta ação.

Você precisa de uma orientação compatível com o seu ambiente e, o que é mais crucial, com seu horizonte de investimento. Numa corretora, existe o dever de dar uma orientação adequada, mas, incrivelmente, não existe procedimento algum para se indicar um orientador adequado. As corretoras não parecem fazer um grande esforço nesse sentido. Casar um investidor particular com um orientador profissional é uma verdadeira loteria.

Ao longo dos anos, já vi muitos clientes falando com os orientadores errados e negociando nos mercados errados. Meu coração fica partido quando alguns desses maus casamentos se tornam evidentes nas salas de reunião. Esse ranço de loteria é uma das razões pelas quais as pessoas operam pela internet: porque o processo de encontrar o corretor certo para você é muito aleatório e vago.

Mas não deveria ser tão difícil, e esse pequeno conselho que eu vou dar agora deve ajudar você a encontrar um orientador adequado. Fale direto com o chefe de vendas na sua corretora preferida. Pergunte a quem atender o telefone:

– Por favor, eu poderia falar com o chefe da venda de ações ao varejo?

Conte o seu caso ao chefão, explique qual é o seu ambiente, seu horizonte de investimento e peça a ele para escolher um orientador *para você*. Num setor que não costuma oferecer habitualmente um serviço de "adequação de orientadores", esse será o melhor caminho. É muito melhor do que a loteria de sempre.

Se estiver se digladiando com o atual orientador, não tenha medo de fazer a mesma ligação. O chefe de vendas precisa de que todos os seus clientes estejam felizes e negociando, e não infelizes e se escondendo. Se você está devidamente cadastrado na corretora, trocar de consultor pode ser só uma questão de mandar um *e-mail*. Seu orientador atual provavelmente vai se sentir aliviado. Funciona nos dois sentidos.

Fundos de *Hedge*

Os fundos de* hedge *são culpados de tudo, porque contam com o poder da alavancagem.

Um fundo de *hedge* tradicional funciona assim: o cliente deposita $20. O administrador do fundo utiliza esse capital para tomar um empréstimo de $100 em ações (dando 20% de garantia). Aí ele vende as ações. E usa os $100 que acabou de levantar para comprar mais ações. Resultado final: com um capital de $20, ele criou uma exposição de $200.

Criou um enorme poder de fogo, a partir de um pequeno investimento. Não é à toa que a expressão "administrador de fundo de *hedge*" tem (ou costumava ter) um certo elã. Era sinônimo de ter aquilo roxo, uma qualidade nobre nesse ramo, desde que acompanhada de um cérebro compatível. Esse é o problema.

Um fundo de *hedge* médio na Austrália geralmente é alavancado em oito vezes. Isso significa que, se você investe $10 num fundo desses, ele cria uma exposição de $80 com o capital. É só alavancagem, não tem nada de outro mundo.

Mas, se você fizer alguns cálculos, logo vai perceber que uma queda de 5% no valor dos investimentos vai gerar uma queda de 40% no patrimônio do quotista. Caramba! E, a propósito, uma queda de 12,5% no valor dos investimentos vai levar a uma perda de 100% no valor do patrimônio do fundo. Caramba, carambola e carambinha!

Um fundo de *hedge* de Sydney congelou todos os resgates nos primeiros dias da crise financeira e das perdas no *subprime*, depois que os investimentos do fundo caíram 3% num mês. Aquela queda de 3% gerou uma perda de 25% no patrimônio dos quotistas. Diante disso, os investidores foram bater às portas do fundo. Seguiu-se uma onda de resgates, e é aí que começa o problema.

Na hora do resgate, os fundos de *hedge* têm que fazer o contrário. Para pagar um dólar ao quotista, o fundo tem que vender $8 dos investimentos a que está exposto. E, de repente, pequenos pedidos de resgate se transformam em enormes ordens de venda no mercado. Quando as vendas começam a se intensificar, as ações e os títulos que o fundo tem em carteira começam a se desvalorizar, levando a mais prejuízos no valor dos fundos, mais pedidos de resgate e novas ordens de venda. Uma verdadeira bola de neve. O fundo de Sydney acabou quebrando, apesar de proclamar que era de "alto rendimento". Entre os investidores estavam as instituições de caridade mais conservadoras, fundos fechados e alguns dos investidores mais sofisticados (a-ham) da Austrália.

As premissas estão na raiz de todos os grandes prejuízos, e a maior parte da encrenca partiu de uma premissa intrinsecamente equivocada. Na Austrália, por exemplo, nós sempre partimos do princípio de que as pessoas vão aceitar passar por qualquer sofrimento do que atrasar uma prestação da casa própria. É uma tradição do país. E o nosso erro na derrocada do *subprime* foi o de termos julgado os outros pelos nossos padrões.

Ficamos surpreendidos porque aprendemos que havia bilhões de dólares em financiamentos imobiliários vendidos por pessoas desinteressadas a outras pessoas que também não se importavam com nada – pessoas que não pagavam as prestações da casa própria e não estavam nem aí para isso. Não seguiam os mesmos princípios que nós. E esse tipo de premissa intrinsecamente equivocada está na raiz de todas as grandes catástrofes. Acrescente uma dose extra de alavancagem, e você tem uma derrocada geral.

Na próxima vez em que você se sentir surpreso por alguma coisa, inclusive pela queda do preço de uma ação, pergunte-se de que premissas você partiu. É mais do que provável que essas premissas estejam na raiz dos erros e das surpresas.

Voltemos então àqueles insuportáveis fundos de *hedge*.

Os fundos de *hedge* levam a culpa de quase tudo quando o mercado está numa alta ou numa baixa acentuada (vendendo a descoberto), porque eles têm poder – o poder da alavancagem, o poder de empurrar os preços da "fronteira eficiente" para a "ineficiente", onde os ativos deixam de refletir seus valores fundamentais.

Mas, em vez de reclamar, talvez nós devêssemos incentivá-los. A verdade é que os preços ineficientes são uma oportunidade. Quando estiverem altos demais ou baixos demais, devemos ficar quietos e agir – e tirar um momento para apreciar a coragem ou a estupidez daqueles que puseram os preços no lugar onde estão, porque, com certeza, eles não vão conseguir se manter por lá.

Os preços de curto prazo não precisam necessariamente estar corretos. A bolsa de valores não consegue refletir o valor real o tempo todo, e seria muito chato se conseguisse. Não vamos sair proibindo tudo (como as vendas a descoberto), só para que todos possam ter uma boa noite de sono. Se fizerem isso, eu mesmo talvez não me dê o trabalho de sair da cama na manhã seguinte. Tragam o pessoal dos fundos de *hedge*. Eles fornecem um bom serviço, colocando pressão em cima das companhias fracas e alçando as fortes até a Lua. Tudo isso faz parte do círculo da vida (lembre-se do *Circle of Life*, do Elton John), onde cada peça é fundamental para o funcionamento eficiente de todo o sistema.

Algumas pessoas gostam de viver no fio da navalha. Elas são assim mesmo. Os fundos de *hedge* e toda a alavancagem que eles usam levam as coisas ao limite. Ninguém iria querer que fosse diferente. Os fundos de *hedge* não são uma escória, são uma opção, e, para aqueles que ali investem, eles fornecem um serviço muito necessário de sofisticação de investimentos, de risco e de alavancagem para aqueles de nós que não têm a inteligência de criar um fundo desses sozinho. Ninguém é obrigado a investir neles.

É claro que não é nada divertido se você é um acionista que pensa no longo prazo e leva uma sova, na hora que o preço das ações fica muito desvalorizado. Mas fique tranquilo que a única coisa que conta, em última análise, é o valor real, e você tem que partir do princípio de que, um dia, em outro horizonte temporal, o mercado irá se acertar.

E lá vamos nós de novo... fazendo premissas.

Bambi

Os vencedores continuam jogando, enquanto os perdedores vão embora.

Uma vez, num jantar, eu me sentei ao lado de uma garota, que aqui vou chamar de Bambi. Ela trabalhava para um cassino. O trabalho dela era cuidar do pessoal da grana alta (mas *não daquele jeito*). A Bambi era linda. Tinha instruções de recepcionar os grandes apostadores e cuidar de todas as necessidades deles até que fossem embora.

– Eu estou aqui para fazer você feliz – dizia ela –, custe o que custar.

Mas fazê-los "felizes" não era o *briefing* dela. O charme mais do que aparente da Bambi não era utilizado para deixar os grandes apostadores felizes. Era apenas uma fachada para uma função bem mais sinistra. O trabalho dela era, simplesmente, mantê-los grudados nas mesas.

Para um cassino, a única verdade é que os bobos perdem no longo prazo. Um cassino é como um grande caça-níquel, programado para pagar menos que um dólar para cada dólar apostado. A vantagem da casa em quase todos os jogos simplesmente não permite que os cassinos percam dinheiro ao longo do tempo. Se você passar horas na frente de um caça-níquel, vai acabar perdendo (é triste, mas é verdade). Em um cassino, é a mesma coisa. Eles têm uma margem que faz parte do negócio. No longo prazo, essa margem vai acabar prevalecendo. Os bobos não conseguem ganhar dela.

Mas os grandes apostadores são um risco. Eles têm capital, alavancagem e experiência suficiente para causar uma perda rápida e significativa no curto prazo. Eu me lembro de um cassino na Inglaterra, cujas ações eram negociadas na bolsa, que fez um anúncio de prejuízo no início dos anos 1980 por causa de dois australianos conhecidos que entraram lá e arrastaram alguns milhões de libras jogando cartas.

Para um cassino, a única maneira de se combater o risco apresentado pelos grandes apostadores é alguém como a Bambi. Mantê-los grudados na mesa é a ordem que ela recebe da casa. E para isso ela pode se fiar em outro princípio inegável do jogo, uma verdadeira garantia de derrota para o grande apostador e no qual os cassinos confiam há anos, mas que as estatísticas nunca conseguiram medir. A saber: os vencedores continuam jogando, enquanto os perdedores vão embora.

Todos nós conhecemos essa situação. Quando ganhamos, nosso perfil de risco aumenta além daquilo que já lucramos. Eu não consigo me lembrar de algum dia em que eu estivesse ganhando nas corridas de cavalo logo de cara, e então tenha parado e ido embora. A desculpa que utilizamos normalmente é a de que tudo o que vem fácil também se vai facilmente.

Eu me lembro muito bem de um dia de sucesso na corrida do Blue Diamond Stakes, onde ficamos no bar por muito mais tempo do que os perdedores, que já tinham saído do hipódromo. Nós estávamos tão confiantes nessa etapa que começamos a apostar na corrida do fim do dia, em Toowoomba. E fui embora lisinho. É uma verdade da vida. Sempre que você ganha, faz o possível para devolver o que ganhou.

E no cassino é a mesma coisa. Eles não se incomodam de perder no curto prazo, desde que você continue jogando. Eles sabem que vão acabar limpando você. Eles podem se dar ao luxo de serem atropelados, desde que não o deixem fugir.

A Bambi dispunha de várias técnicas. A principal de todas era convencer um grande apostador a trazer os filhos. Não existe maneira mais confiável para se ganhar o coração de um grande apostador do que ter duas criancinhas implorando para eles ficarem até o fim da semana, para aquele jogo de basquete com dois australianos, que o cassino preparou.

As comparações entre a bolsa de valores e um cassino são bem óbvias, com uma única exceção digna de nota: o bobalhão do cassino vai perder no longo prazo, mas o jogador da bolsa vai *parecer que está ganhando.*

E nisso há um pequeno conforto.

Se você tratar a bolsa como se fosse uma aposta, poderá muito bem se sentir como se estivesse num cassino. Retornos aleatórios de curto prazo não vão ser suficientes. Se você ganhar na bolsa, exatamente como num cassino, o seu apetite para o risco aumenta, as apostas também, você se arrisca mais, e, quando a sorte vai embora, o seu dinheiro se vai também.

Isso não quer dizer que você não deva correr riscos. Muitas vidas realmente *foram mudadas* pela bolsa de valores, investindo-se em foguetes escondidos sob as pedras. Essa é a função da bolsa.

O sucesso vai depender do quanto você trabalha, de quanta disciplina você tem e do quanto você confia na sorte. Você pode reduzir seus riscos na bolsa. Pode por um limite no seu prejuízo. Pode fazer a vantagem da casa virar para o seu lado.

Moral da história: a bolsa de valores não é um cassino, mas, se você tratá-la como se fosse, o resultado será o mesmo. O simples fato de ser a bolsa de valores não vai mudar o resultado da jogatina.

Enquanto isso, a Bambi me mandou passar a seguinte dica para aqueles bobos que não conseguem se livrar do cassino: as melhores chances estão no bacará. Para os outros, ela deu o seguinte conselho: se não puder com o inimigo, case-se com ele.

Para ela, deu certo. E hoje ela vive feliz, casada com um ex-jogador.

O macho alfa

Quebre seu condicionamento. Adapte-se.

Quando você fica mais velho, os seus pais ficam mais parecido com os peixes. São muito bons para se ter numa refeição, um dia por semana vá lá, mas, se ficarem mais tempo, começam a ser enjoativos.

Como eu também sou pai, não posso imaginar que os meus filhos venham a pensar que eu me tornei enjoativo. Isso como uma forma de compensar por toda a maratona de esforços físicos e financeiros que fizemos por eles, quando poderíamos estar transando sem preocupação, bebendo Bellinis numa piscina infinita, e passar o tempo numa villa em Yemanja, na ilha de Mustique, com a princesa Margaret, o David Bowie e o Mick Jagger. Bem... nós sempre poderíamos ter bebido Bellini.

Os meus filhos podem até me rejeitar, se quiserem, mas nunca vão conseguir fugir de mim. Comigo e com o meu pai foi igualzinho. A minha voz, os meus gestos e o meu sorriso são iguais aos dele, e nós amamos e odiamos as mesmas coisas. Eu e o meu irmão temos os mesmos genes e o mesmo condicionamento. O que quer que façamos, somos filhos do mesmo pai e seguimos o mesmo caminho que ele.

Quando meu pai saiu da Royal Air Force, foi trabalhar para os alemães. Foram 16 anos polindo os sapatos para a Rainha da Inglaterra e depois mais 27 gastando os calcanhares para os Teutônicos, como diretor da Mercedes Benz da Inglaterra. De modo que foi natural que eu desenvolvesse um grande respeito pelos carros alemães. Fui ter um deles aos 17 anos. Um Benz, a óleo diesel, 190. Fiquei com ele até que uma namorada em potencial olhou para as chaves em cima de um bar e perguntou se eu tinha uma Mercedes ou um 190. Estava na hora de eu fazer alguma coisa da minha idade e passar para um Ford Escort

XR3i, com listras de corrida e pneus largos. Meu pai não entrava ali nem morto.

Mas a marca Mercedes continua sendo importante para mim. É o legado do meu pai. Confiança, qualidade, segurança. Sólida e conservadora, e, graças ao condicionamento do meu pai, procurei essas qualidades em quase tudo o que eu buscava na vida, da minha empresa até as ações que escolho. É um compromisso, um hábito, uma cruz que carrego, que herdei e da qual não consigo me livrar.

Isto é... até agora há pouco.

Em algum momento do ano passado, eu estava indo para casa quando o telefone tocou. Tive que encostar no acostamento para atender. Era a patroa.

Ela foi falando, e eu fui fazendo "hã-han".

Dei uma olhada em volta, e lá estava eu, ao lado de uma concessionária da Alfa Romeo.

Eu sempre desejei as coisas que não podia pagar, mas nunca tinha dado a mínima por um Alfa Romeo. Nem havia pensado nelas. Sempre parti do princípio de que, quando eu pudesse comprar um carro decente, seria um Mercedes e, de qualquer maneira, quem é que ia querer comprar um carro italiano?

E, assim, quando abri a porta de um dos 159 exemplares do 2.2 JTS, eu tinha poucas expectativas além de uma confirmação do preconceito que o meu pai me passara a favor dos alemães. Entrei.

Enquanto o meu bumbum se sentava no assento de couro italiano, a música *Nessum Dorma* entrava pela minha cabeça. De repente, eu me sentia mais atraente, com mais estilo, mais arrojado, mais atraente para as mulheres e menos *alemão*, de uma maneira geral. De repente, era capaz de pronunciar palavras como *Montepulciano* com a entonação perfeita. Eu me senti italiano – o próprio italiano.

O interior era muito bonito. Áspero. De couro preto. Com mostradores prateados por toda a parte. Não tinha chave, e sim um botão de ignição. E, do lado de fora, a frente. Raivosa. Sensual. Câmbio manual com seis marchas. Eu não dirigia um carro com câmbio manual desde Londres, quando vivia sem preocupações. Fiz um *test drive,* e todo aquele tempo voltou. Fiz os pneus cantarem numa curva fechada, no meio de um subúrbio, a 80 km/h. Irado. Eu podia muito bem pensar que estava na costa amalfitana, fazendo curvas fechadas com a Sophia Loren no banco do carona, olhando para o meu porte atlético, inebriada pelo meu charme, minha coragem e pelo meu áspero desinteresse pelo mundo. Ali não tinha porta-copos, não tinha assentos dobráveis, nem espaço para oito pessoas. Não era nenhum Kia Carnival. Era totalmente desajeitado para deixar um monte de crianças na escola. Perfeito.

O vendedor se chamava Tan. E não vendia carros. Vendia relacionamentos. Saí de lá chorando.

Todos nós somos condicionados, e o nosso condicionamento nos controla. Se você fosse filho do meu pai, também seria condicionado a favor da qualidade, da confiabilidade e da segurança. Como é reconfortante saber que eu também fui condicionado. Aos 47 anos, ergui a cabeça e percebi que havia outras opções disponíveis, como estilo, um visual atraente e despreocupação pelo mundo.

Muitos investidores são condicionados a atuarem num tipo de mercado – quando a bolsa está subindo. Muitos de nós alardeamos sermos investidores focados no longo prazo e nos fiamos a esse condicionamento a ferro e fogo. Mas, quando as condições de mercado mudam, uma filosofia rígida como essa pode lhe custar uma verdadeira fortuna – não só em dinheiro, mas também em tempo perdido.

Não dá para dizer que você estaria em boa situação pensando como um investidor de longo prazo durante o *crash* de 2008. A bolsa caiu 54,5%, e, mesmo que você consiga obter o retorno médio anual de 9,5% todo ano, a vida inteira, ainda assim terá perdido oito anos e meio de vida financeira – ou dez, se incluir o período da queda.

Quando a maré do mercado muda, você tem que mudar com ela. Você não pode ficar parado como o rei Canuto e desafiar a correnteza. Para ser um investidor bem-sucedido, você tem que ser flexível. No mínimo, tem que perceber que existe um padrão de comportamento para quando a bolsa estiver em alta e outro para quando estiver em queda. Numa baixa, não dá para se comportar como se ela estivesse em alta.

Hoje, eu dirijo um Alfa Romeo. É a crise da meia-idade, eu sei. De repente, eu precisava de alguma coisa mais jovem, menor, mais rápida e mais atraente. E a patroa me diz que está procurando algo mais velho, maior e mais caro.

O fundo do barco

Duas cabeças pensam melhor do que uma.
É a diversificação dos investidores, e não das ações.

Aqui vai um conceito para se pensar: chama-se o Fundo do Barco.

A teoria financeira passa um bocado de tempo ensinando a diversificação: espalhar os investimentos para reduzir os riscos. É um conceito realmente instigante pensar que você pode somar duas ações com fator de risco 1 e se sair com um risco conjunto que não seja 2, e sim menor que 1. Se acrescentar outras ações, o risco fica menor ainda.

É claro que isso tem um limite. Se você acrescentar ações demais, a redução incremental do risco começa a se diluir e acaba sendo suplantada pelo custo maior, pela administração e pelo transtorno de gerenciar o que agora se transformou num imenso "saco de gatos".

Uma grande corretora costumava dizer à sua enorme base de clientes de varejo que, acima de 13 ações, os benefícios de uma diversificação maior se tornam irrelevantes, e, por muitos anos, nós adotamos essa ideia um tanto arbitrária e, aparentemente, sensata. Afinal de contas, a precisão do número 13 implicava que a abordagem devia ser científica. Certamente era mais fácil de se acreditar do que na sugestão habitual de um corretor comum, que fica entre dez e vinte ações.

Mas a verdade é que, na hora de se fazer um investimento direto – escolher e comprar uma ação individual diretamente no mercado (e não por meio de um fundo mútuo) – o tamanho de uma carteira é ditado por alguns poucos fatores.

- Se você tem um cérebro suficientemente grande para tomar múltiplas decisões de investimento ao mesmo tempo.

- Se você tem um cérebro suficientemente grande para moni-torar – de verdade – várias posições acionárias ao mesmo tempo.
- Se você realmente está disposto a cuidar de toda a papelada gerada por ter várias ações em carteira.
- Se você é capaz de se manter suficientemente interessado na bolsa e na escolha de ações, quando sabe que a diversificação diminuiu a capacidade que uma boa escolha tem de fazer muita diferença.
- Se diversificar o seu risco a ponto de deixá-lo próximo à mé-dia do mercado é uma perspectiva estimulante para você.
- Se você tem a experiência, a compreensão, a expertise e a capacidade para gerenciar múltiplas decisões de investimento.
- Se você não ficaria melhor com um retorno médio e passando a bola para um simples administrador de fundo mútuo, que lhe daria o mesmo retorno do mercado pelo preço de uma taxa de administração, enquanto você não precisa fazer absolutamente nada.

O último ponto acima é a bifurcação na estrada. A diversificação não vai agradá-lo se você estiver procurando um estímulo, ou se quiser fazer seu bolo crescer com rapidez, e não devagarinho. Tudo o que a diversificação vai conseguir para você, escolhendo as ações grandes e normais que todo mundo escolhe, é o retorno de mercado com mais ou menos alguns pontos, dependendo da sua sorte. Difícil dizer que seja estimulante.

É aqui que entra o Fundo do Barco.

Recentemente, ouvi falar de dois traders que compraram um barco de $500 mil. Não é exatamente o tipo de ativo que alguém esperaria que um investidor experiente fosse comprar. Afinal, se uma coisa voa, flutua na água ou fica dando em cima de você numa esquina, o certo não seria alugar? Mas conta a história que, alguns anos antes, os dois aplicaram $50 mil num troço que eles batizaram de o Fundo do Barco e foram negociando os ativos até chegar a $1 milhão. Verdade ou não, o fato é que eles deram início a todo um novo ramo da teoria financeira.

O Fundo do Barco nos ensina algo de novo. Não são os investimentos que nós temos que diversificar. São os investidores.

Duas cabeças pensam melhor do que uma, especialmente quando os dois são operadores e têm algo a acrescentar (o que quer dizer que dois palhaços continuam sendo dois palhaços). O dobro de investidores têm o dobro da presença de mercado, o dobro de contatos, o dobro de informações, o dobro de oportunidades, o dobro de ideias e metade dos riscos.

Compartilhe suas operações com alguém que tenha um nível semelhante de experiência (ou até mais), e você terá um teto natural na hora da exuberância irracional, das ações impulsivas e dos tiros dados sem pensar, que são o calcanhar de Aquiles de todos os operadores solitários. Quando você tem que convencer outro cérebro a operar antes de você, a ideia tem que ser boa. É muito mais difícil perder a cabeça (e, portanto, as calças) quando vocês são dois. Dois traders juntos ficam menos emocionais, menos propensos a fazer coisas burras e mais dispostos a operar com disciplina. O lado ruim é que eles têm mais chance de se arriscar mais quando as coisas vão bem – o que é mais difícil para o "frango solitário".

O Fundo do Barco é um belo conceito. Dois investidores, comprometidos um com o outro por meio de uma mistura de seus bens pessoais e da busca de um objetivo mútuo com o dobro da motivação, o dobro dos ativos intelectuais e o dobro de salvaguardas – tudo isso temperado com confiança e respeito mútuos. Uma receita de sucesso.

Agora, tudo o que você tem a fazer é arranjar $50 mil e alguém com meio cérebro com quem você queira sair navegando.

Isso diminui sensivelmente as possibilidades.

Tiros de canhão

Procure os sinais: a manada, a volatilidade... e como ver que o topo chegou.

Vivemos dias muito interessantes. A proliferação de propriedades compartilhadas, o desenvolvimento das operações *on-line*, a acessibilidade da bolsa de valores e o *marketing* e a disponibilidade de algumas das ferramentas de *software* significam que as coisas estão se movendo com muita rapidez. Embora já estejamos acostumados, comparado aos dias em que os preços eram dados verbalmente e anotados no papel, as bolsas hoje são extremamente rápidas e voláteis. A oscilação diária média no índice australiano All Ordinaries aumentou 70% desde 2004. Hoje ele oscila 1% a cada três dias, e, nas ações de baixa capitalização, a volatilidade – e as oportunidades – é ainda maior. Raramente se passa um dia em que uma série de ações do índice ASX 200 não oscile 5%, e raramente se passa um mês em que algumas não tenham uma movimentação de 100%. Isso é que é volatilidade!

Acresça-se a isso uma aceitação e uma compreensão cada vez maior dos derivativos, uma explosão das vendas a descoberto e um aumento colossal do mercado de CFDs, a proliferação dos empréstimos de margem quando a bolsa está em alta e um acesso ilimitado à informação. Para não falar na marcha sem fim em direção à autoadministração, através dos *trustees* dos fundos fechados, e dos papais e das mamães transacionando *on-line*, e o que se tem é um mercado muito mais emocional e impulsivo, áspero e abrasivo, rápido e violento. Até a menor das notícias, dos boatos ou das opiniões adquiriram o poder de influenciar os preços.

Se todos nós formos lêmingues (tudo bem, você não é um lêmingue, estou falando do resto do pessoal), e, em 1995, nós fôssemos cem, então hoje já seríamos mil, e na teoria normal dos lêmingues existe uma verdade. Quanto mais forem os lêmingues, maiores serão as montanhas e mais verticais os penhascos. E quando a horda dos lêmingues for realmente grande, no auge da alta da bolsa, o precipício que nos espera é bem profundo, o número de seguidores procurando um líder se torna realmente perigoso, e o mercado passa a ser vulnerável até mesmo à liderança mais inócua. Por causa dessa enorme ânsia por um líder, a capacidade de se liderar é conquistada com mais facilidade e prontamente assumida até pelos mais desinformados. E aí está você, que pensava que tudo o que lia nos jornais era verdade...

Nesse tipo de circunstância delicada, a autoridade para se liderar é exagerada. O surgimento dela é inevitável, e não uma falta de sorte. O tamanho do público que a procura, e sua disposição cada vez maior de segui-la acaba criando um mercado capaz de movimentos grandes e rápidos.

Assim, é de se surpreender que o mercado ande cada vez mais depressa nos auges e no fundo do poço e é de se surpreender quando, nessas horas, ele apronta uma surpresa?

Então, como é que você descobre que chegou ao auge ou ao fundo do poço?

Pela volatilidade.

A volatilidade é um sinal de que a mudança está próxima. É o sinal de que a manada ficou grande demais e de que uma "surpresa" está à espreita.

O que é volatilidade? É uma medida matemática. Não tem nada do outro mundo. Mas, para o cidadão médio, é uma sensação. Acontece quando você acaba de ganhar muito dinheiro de uma maneira inesperada. Quando parece haver um monte de ações fantásticas que não estão na sua mão. Quanto todo mundo mais está ocupado ganhando dinheiro. Quando Wall Street sobe 3% num dia. Quando a bolsa está em todas as manchetes. Quando você vai dormir pensando nos seus investimentos. Quando você pensa em comprar ações que já subiram 20%. Quando o retorno anualizado de uma semana é de centenas de por cento. Quando todo mundo tem uma história para contar. Quando até as dicas dos motoristas de táxi estão certas. Quando você acha que está na linha de frente, e os tiros de canhão estão passando pelos seus ouvidos.

Num mercado em combustão, é inevitável que o acontecimento seguinte seja de choque e surpresa. Mas não se preocupe. Você vai perceber o momento. É quando aquilo que é "normal" de repente passa a ser "grande".

$E=mc^2$

As pesquisas dependem das premissas.

Uma vez eu estudei a arte – pois se trata de uma arte – de fazer estimativas. Meu auge foi no dia em que calculei quantos átomos um sapato perde a cada passo que uma pessoa dá. É uma habilidade maravilhosa e de alguma utilidade intelectual, ainda que não muito prática.

Por exemplo, estima-se que cada um de nós tenha uns 200 bilhões de átomos "shakespearianos" no nosso corpo. São átomos que, ou eram parte do corpo de William Shakespeare na hora de sua morte, átomos que ele inspirou e expirou em sua vida, ou átomos que saíram de seu corpo, ao longo da vida, na forma de excrementos sólidos, líquidos ou gasosos. Estima-se, igualmente, que uma pessoa ganhe ou perca cerca de 20 bilhões de átomos shakespearianos todos os dias e que, quanto mais perto você chegue de Stratford-upon-Avon, mais átomos você haverá de ingerir e, presumivelmente, mais inspirado literariamente se tornará.

Parece que todos nós temos um pouquinho de Shakespeare em nós.

Nessa mesma linha de raciocínio, todos nós temos 200 bilhões de átomos de Hitler dentro de nós. Obviamente, quanto mais longe nós vivermos de Berlim, melhor. Há certos tipos de átomo que simplesmente não são bons de se ingerir.

Fazer estimativas é muito divertido. O mundo dos investimentos está cheio delas, e, em finanças, a palavra "estimar" frequentemente é confundida com as palavras "evangelho", "fato" e "expectativa", quando tudo o que uma estimativa realmente significa, é um chute que se utiliza da ferramenta *quase* legitimadora da matemática.

A maioria de nós passa os olhos pela primeira página da análise de uma corretora para ver logo se a recomendação é de compra, manutenção ou venda de uma ação e qual o preço-alvo. Mas o que nós realmente precisamos saber é o quanto podemos confiar nesse conjunto de recomendações. Que se resume ao fator E (de Estimativa) utilizado na pesquisa, onde $E=mc^2$, ou seja, o nível de estimativa é igual a m (monte de invenções) vezes c (completas premissas) ao quadrado.

Pense nos seguintes fluxos de caixa e em seus fatores E.

As receitas dos fundos imobiliários têm um E pequeno. Eles compram edifícios e os alugam, geralmente por dez anos. Já se sabe com certeza a quantidade de dinheiro que vão ganhar com o aluguel: está escrito no tal contrato de dez anos. Os lucros dos fundos imobiliários não têm segredo: as receitas de aluguéis comerciais são previsíveis e, por isso, o fator E fica próximo de zero. Evidentemente, o fundo imobiliário pode ser pego no contrapé por alguns pequenos detalhes, como uma crise de crédito que explode o custo das dívidas e uma deflação do preço dos imóveis causada por uma recessão global, mas antes desses "pequenos" problemas, suas receitas eram as mais previsíveis que se tinha.

Os lucros dos bancos têm um E pequeno. Bancos fazem milhões de transações todos os dias. São um negócio forte e repetitivo. Contam com margens de juros mais ou menos certas, taxas previsíveis e bases de clientes estáveis. Os analistas raramente erram suas previsões por mais de 1 ou 2%. Não há muitas variáveis a se estimar na avaliação de um banco, e as estimativas que se têm que fazer não são muito voláteis. Os únicos detalhes surpreendentes de um banco aparecem no surgimento ocasional de um fator X que não pode ser estimado, como uma crise financeira global, a catástrofe do *subprime* e, em escala menor, coisas como burrice e incompetência, como deixar os operadores de câmbio soltos, o IRA roubar $50 milhões ou o Nick Leeson ter acesso ao seu capital. O erro no fator E de um banco é de 20%. Lucros bem previsíveis.

Mineração tem um E bem grande. São ações maravilhosas se você gosta de volatilidade e, como um assinante um dia me escreveu: "Eu sou investidor, por isso não adianta nada me dizer para comprar ações das mineradoras. Isso não é investimento. É correr risco e, no meu caso, um risco muito mal calculado".

Deixe-me dar um exemplo do que ele reclamava.

No auge do *boom* das mineradoras, em 2008, uma corretora publicou uma análise sobre a Fortescue Metals. Naquela época, ela estava começando a se provar como uma legítima exportadora de minério de ferro para a China e também para as comunidades de investidores da Austrália e do resto do mundo. A avaliação dessa corretora incluía algumas tabelas que ofereciam uma belíssima visão do mundo das pesquisas das instituições financeiras, do poder das estimativas e do risco de se ler as análises indo direto ao preço-alvo e à recomendação da corretora.

Nesse caso específico, a página inicial alardeava um preço-alvo em 12 meses de $35,57. Como o preço da ação naquele momento estava em $58,50, isso implicava um retorno em 12 meses de 39,2% negativos.

Mas, se você virasse a página, iria encontrar uma tabela (na verdade, três) intitulada "Matriz de avaliação do FCD da FMG" (FMG = código da ação da Fortescue Metals; FCD = Fluxo de Caixa Descontado). A tabela mostrava uma série de premissas e cenários de avaliação, que, se você manobrasse bem os números, lhe diriam que o valor de uma ação da Fortescue não era nem de $24,73, nem de $35,57, ou de $58,50, mas ficava em algum lugar entre $30,40 e $410, dependendo das premissas e da taxa de desconto que se utilizasse, do preço do minério de ferro no longo prazo e da capacidade da empresa de ampliar suas operações.

E assim você percebe o quanto a vida é solitária para um pobre analista da Fortescue, no enorme oceano negro das estimativas.

Eu não quero aqui criticar a corretora. Acontece a mesma coisa em todas as outras análises e pesquisas e especialmente nas análises das empresas do setor de mineração. As premissas tomam conta de tudo e permitem que dois analistas que no mais concordem com todo um conjunto de fatos venham a declarar, ao mesmo tempo, que uma ação da Fortescue tenha um valor de $30,40 negativos ou $410 positivos, dependendo das premissas que cada um tenha adotado. Além disso, dependendo dessas premissas (que, diga-se de passagem, *não são fatos*, mas meros chutes), esses mesmos analistas podem recomendar, ao mesmo tempo, que essa mesma ação com o mesmo conjunto de dados, deva ser comprada ou vendida. A diferença se resume apenas às "premissas".

Se você ler apenas as recomendações da página da frente, vai parecer que as corretoras estão falando línguas diferentes. Mas vá ler os detalhes, e elas podem não estar discordando de nada, a não ser no que diz respeito às premissas. Mas são as premissas que manobram os preços e são elas que vão lhe fazer ganhar ou perder dinheiro.

Moral da história?

O valor de uma pesquisa vai depender do E (de Estimativa) = m (monte de invenções) x c^2 (completas premissas ao quadrado).

Por isso, vamos pegar dois analistas, ambos com o mesmo grau de capacidade e inteligência. Um deles faz a análise de ações de indústrias, enquanto o outro analisa as ações das mineradoras. O cara que cuida das mineradoras vai me dizer que a melhor empresa de extração de níquel é a Western Areas, ou que a melhor opção para extração urânio é a Paladin, mas ele não serve para nada na hora de me dizer se o preço dessas ações vai subir ou cair na semana que vem. Ele simplesmente não tem como analisar ou controlar os grandes vetores que dominam os preços dessas ações, como os preços do níquel ou do urânio. E, assim, toda a análise que ele faz é de pouco valor.

É claro que ele vai tentar adivinhar o que é que vai acontecer com o preço do níquel ou do urânio e vai fazer sua recomendação dentro desse raciocínio, mas o fato é que isso não tem muita importância. Ele continua tendo que adivinhar o principal vetor dos preços, e, só por causa disso, o que resta da pesquisa é muito limitado.

Já o cara que analisa as indústrias, por sua vez, está sempre encontrando empresas que ganham dinheiro – e de maneira confiável. Vale a pena ler esse tipo de pesquisa. As recomendações dele são mais confiáveis (e o histórico dele também) porque ele tem que fazer menos estimativas, e estas não estão no cerne das avaliações que ele faz.

Se você apenas culpar a corretora pela recomendação que ela faz no alto da página sobre ações como a Fortescue Metals, tudo o que vai conseguir é demonstrar o pouco que sabe sobre o jogo que está jogando.

Agora é claro que, quando ela errar a mão com aqueles trustes imobiliários, dê um pontapé nela. E rápido.

Bar Mitzvah

A beleza da bolsa de valores.

Eu fui ao *bar mitzvah* do meu sobrinho. Na verdade, ele é católico, mas, na tenra idade dos 13 anos, a mãe dele decidiu que estava na hora de ele assumir a responsabilidade pelos próprios pecados e, em contrapartida, seria imbuído dos direitos e das responsabilidades de uma pessoa adulta. À medida que ia se aproximando o fim de sua inocência, sentiram que o nosso aprendiz de adulto precisaria de alguns conselhos bons e confiáveis. E, assim, os homens de confiança da vida dele se reuniram num pub, instruídos a trazer algumas pérolas de sabedoria que pudessem guiar nosso rapaz, quando se visse diante de algum pecado em potencial, pelo caminho da correção.

A festa era apenas para homens e, como se diz por aí, teve "muito *bar* para pouca *mitzvah*".

Foi pitoresco ver um bando de homens brancos anglo-saxões dando lindos conselhos em público. Com ou sem bebida, logo ficou aparente que os conselhos falavam mais sobre os conselheiros do que sobre o aconselhado. O que as pessoas dizem às outras fala tudo sobre elas.

Alguns conselhos eram bons. Como o de nunca deixar sua mãe levar você ao cabeleireiro. Não se preocupe se os outros gostam de você, pense apenas se você gosta dos outros. Assuma a liderança, não espere por um líder. Aproveite o máximo, enquanto está solteiro. Os amigos são mais importantes do que os bens materiais. Se você consegue sentir o cheiro da loção pós-barba do sacerdote, é porque ele está perto demais de você.

E alguns desses conselhos, como não podia deixar de ser, eram sobre dinheiro.

Cinco dos tios (que, veja bem, eram católicos) decidiram se juntar e comprar para o garoto uma carteira de ações. Não era muito dinheiro, e, nesse estágio, a quantia era irrelevante (a menos que você fosse o tio que recolhesse as contribuições). Cada um de nós escolheu uma ação. Esse tipo de opção fala muito sobre alguém. Nós escolhemos estas.

- Tio 1 – AFIC (empresa que investe em companhias de baixo valor)
- Tio 2 – Westpac Bank
- Tio 3 – BHP Billiton
- Tio 4 – Woolworths
- Tio 5 – Redfork Energy

Adivinha que tio gosta de sair de carro a 300 km/h, de cara para o vento? É claro que as ações não eram muito importantes naquele momento. Era só uma introdução à bolsa de valores.

A bolsa é uma série de experiências, uma sucessão infinita de saltos mentais que temos que dar. E é infinita mesmo. Não adianta alguém dizer como é: você tem que passar pessoalmente pela experiência e, quanto antes você pular no trem da alegria, melhor.

E bota trem nisso. Ter sorte. Perder tempo. Perder dinheiro. Ser responsável. Ser culpado. Receber conselhos. Acreditar nos amigos. Acreditar nas pessoas. Ficar decepcionado. Ficar todo excitado. Ficar desesperado. Ficar à vontade. Só o fato de ganhar dinheiro já é uma experiência e tanto. Perder dinheiro é mais ainda.

A bolsa de valores está aí, aberta para todo mundo – mas muitos nem querem chegar perto dela. É como ter uma biblioteca e não ler nada. Ou dar as costas quando o Evel Knievel tenta saltar sobre o Grand Canyon.

A bolsa de valores é uma oportunidade de se aprender com o brilhantismo e a burrice dos outros. É a chance de se ganhar dinheiro pelo trabalho alheio. É se interessar pelo sucesso da engenhosidade, do esforço e da coragem humana. É um risco e uma oportunidade e é ter que segurar os dois à unha.

Se tudo correr bem, nosso garoto prodígio um dia vai poder pegar um jornal e ver se suas ações subiram ou caíram. Quando fizer isso, espero que fique completamente fascinado por esse fato. Fascinado com um mecanismo que permite, sem qualquer esforço aparente de sua parte, que, por algumas razões, os dólares cheguem ao seu bolso, ou os dólares saiam do seu bolso. Será um dinheiro bem gasto se, em algum momento futuro, por conta da benemerência dos tios, ele fizer uma simples pergunta: Por quê?

Nessa hora, espero que ele perceba o meu cartão anexado à carteira de ações. Esse negócio de corretagem de ações tem andado muito competitivo ultimamente, e é preciso agarrar os clientes desde cedo.

A única coisa é que os tios ficaram com um pequeno problema. Há outros 17 sobrinhos e sobrinhas a caminho do *bar mitzvah* e mais dois para nascer. Vai acabar custando caro. Mas, pelo menos, nós abrimos um precedente. E espero que um bom precedente.

Reversão à média

Não existe esse negócio de "preço de banana".

Era um sábado de manhã, no início de dezembro. Eu tinha saído com as crianças quando recebi uma mensagem de SMS. Era minha cunhada (irmã da minha esposa). Dizia: "Big W – árvores de Natal de plástico 187cm a $20 – preciso duas – corra antes que acabem".

O que é que as mulheres australianas têm de errado? Só porque está barato, elas têm que comprar?

Fomos até o Big W. Corremos para comprar as tais árvores de Natal de plástico. No caminho, me desencontrei de uma filha. Fui encontrá-la aos prantos no Boost Juice. Um estresse total. Dificilmente algo digno de nota na minha vida.

O Big W tinha uma pilha enorme daquelas coisas. E eu estou falando *enorme* mesmo. O mais interessante é que estavam do lado errado do caixa da saída. A qualidade era tanta que parecia que ninguém dava a mínima se você quebrasse uma delas. Mesmo assim, ordens são ordens. Cortar o cabelo de quatro filhos, fazer compras, duas árvores de Natal na liquidação. O Archie teve que carregar uma delas. Tinha quatro anos de idade, coitado. Mas existe um limite para as coisas que você consegue carregar quando sai com um monte de filhos.

É claro que eu poderia ter economizado 100% se não tivesse comprado nada, mas a sedução de um preço baixo é tão grande que a gente tem que acabar mergulhando de cabeça. O mesmo acontece na bolsa. As mamães e os papais parecem não se conter quando compram ações que caíram muito ou vendem ações que subiram como um foguete. Por quê?

Esse é um fenômeno bem conhecido na teoria financeira. Parte de uma expectativa natural chamada de "retorno à média". Isso quer dizer que nós acreditamos que as ações vão "retornar à média" de onde estiveram. Se subiram muito, a expectativa é de que elas vão cair e voltar ao normal. Se caíram muito, a expectativa é de que venham a subir de novo. Na bolsa, essa é a própria receita de um desastre, pelas razões abaixo.

- Você está nadando contra a maré. É como achar que a Makybe Diva (égua puro-sangue, maior vencedora do turfe australiano) vai perder. Ou que um perdedor irá ganhar.
- Isso contraria boa parte da teoria técnica. Você estará indo contra o embalo e contra as linhas de tendência.
- Em qualquer momento, você sempre deve tentar comprar o melhor investimento que esteja a seu alcance. Você realmente acredita que o "melhor" de todos é uma ação que antes estava cotada a um preço mais alto e agora está despencando como uma pedra?
- Você realmente acha que as ações que estão decepcionando as pessoas vão dar uma guinada milagrosa e render alguns trocados só para satisfazer a sua compra de oportunidade? Ou você não acha que existe alguma razão para elas estarem caindo?

Já foram feitos vários estudos sobre isso. Ações que têm quedas fortes (ou altas expressivas) por causa de uma notícia quase sempre continuam seguindo na mesma direção por uma quantidade expressiva de tempo depois da notícia.

Eu trabalho com um cara chamado Capitão Óbvio. Ele se guia pelos gráficos. E sentencia:

– Aceite o óbvio. Ações em queda são uma mensagem do mercado que é para vender. Não é nenhuma oportunidade de compra. Não fique com elas na mão, torcendo pelo melhor. Siga a mensagem e venda.

Você continua acreditando no retorno à média? Quer dizer que nós devemos vender as ações só porque elas subiram bastante e comprar só porque elas caíram? Não!

Quanto antes você liquidar com esse instinto, melhor. O que sobe tem mais chance de continuar subindo. E o que cai tem mais chance de continuar caindo.

O único motivo de eu ter vendido a BHP a $16,50 foi porque o preço da ação dobrou em dois anos. Parecia ser o suficiente. Mas a ação voltou a dobrar em um ano e triplicou pelos três anos seguintes. E você nunca mais vai me ver tentando descobrir quando é que a bolsa chegou ao auge ou ao fundo do poço. É muito melhor esperar o ápice e vender uma ação quando a bolsa começar a cair, descendo a montanha, do que tentar se antecipar e vender enquanto ela ainda estiver subindo. Como é que você vai poder ganhar 10x se vender uma coisa toda vez que ela dobrar? O segredo da bolsa é por um limite nas suas perdas e deixar os lucros correrem a toda. Nesse sentido, deixe os lucros correrem soltos e deixe que o preço, e não seu instinto, diga quando é a hora de vender.

Nota do Autor – Um detalhe sobre árvores de Natal de plástico. Elas incorporam aquela sensação fundamental de "fake" e de "comercial" que tomou conta do espírito de Natal e está matando sua alma. As árvores continuam empacotadas. Mesmo assim, estavam tão baratas...

Manter o que tem nas calças

O jogo não vai mudar sua vida.

Um dia nas corridas é uma experiência maravilhosa. Espero que os meninos cresçam depressa. Quanto mais cedo nós os apresentarmos ao mundo da moda, do álcool e do jogo, mais cedo vamos nos ver livres deles. Mas até lá parece que nós vamos ter que dar cabo do álcool, do jogo e do mundo da moda sozinhos. Especialmente o jogo.

Tenho que dizer que o jogo atende a um objetivo secreto nas corridas. Ele oferece um assunto para falar naqueles momentos sociais meio confusos, antes que os licores de frutas comecem a fazer efeito, lhe dá algo para ter fortes emoções, enquanto aqueles cavalos que você mal consegue enxergar passam a todo galope por você, e ajuda-o a identificar as pessoas que saíram de casa para se divertir. São aquelas que estão se esgoelando todas, com as mãos voltadas para o céu.

Mas tem uma coisa que sempre me fascinou nas corridas – os grandes apostadores. Tem gente que põe uma quantidade completamente anormal de dinheiro no resultado de um único páreo. É uma coisa totalmente extraordinária. O *meu* objetivo é ganhar o dinheiro da babá que eu contratei para tomar conta da casa. Mas tem gente que parece querer ganhar todo o valor da hipoteca da casa própria.

Depois de passar alguns anos montando a cavalo na Inglaterra e na Austrália, posso dizer, com toda autoridade, que esses animais possuem apenas um pouco mais de inteligência do que um bebê extremamente sensível. Aliás, se eles pudessem falar, tenho certeza absoluta de que eles fariam menos sentido do que qualquer neném de dois ou três anos de idade. Só porque eles são grandes, bonitos e puros-sangues, isso não os torna maduros, sensíveis, inteligentes, confiáveis ou previsíveis. Não tem mistério. Apostar na pata de um cavalo é igual a apostar em bebês muito jovens, grandes e irresponsáveis, que possuem somente uma fração da capacidade mental de um adulto.

E, além de tudo, existe uma série de outras situações imprevisíveis. A partida, a pista, o jóquei, o treinador, a corrida em si, os outros cavalos, lesões, distrações, burrices, sem falar dos famosos "acertos" e "mutretas". Para resumir, apostar numa corrida com a intenção de ganhar dinheiro é, como se diz por aí, um Jogo de Tolo. Daí o título de Tolo-Rei.

Para provar o que estou dizendo, deixe-me falar um pouco sobre um serviço de apostas que foi listado na bolsa de valores da Austrália. Toda a operação se baseava em modelos e algoritmos sofisticados que levavam em consideração toda variável concebível e relevante que influía numa aposta. Esses modelos eram robustos, iam muito além dos guias que você e eu estudamos no dia da corrida. Eles contam com uma vantagem, confiável e testada no tempo, em cima dos jogadores, porque não deixam passar nada despercebido e são capazes de identificar até as tendências mais minúsculas e se aproveitar desse conhecimento para virar as chances contra o bobo do apostador. É semelhante à análise técnica, mas focada nas corridas de cavalos.

Mais interessante do que os cavalos, porém, era outra coisa: uma das unidades de negócios. Numa atividade paralela, eles apostavam, além de receber apostas. De tanto que confiavam nos algoritmos, eles estabeleceram uma unidade de negócios separada com o objetivo de levar vantagem em cima dos outros *bookmakers* e locais de aposta, identificando quando os outros *bookmakers* erraram a mão e ganhar dinheiro em cima deles.

Então, aqui nós tínhamos um jogador corporativo, com modelos sofisticados, pouca emoção e muito capital, fazendo exatamente aquilo que você e eu tentamos fazer quando vamos às corridas – ganhar dos *bookmakers* - , só que, no caso, eles se utilizavam de toda informação relevante e concebível, por menor que ela fosse. E como foi que se saíram?

Eu não quero deixar ninguém deprimido, mas, no jogo de tentar ganhar dos *bookmakers*, com todas as ferramentas que eles tinham à disposição, eles conseguiram pouco mais, no longo prazo, do que o magro retorno sem risco de um título de dívida. Você poderia ter obtido o mesmo retorno, sem qualquer risco, no mercado financeiro, e na maioria dos anos teria se dado ainda melhor com ações. Agora é que eu pergunto: se eles não puderam obter mais do que o retorno de um título sem risco, mesmo com todas as suas ferramentas, inteligência e experiência, como é que nós podemos esperar que o jogo vá mudar nossas vidas?

O jogo é uma despesa de entretenimento, não uma fonte de renda, e, se você compreender isso, não vai ser difícil ganhar nas corridas. Tudo o que você tem a fazer é uma aposta, se divertir e manter o que tem nas calças. A prestação da casa própria.

O país sortudo

Não espere que um milagre aconteça.

O País Sortudo parece ser uma bela e calorosa descrição da Austrália, mas não é. Na verdade, é até uma piadinha meio cínica. Saiu do título de um livro do falecido Donald Horne, publicado em 1964, em que ele escreveu: "A Austrália é um país sortudo, administrado por pessoas de segunda categoria que compartilham de sua sorte". O que ele queria dizer com isso é que a Austrália era "sortuda", em vez de ser particularmente criativa ou inovadora; especialmente, a Austrália daquele tempo teve a sorte de ter adotado as inovações tecnológicas, econômicas, sociais e políticas dos países mais "inteligentes".

Em 1998, o famoso ambientalista Ian Lowe escreveu um artigo chamado "O País Inteligente?" (*The Clever Country?*), em que dizia que a Austrália tinha duas opções. Ele escreveu que "continuar com as nossas atuais estratégias econômicas poderia se chamar de abordagem de *afundar aos poucos*". Porém, num tom mais positivo, acrescentou: "Nós deveríamos tentar seriamente nos transformar num *país inteligente* investindo no próprio futuro".

O uso da expressão País Sortudo já recebeu centenas de definições desde que Horne o escreveu pela primeira vez, com ironia. Numa entrevista concedida a um jornal, mais tarde na vida, ele lamentou o fato de ter que "aguentar as coisas mais absurdas, enquanto gerações sucessivas aplicavam equivocadamente o que ele escreveu".

Permitam então que eu aplique, equivocadamente, mais uma vez.

Nos Estados Unidos, se alguém passa por você dirigindo um Porsche, você diz:

– Aquele é o Bill Gates, fundador da Microsoft. Cara inteligente.

Na Inglaterra, se alguém passa por você em um Porsche, você pode lançar um olhar de desdém pela janela, torcer o nariz e dizer:

– Um *nouveau riche*. Nenhuma classe.

Na Austrália, se alguém passa por você num Porsche e salta de colete e calção de banho, esfrega a bunda e entra no mercadinho para comprar uma caixa de Bourbons e Coca-Cola, você diria:

– Aquele ali é o Joe Bloggs. Ganhou na loteria. Cara de sorte.

O conceito de sorte faz parte da cultura australiana. Talvez ele parta do fato de que o país inteiro foi construído na base da garra – e da sorte – dos pioneiros que adentraram pelo cerrado, marcaram suas terras e encontraram ouro. "Algo saído do nada". Uma cultura preparada para celebrar, em vez de condenar, a imagem do "garoto que se deu bem". Todo mundo tem o direito de fazer sucesso e ficar rico, e essa ideia é tão arraigada que é quase uma excentricidade falar das qualificações acadêmicas que você batalhou tanto para ganhar. Talvez só numa entrevista de emprego, e, mesmo assim, baixinho.

Simplesmente não é grande coisa ser inteligente – ser inteligente não é ser esperto, ser inteligente não vai sustentar você no *outback* australiano, e ser inteligente não faz de ninguém um "cara legal". Nada disso. É muito melhor você se arriscar contra tudo e contra todos, do que diminuir as suas chances por meio da educação. Os australianos adoram a ideia de lutar contra as circunstâncias mais negativas .

Mas essa idolatria do "sujeito que se arrisca" fez com que uma população inteira acreditasse que, um dia, suas vidas seriam milagrosamente transformadas. Que o barco vai chegar ao cais, e que, no fim, tudo irá dar certo, que a sorte é que vai fazer as coisas acontecerem – e não o planejamento e a inteligência, muito menos a educação e o trabalho duro.

Lamento, mas não é assim que as coisas acontecem. Muitos australianos levam a vida com expectativas irreais. Na Europa, "tudo é velho e tudo já está feito". A cultura da aceitação e do realismo é muito mais natural do que uma de esperança e fantasia. As pessoas se conformam com seu destino financeiro. Separam fundos para pagar a escola. Fazem orçamento para as férias. Não ficam esperando que uma oportunidade ou um meteorito apareça para limpar a barra dos excessos que cometem.

Para os australianos, a consequência das expectativas irreais vai ser a decepção.

Decepção com expectativas que não foram atingidas.

Decepção na hora da aposentadoria.

Decepção consigo mesmas.

Decepção para a sua família.

E, além de tudo isso, você ainda pode acrescentar as pressões financeiras diárias e geralmente solitárias – pressões que vão lhe custar mais do que dinheiro em matéria de saúde, e daquela tranquilidade e felicidade mental que se perdeu.

Enquanto tiver tempo, faça um favor a si mesmo. Pare de fazer planos em cima de um milagroso evento que lhe trará a riqueza e passe a planejar em cima de uma renda realista e de despesas realistas. Planeje com base no retorno esperado de 9,5% da bolsa e não numa enxurrada de um milhão de dólares.

Depois que entender isso, poderá planejar o que fazer – aceitar o que é provável ou tentar o que é possível.

De qualquer maneira, as pessoas fazem sua sorte. Ela não acontece, simplesmente.

A Bolha das Tulipas

Tudo o que vai tem volta.

A Bolha das Tulipas. O ano: 1623. Um único bulbo de tulipa sai por mil florins holandeses, sete vezes o salário médio anual das pessoas. Um mercador de tulipas mediano ganha cerca de 600 mil florins por mês, quatrocentas vezes o salário anual de um trabalhador. Doze anos depois, em 1635, a onda continuava forte. Quarenta bulbos são vendidos por 100 mil florins. Por esse preço, dava para comprar 3.333 porcos. As pessoas vendiam suas posses para especular no mercado das tulipas. Um pescador comeu por engano um bulbo ao temperar um arenque, pensando que fosse uma cebola. Daria para pagar por 12 meses o salário da tripulação de seu barco. Alguns mercadores de tulipas começaram a vender tulipas que tinham acabado de plantar. Outros vendiam bulbos que *pretendiam* plantar. Um amor esses operadores de mercado futuro. Na época, chamavam de "operação de vento", porque esse era todo o ativo tangível que eles tinham: o vento.

Sem nenhuma razão aparente, em fevereiro de 1637, o preço dos bulbos começou a cair. Em poucos dias, estava instaurado o pânico. As pessoas tinham na mão contratos para comprar tulipas a um preço dez vezes maior do que o atual valor de mercado. Milhares de mercadores holandeses estavam arruinados. E nenhum tribunal iria exigir que um contrato de tulipas fosse respeitado, porque viam aquelas dívidas como uma espécie de jogo e, portanto, fora do campo de proteção da lei.

Aqui vão algumas lições de 400 anos atrás.

Como saber que se está diante de uma bolha

- Todo mundo está ganhando.

- As pessoas acreditam que a paixão pelas ações vai durar para sempre.
- Seu trabalho normal é posto de lado.
- A população, "até mesmo os extratos mais baixos", começa a fazer negócios com ações.
- Bens tangíveis são transformados em dinheiro para especular com ações.
- Outros tipos de ativo são abandonados.
- O preço dos bens de primeira necessidade sobe.
- Todo tipo de luxo sobe ainda mais.
- Ativos são comprados para serem posteriormente revendidos, e não pelo retorno que geram.
- O dinheiro estrangeiro começa a chegar. Tem mais dinheiro circulando, ele tem mais apetite pelo risco e é investido com base em menos informações. Tem poder para desestabilizar o equilíbrio doméstico. Também vai ser o primeiro a cair fora, e não vai precisar ter muitos motivos para isso.

Dessa posição, tudo que é necessário é apenas um vendedor. Ele dá o sinal, e a manada inteira pula do abismo. Não tem nenhuma lógica convencional. Nenhum aviso. Nenhuma razão. Só o fato de ter subido demais.

É claro que, para estourar uma bolha, você precisa de uma bolha, e ela tem que estar pronta para ser estourada. O que a faz explodir é meio irrelevante – é só ir enchendo que um dia ela explode. Quanto mais enchida estiver, menos será necessário para fazê-la explodir. Os sinais de que isso está para acontecer incluem um fator "manada" maior do que o normal no mercado e mais do que uma dose razoável de alavancagem, - o suficiente para apostarmos com todo o coração na alta num dia e apostarmos com todo o coração na baixa no outro.

Sinais de uma bolha

- O mercado de repente passa a ficar muito sensível às notícias, em ambas as direções.

- Ninguém tem mais 100% de certeza no valor.
- Investimos muito em cima de muito pouco.
- Ninguém lê mais do que a primeira página de um relatório de análise (admitamos isso).
- As coisas acontecem com muita rapidez.
- Nossos motivos para fazermos as coisas iriam parecer ridí-culos num tribunal.
- Desprezamos clichês de mercado que não se aplicam à época atual.
- Alguém chega e diz: "estamos vivendo um novo paradigma de investimentos".

Não é difícil de se ver uma bolha quando se está dentro dela. O verdadeiro talento é descobrir a hora certa de sair. Mas quem é capaz de fazer uma coisa dessas? As consequências de se duvidar de uma bolha, estando no meio de ela, e estar errado podem ser muito piores do que estar certo. Vender antes de ela explodir pode se revelar desastroso – os melhores 12 meses corridos na bolsa de valores desde 1936 ocorreram nos 12 meses anteriores ao dia do *Crash* de 1987.

Não. Quando acontece uma bolha, você se dá melhor participando dela e se arriscando a sair na hora certa, do que simplesmente ficando de fora.

Mas nada disso é novidade. Do *boom* da Tecnologia, até o *boom* dos Recursos Naturais até a Bolha das Tulipas... o fato é que nós somos sempre os mesmos.

Em 1841, Charles McKay escreveu: "Muita gente fica insensivelmente ligada àquilo que lhes causa uma encrenca enorme". (*Extraordinary Popular Delusions and the Madness of Crowds,* reeditada em Nova York, 1980.)

Os holandeses continuam insensivelmente ligados às flores, e, na Austrália, independentemente de quantas bolhas, manias e explosões nós venhamos a passar, vamos estar sempre prontos para a próxima.

Bassai Dai

O que vale é a viagem, não o destino.

Eu já lutei muito caratê. Minha mulher adora (!). Belo esporte. Qualquer um que tenha praticado vai saber o que é um *kata*. Trata-se de uma palavra japonesa que significa, literalmente, "forma". Um padrão detalhadamente coreografado de movimentos que se pratica sozinho ou em dupla. Parece muito com o nado sincronizado.

Isso acontece em todo tipo de arte marcial – judô, aikidô, jiu-jitsu, qualquer uma. O *kata* das artes marciais exige que você realize uma série de socos, chutes, passos e bloqueios. Alguns são realizados com armas, e, quanto maior o grau, mais *katas* existem e mais complexos eles se tornam.

Essa prática é criticada por certas pessoas, principalmente aquelas que nunca se deram ao trabalho de praticar. Dizem que é simplesmente uma arte tradicional que não tem nada de prática, que gera padrões previsíveis e, principalmente, sufoca a inovação.

Mas, para mim, *kata* é aquilo que eu tiro para mim. Quando se tem muitos filhos, muito trabalho e pouco tempo, é bom ter uma desculpa para se gritar. Todos nós precisamos disso. E não imagino como seria a minha vida sem essa oportunidade. Eu seria uma batata grande e reprimida, e tão volátil quanto elas, e provavelmente ia querer descontar isso em cima de alguém – dos filhos, principalmente. O *kata* é como uma música. Os movimentos são as notas. As combinações são os acordes, e o *kata* como um todo é a canção. É a fundação em cima da qual se progride. Se você já viu um *kata* perfeito, sabe o quanto isso vale. Se você aprender bem a lidar com as notas, a fazer os acordes vibrarem e a escrever um pouco, terá uma boa chance de, algum dia, compor suas próprias músicas.

Na ginástica, é a mesma coisa. Golfe é um exemplo perfeito. Ioga, dança, futebol, rúgbi. É treinar, treinar e treinar, e, talvez algum dia, você seja bom. E não é só nas atividades esportivas que isso pode acontecer.

Eu me lembro de, na universidade, reclamar com a monitora de que o Direito era uma coisa muito chata. Ela respondeu com a maior paciência. É a mesma coisa em qualquer profissão que se estude: Medicina, Contabilidade, Engenharia, Arquitetura... São semanas, meses e anos aprendendo as coisas como se fosse um papagaio, seguido por um exame daquilo que você se lembra. O estudo das profissões é um osso duro de roer, especialmente se você tiver 1% de criatividade. Ninguém se interessa pela sua opinião. Em sete anos, ninguém vai lhe perguntar: "O que que você acha disso, Marcus?" E o pior é que ajuda ser meio tosco para aguentar tudo isso. O que leva a uma situação contraditória, em todas as profissões: que você não pode entrar nela, a não ser que seja brilhante.

Qualquer pessoa que já tenha estudado Direito vai ter ouvido falar dos venerandos juízes e legisladores Lord Denning e Lord Diplock (nisso eu estou revelando a minha idade), dois estimados cavalheiros que desempenharam um papel central ao estabelecer os padrões sob os quais nós vivemos. Eles calaram a boca e fizeram o trabalho duro. Os tais sete anos não foram nada para eles. Seria mais o caso de uns 70 anos de aprendizado, socos, pontapés e provações, até que eles finalmente conseguiram avançar. Mas, no auge da vida profissional, tudo o que as pessoas queriam ouvir era a opinião deles.

Algumas pessoas acreditam que, para avançar, é preciso de uma meta. Os meus colegas do mundo jurídico queriam ser juízes. Minha filha tem uma foto da Olga Korbut, que ganhou quatro medalhas de ouro na ginástica artística, presas na parede. Eu me dispus a chegar à faixa preta no caratê, o que eu consegui em 2009, aos 47 anos de idade. Agora estou em busca do Primeiro Dan. São os meus objetivos. Mas eles não são o bastante.

Qualquer pessoa que já tenha lutado em alguma arte marcial vai lhe dizer que, se tudo o que você quer é a faixa preta, nunca vai chegar lá. Você não pode simplesmente passar anos num purgatório, na busca de um objetivo. Você tem que gostar da viagem. Entendeu, aluno? Escolha cursar uma profissão que você adora, e não por causa do objetivo. Você não vai ser bom numa coisa que você não curte. O objetivo final de qualquer investidor é a riqueza. Nós queremos ser ricos. Queremos um futuro seguro. Essa é a meta. Mas a viagem é aquilo que nós experimentamos e nós temos que gostar dela, ou não vamos conseguir nos manter no rumo.

A boa notícia é que a viagem na bolsa de valores nunca é monótona, está sempre lhe testando, é muito intelectualizada e nunca se aprende totalmente. O mais importante de tudo é começar a viagem. O objetivo é maravilhoso. A viagem é tudo. Ela nunca vai terminar e, se você fizer sua parte direito, não vai querer que ela termine.

Ah, e não se esqueça de gritar de vez em quando. Essa é a melhor parte.

No meio do caminho, uma bifurcação

Em outras palavras: não remoa o que deu errado.

Existem bifurcações na vida, momentos em que aparecem dois caminhos, e você tem que tomar uma decisão.

Eu já passei por isso algumas vezes.

Uma delas foi quando estava me inscrevendo para conseguir uma vaga na University Air Squadron (unidades de treinamento da *Royal Air Force*). Meu pai foi piloto de caça da RAF, e, desde a barriga da minha mãe, fui criado para seguir o mesmo caminho – e não me sentia infeliz diante dessa perspectiva. A entrevista durou o dia inteiro. Eu já conhecia o tenente encarregado da seleção de cadetes, passei voando pela entrevista e detonei no teste físico. Minhas medidas estavam exatamente no meio dos limites inferior e superior para pilotar um bimotor Hawker Harrier dos dias de hoje.

Havia nascido para a profissão.

Caramba, eu conhecia todas as palavras daquele filme *Top Gun: Ases Indomáveis*. Mas, no fim de todos os testes, o sargento me puxou para um canto, serviu um café e um pãozinho e, como quem não quer nada, fez a pergunta crucial: Eu queria ser advogado da RAF? (Na época, eu estava cursando Direito.)

Essa era a bifurcação.

Eu queria estar na RAF com todas as minhas forças, mas não queria ser advogado. Queria ser piloto. Então, o que foi que eu disse?

– Não.

Mas a resposta não era essa, e acabou-se o que era doce. Fiquei de fora. Torci o nariz para eles e me tornei um corretor de ações glamourosas.

Outra bifurcação aconteceu quando eu ainda era noivo da minha primeira mulher. Não foi nada muito planejado, nem muito bem pensado, mas o trem de carga do noivado e do casamento estava indo a todo vapor com duas famílias, um vigário e dois gatos a bordo. Ela estava lá no alto da escada. Era mais velha e muito menos ingênua do que eu. Tenho certeza de que sabia que não ia dar certo, mas a única maneira de tirar esse casamento dos trilhos seria com uma explosão. Ela arrancou a aliança do dedo e a jogou em cima de mim, escada abaixo.

– Então vamos acabar logo com toda essa m@#$% – gritou, enquanto diamantes de £3000 passavam zunindo pelos meus ouvidos. Mais uma bifurcação.

E o que foi que eu falei?

– Nããããããooo...

Errado de novo. Seguiram-se cinco anos de uma imensa melancolia.

O fato é que essas bifurcações são meio injustas. As grandes decisões da vida, às vezes, são jogadas em cima da gente, e nos pegam despreparados e desprevenidos. Nós não as esperamos, não temos tempo para pensar nas consequências e simplesmente temos que dar um salto enorme.

Sim ou não?

Direita ou esquerda?

E uma decisão repentina acaba afetando todo o resto de nossas vidas, profunda, permanente, irreversivelmente – às vezes, até de maneira fatal. É como bater de frente com uma jamanta.

Como corretor, já vi carteiras de investimento muito boas. Tive uma no ano passado que herdou a BHP com preço de compra de 10¢. Aposto que a empresa não era nenhuma *blue chip* quando aquele lote foi comprado. Mas, sejam lá quais forem os sucessos obtidos, as únicas decisões de que as pessoas parecem se lembrar são aquelas que deram errado.

E nem tanto os prejuízos, mas sim o que elas deixaram de ganhar. Vendi 50.000 ações da mineradora Zinifex a $2,18 e ela foi bater em $16,01. É verdade que depois caiu, mas isso não impede o meu cérebro de registrar que, se eu não tivesse feito absolutamente nada, não tivesse posto a mão, não tivesse nem visto... Se eu simplesmente a tivesse esquecido ali e vendido na máxima, eu teria $691.500 a mais no meu fundo fechado, que simplesmente não estão lá.

Dessa aí eu me lembro, dessa aí eu me lembro, dessa aí eu me lembro...

Aquilo que *poderia* ter acontecido é uma emoção poderosa que pode destruir o sucesso. Já conheceu alguém que vendeu 3.000 ações do Commonwealth Bank depois que ele passou a ser negociado na bolsa, ou que tenha vendido 350.000 ações da Fortescue Metals a 14¢? Eu já. Eles nem se importam com os 200% que tiveram de ganho de capital nas carteiras. O que se lembram é daquela pequena bifurcação na estrada, em 1992, há 15 anos, quando, por algum breve instante, eles encontraram uma razão para vender. São 15 anos carregando uma decisão importante na vida como se fosse uma medalha.

Algumas decisões levam ao sucesso, e outras, ao arrependimento. Este último cria raízes mais profundas. É por isso que todos os profissionais são culpados de qualquer coisinha que dê errado, e nunca são elogiados pelo que dá certo. É por isso que é mais fácil ser infeliz do que feliz. É como a nossa mente funciona.

As corretoras, obviamente, sabem disso. E esse é o motivo de 90% das análises recomendarem "compra". Não existe muito a se ganhar com uma recomendação de "venda", porque, no fim, quando o mercado entrar numa trajetória de alta sustentada, a recomendação se mostrará errada. E elas vão ser lembradas por isso e nada mais.

Qual é o segredo da felicidade? É controlar o que se passa na sua cabeça. Se ficar remoendo os desastres, o temperamento sombrio se tornará um hábito. Se ficar remoendo o sucesso, ele vai brilhar a todo instante.

A vida é uma sucessão constante de bifurcações. A arte é não ficar remoendo as decisões erradas.

O custo da criação

Estamos todos numa sinuca de bico.

Férias escolares, maravilha! Nada como esperá-las chegarem.

É claro que, quando você tem quatro filhos que são incapazes de fazer o próprio jantar, lavar a louça, se vestir, tomar banho sozinhos, lavar ou dobrar as roupas, jogar qualquer coisa fora, entrar no chuveiro, sair do chuveiro, ir para a cama, se levantar da cama, se divertir sozinhos, ficar cinco minutos sem brigar, ficar um minuto sem gritar e que caem de joelhos como se fossem vítimas de um atirador e abrem um berreiro diante da menor resistência às suas ambições de comer doce, a expressão "férias" parece mais uma contradição.

E, para vocês aí que só têm dois filhos, *isso sim* é que são férias.

Se eu e a patroa fôssemos empregados, estaríamos ganhando em dobro pelo período de férias (tudo bem, ela ganharia o triplo). E quer saber a verdade de ter quatro filhos de férias? Nós não temos ajuda de ninguém. Com quatro filhos, as babás desaparecem, e as titias ficam checando no telefone quem está chamando só para ter certeza de que não somos nós. Simplesmente trazemos problemas demais. Ninguém quer nem saber da gente. Por 15 dias, viramos uma família de leprosos.

Um assinante da minha *newsletter* me mandou uma frase do Peter Lynch que colocava o dedo na ferida: "Ter ações é igual a ter filhos. Não se meta com mais do que é capaz de lidar". Legal. Muito obrigado pelo toque, mas agora é meio tarde. E, de todo modo, sua tese está errada. Uma ação não tem nada a ver com um filho. Se tivesse, você poderia vendê-lo e ainda ter alguma chance de ter lucro – ou pelo menos minimizar seu prejuízo -, em vez de ter uma perda certa de 100%.

A mais velha da turma tem seis. Ano que vem, vai para a "nova escola". Uma bela escola, vai ser muito bom para ela. E um verdadeiro sangradouro de dinheiro para nós. Fiquei meio nervoso na hora em que recebi a carta da escola, no mês passado – com certeza, a primeira de muitas. O brasão aparecia bem visível no envelope. Chiquérrimo. Pensei que fosse ser uma carta de boas-vindas, ou algo assim. Mas eu já devia saber o que me esperava. Era endereçada aos "queridos pais" e seguia:

"...lamentamos informar que nossas mensalidades sofreram um aumento de 6% em relação ao ano passado."

Caramba. A menina ainda nem pôs os pés na escola! Na próxima, já estaremos de sobreaviso. "Queridos pais" é sinal de más notícias. Mesmo assim, um reajuste de 6% é menor do que a maioria das outras escolas particulares estão cobrando.

Eu e minha mulher temos 12 anos de mensalidades escolares pela frente e quatro filhos para educar. Está na hora de encarar os fatos. Não tem nem muito o que pensar. Para falar a verdade, é até ridículo. Na tabela de mensalidades escolares que nos passaram na matrícula, estamos diante destas estatísticas.

- Quando terminarmos de pagar todas as mensalidades, estaremos em 2020, e eu terei 59 anos de idade.
- Se não houver inflação alguma nas mensalidades, vamos estar diante de uma conta de $517.660 (depois dos impostos).
- Se as mensalidades tiverem um aumento de 6% ao ano, o espeto vai ser de $733.044.
- Vamos ter que ganhar $1,3 milhão antes dos impostos para cobrir tudo isso.
- Com quatro filhos, a quantia média, só para pagar as mensalidades nos próximos 13 anos, vai ser de $56.388 ao ano, ou de $4.700 por mês, também já descontados os impostos.
- Com as alíquotas de impostos atuais, vamos ter que ganhar $73.000 por ano pelos próximos 13 anos, só para cobrir as mensalidades escolares. Isso antes de começarmos a comer.

- Em 2015, as mensalidades vão atingir o nível máximo (com três filhos na escola, ao mesmo tempo). Esse ano vai nos custar $92.015 e vamos ter que ganhar $133.00 antes de começarmos a comer.

É claro que os uniformes escolares, os gastos com esportes e equipamentos, viagens, ônibus e todos os outros extras correm por fora. E se eles quiserem fazer faculdade? Bem, eu poderia muito bem me atirar na frente do ônibus agora mesmo. De preferência, de um ônibus escolar.

Talvez eu devesse ter planejado um pouco mais.

Mas, como acontece com todo mundo, minha vida financeira sempre foi apertada. É humano. Por isso, eu conto com duas alternativas. Vou me meter em algumas ações especulativas do tipo "seja o que Deus quiser" ou ligar para o meu pai. Esse ano, ele vai completar 76 anos. Mora numa casa grande na Inglaterra. Provavelmente me daria um pouco de atenção. Maldito. Ele sabia muito bem que eu devia ter me casado com uma mulher rica.

Uma história de dois clientes (e um corretor)

Pesquise o que tiver que pesquisar e tenha paciência.

Eu tenho um cliente, que aqui eu vou chamar de Sr. Foco, que tem apenas quatro ações em carteira. Olhando para o portfólio agora, seu investimento de $300.000 está valendo $830.000.

Eu não estaria aqui escrevendo sobre ele se ele tivesse perdido tudo, ou ganho apenas um retorno médio. Como não aconteceu nada disso, a história dele está aqui. O mais incrível que esse cliente tem é o foco. Ele tem um índice de acerto de 100% na carteira de quatro ações. Os retornos sobre essas quatro ações variam de 100 a 700%.

Eu ligo para ele e digo que ele deve comprar as ações de uma construtora, e ele diz:

– Marcus, eu não sei nada sobre essa empresa. Não dá para comprar.

Esse é o segredo. Ele só compra as ações que está convencido de que vão subir. Como é que ele consegue? De duas maneiras. Primeiro, ele é implacável com aquelas ações que o decepcionaram. Ele só tem quatro ações porque vendeu as outras. Só manteve na carteira as vencedoras.

Em segundo lugar, ele faz o dever de casa (ou conta com boas informações; mesmo assim, está fazendo a sua parte). De um jeito ou de outro, ele sabe o que está fazendo e assume a responsabilidade por isso. Ele não se importa por tudo o mais que estiver acontecendo, só está jogando seu jogo e deixando os outros jogarem o deles.

É uma das citações mais antigas de Warren Buffett: "A diversificação é uma proteção contra a ignorância. Ela faz muito pouco sentido para quem sabe o que está fazendo". Esse cara, o Sr. Foco, tem sucesso porque sabe o que está fazendo e por quê. Ele não se deixa perturbar pelos ruídos. Ergue um bloqueio contra qualquer coisa que não esteja relacionada às suas ações.

Quanto ao segundo cliente, vou chamá-lo aqui de Sr. Pesquisa. Ele investiu na Paladin e na Fortescue Metals desde o início e ganhou uma verdadeira fortuna, enquanto gente como eu ficou assistindo e se perguntando como é que ele não obteve lucros e se arriscou tanto em tão poucas ações. Por muitos anos, nenhuma das duas empresas deu lucro, e ambas eram guiadas por fatores voláteis e extremamente arriscados, como o preço do urânio e o sucesso das explorações. Mas é evidente que algumas pessoas se deram ao trabalho de fazer o dever de casa e ganhar pequenas ou grandes fortunas por conta de um trabalho bem feito.

Não foi uma crença religiosa que os fez ganhar dinheiro. Foi uma boa pesquisa e entendimento do negócio. Foi um risco calculado que se pagou. Vale a pena fazer uma pesquisa meticulosa.

O Sr. Preguiçoso era um corretor, e um corretor que não parecia a fim de trabalhar muito. Mesmo assim, era um corretor rico. Ele adorava a bolsa de valores e sempre tinha tempo para conversar com as pessoas. Dizia que as pessoas são uma "oportunidade gloriosa". Quem trabalha na bolsa é arisco, não costuma ser pesadão. Por conta disso, são personalidades vibrantes, e, somando tudo, isso leva a uma experiência de trabalho absolutamente fascinante. Eu não conheço nenhuma profissão em que a grama nunca é mais verde do outro lado. Dá para perceber porque tanta gente foi se juntar ao jogo, a partir da própria sala de estar. A comunidade que você cria a partir de um interesse comum na bolsa é sempre muito interessante, geralmente compensadora e com um bom potencial financeiro. É como um Clube do Livro, só que com dinheiro.

O Sr. Preguiçoso tinha dinheiro suficiente para ter paciência. Um luxo. Em vez de ir ao escritório todos os dias, ele fazia seu assistente ficar monitorando o mercado com uma única recomendação: chamá-lo se alguma coisa boa passasse pela janela. E só. Nós raramente o víamos, mas uma ou duas vezes por ano ele costumava aparecer. Se estivesse com sorte, seria antes do almoço. Geralmente era uma colocação

privada para investidores sofisticados, ou a IPO de uma firma, ou algum outro evento corporativo dessa linha, mas nem sempre. Lá vinha ele, e, talvez por umas duas horas por ano, as faíscas crepitavam no céu, e os dólares iam entrar.

Para ele, e para muitos jogadores da bolsa, o jogo é esse. A comissão e a vida que se têm são apenas secundárias. É um lugar por onde passam as oportunidades, oportunidades para se ganhar muito dinheiro rapidamente, se você estiver alerta.

Para ser paciente, ajuda muito ser rico. Mas, se você olhar em volta, essa é uma qualidade que todos nós deveríamos possuir. A paciência é a chave para qualquer coisa na bolsa. Se você tiver pressa, vai perder. Para cada vencedor *high profile* há uma longa trilha de perdedores. Mas nós só ouvimos falar dos vencedores.

Moral de tudo isso?

- Quanto mais você sabe, menos risco você corre.
- Ganha-se mais dinheiro com aquelas ações que são menos compreendidas.
- Cerque-se de gente do mercado. Você não vai ficar rico sozinho, num quarto escuro.
- Tenha paciência. Espere aparecer a bola certa e chute com toda a sua força.

O gênio

Todas as decisões que O Gênio tomou na vida deram errado.

Eu tenho um colega que é um verdadeiro fanfarrão. Vamos chamá-lo de O Gênio. Estupidamente, ele me deu permissão para citar suas palavras.

O Gênio veio pulando até nós no meio da baixa da bolsa de 2008, trazendo palavras imortais.

– O Gênio falou. Estamos no fundo do poço. Comecem a comprar tudo.

Eu marquei bem a hora. Eram 14h35 do dia 7 de outubro, cinco minutos depois de o Banco Central da Austrália nos ter surpreendido com um corte de 1% na taxa de juros.

Naquele dia, a bolsa subiu de 4590 pontos para fechar a 4618. Ganhou 28 pontos. Até aí, tudo bem. No fechamento, O Gênio estava perambulando pelo salão, apontando para as telas de computador e gritando "Aíííí!!!" e "Eu sou o cara!" e "O papai aqui foi o primeiro a cantar a bola!"

No dia seguinte, a bolsa caiu 230 pontos. Na sexta, a queda já chegava a 630, e, em seis semanas, tinha caído 1.350 pontos. Desde que O Gênio abrira a boca, a bolsa caiu 29,3%, ou o equivalente a três anos de retornos médios. Tudo isso perdido em seis semanas. Coisa de gênio mesmo.

Para nós ficou muito claro, no meio da queda da bolsa, que, apesar de contar com toda uma formação tradicional baseada em Buffett e Benjamin, todas as decisões que O Gênio tomava estavam erradas. Seus instintos de investimento conseguiam o resultado oposto de tudo o que ele queria obter. Para ele, as coisas simplesmente não funcionavam. Embora, com tantas carteiras despedaçadas que havia naquela época, eu tenha que dizer que ele obviamente não estava sozinho. Tinha um monte de gênios soltos por aí.

Errar a mão quando a bolsa está caindo não é difícil. Todos os instintos que desenvolvemos na nossa educação financeira foram condicionados para os retornos médios de um mercado em alta, e, quando o mercado anda em baixa, eles nos deixam na mão. Nós não previmos o acontecimento histórico a que teríamos que sobreviver, ou os prejuízos extraordinários que nós, discípulos do longo prazo, poderíamos vir a sofrer no curto prazo.

Todos nós cometemos alguns erros com a bolsa caindo. E entre eles estava o fato de não vender logo, porque acreditávamos que, no fim, tudo se resolveria – o que ainda pode acontecer. Mas talvez os maiores erros que tenhamos cometido tenham sido na área das premissas. Como você já sabe, as premissas são as mães de todas as bolas fora. Veja os exemplos.

- Pensar que o fato de as pessoas não pagarem suas hipotecas nos Estados Unidos não tinha relevância alguma para nós (ai!).
- Pensar que a força relativa da economia australiana iria pro-teger a bolsa australiana de um colapso geral nas bolsas pelo mundo afora (que burrice).
- Pensar que tudo continuaria indo bem com os bancos, en-quanto eles não cortassem os dividendos (um erro).
- Pensar que o *boom* dos recursos naturais não era uma bolha (mas era).
- E pensar que a China seria a grande fiadora do mundo (não foi).

E também fomos culpados de mais umas coisinhas, que tínhamos nos esquecido da época da última queda da bolsa, mas que continuam a existir através dos tempos. Veja.

- Não estabelecer limites para perdas.
- Arriscar-se contra a maré.
- Comprar ações só porque elas caíram.
- Estar sempre dizendo que chegamos ao fundo do poço (o fator do Gênio).
- Investir na esperança e no otimismo.

Mas nem tudo está perdido. O George Costanza, do *Seinfeld,* nos ensinou que, se todos os instintos que tivermos estiverem errados, então o contrário teria que estar certo. Assim, permita-me apresentar o "Guia Costanza para Sobreviver a uma Queda da Bolsa". Onde tudo é o contrário.

- "Se caiu 50%, compre" quer dizer: é uma ação horrível. Venda.
- "Se o P/L é de 3, compre" quer dizer: um aviso de lucros ou prejuízos está próximo. Venda.
- "Se o dividendo for acima de 10%, compre" quer dizer: ela está prestes a cortar seus dividendos. Venda.
- "Se estiver acima da média do mercado, venda" quer dizer: é uma das poucas boas ações que restaram. Compre.
- "Há um suporte técnico no ponto X" quer dizer: abaixo do ponto X, não há suporte algum.
- "No longo prazo, tudo vai dar certo" quer dizer: no curto prazo, nada vai dar certo.
- "É para comprar, desde que não vá à falência" quer dizer que já está indo à falência.
- E a principal de todas: "Eu sou um Gênio" só pode querer dizer uma coisa: "Eu sou um completo idiota".

Nós não podemos voltar no tempo. Tudo o que podemos fazer é aprender e, talvez na próxima vez, nos lembrar. Um dia, o mercado sempre se recupera e, por algum tempo, ele vai oferecer muitos anos de retornos médios num período de tempo bem mais curto que o normal.

Haverá fortunas a serem feitas, mas só aqueles que tiverem inteligência suficiente para questionar as premissas, respeitar o embalo e cortar prejuízos vão sobreviver e colher os louros.

Uma última notícia, urgente!

O Gênio acabou de passar por aqui e declarou:

– Eu desisto. Vendam tudo.

Você já sabe o que fazer.

A hora do crepúsculo

Se você não der nenhuma responsabilidade a uma criança, ela se tornará irresponsável. Com os corretores é a mesma coisa.

Plunct, plact, zum. Estamos em 2025.

O ramo das corretoras de valores foi devastado pelo excesso de regulamentação e pelos litígios que vieram em consequência. O caso do Motorista de Ônibus Havaiano estabeleceu que todas as perdas dos clientes – passadas e presentes – podem ser recuperadas da corretora que efetuou a operação. Uma corretora depois da outra foi à lona, assolada pelo excesso de custos regulatórios e jurídicos.

A NYSEASXSFE Corp se transformou na empresa de maior capitalização do mundo, inchada com as multas predatórias impostas a seus membros.

A CommSecCMCETradeIG passou a ser a câmara de compensação de 94% das operações da bolsa.

A única corretora *full service* que permaneceu de pé, a RBS Goldman Were Credit Citi Bell Patersons Warburg, aumentou o requisito mínimo para se abrir uma conta para $10.000, com um seguro contra litígios no valor de $500.000.

O governo agora está preocupado com o fato de 99% da população estar operando sem qualquer tipo de orientação. E está aprovando a Reforma da Lei de Reforma de Serviços Financeiros de 2025. A nova

Nota do Autor – Essa coluna foi escrita pouco depois da introdução da Lei de Reforma dos Serviços Financeiros (Financial Services Reform Act). Os corretores vão entender. Os demais leitores têm minha permissão para virar a página.

regulação atende à necessidade de se proteger o setor de serviços financeiros dos processos jurídicos predatórios e vorazes dos clientes.

A Lei vem com os artigos a seguir.

A Regra "Conheça a Si Mesmo". Os clientes precisam atender à regra do Conheça a Si Mesmo: "Decisões de investimento tomadas sem se preocupar com as suas próprias circunstâncias financeiras não podem ser objeto de litígio".

Declaração de Opinião (DDO). Os clientes têm que ter uma opinião razoável sobre um ativo negociado no mercado, antes de mandar executar uma operação. Precisam mandar às corretoras uma Declaração de Opinião até três dias depois de cada operação.

PS 147. Qualificação obrigatória. Os clientes que não tiverem essa qualificação no mercado financeiro, não poderão fazer operações ou entrar com ações contra os fornecedores de serviços financeiros.

Declaração de honestidade. Os clientes precisam assinar uma declaração de honestidade, afirmando que vão atuar com integridade, honestidade e dentro de sua capacidade, ao aceitar um serviço financeiro. A não obediência a essa regra o impedirá de entrar com um processo sobre qualquer transação financeira.

Conclusão da operação. A exigência da ASX para se concluir a operação vai cair de D+3 (três dias depois da operação) para D-1 (um dia antes da operação). O dinheiro já tem que estar depositado no banco um dia antes da operação.

Princípio da detenção na própria recepção. As corretoras terão o direito de deter clientes que vierem pegar cheques na recepção ou que procurem abrir uma conta dando o número de uma caixa postal.

Princípio da retenção dos lucros. As corretoras terão o direito de reter os lucros auferidos pelos clientes nas operações em que a corretora acreditar que, se a transação tivesse dado prejuízo, o cliente teria virado as costas para ela. Destina-se a fazer as corretoras se reerguerem, depois de várias décadas simplesmente aceitando os prejuízos de operações desonestas executadas pelos clientes.

Princípios básicos. Os clientes não terão o direito de participar de processos, se utilizarem um *e-mail* da hotmail, disserem que têm pais ricos, não tiverem o nome na lista telefônica, ou usarem a expressão "putz".

Essa legislação de 2025 acaba sendo implementada e vai evoluindo. Em 2020, o Tesoureiro do dia, que já foi corretor, apresenta a Lei de Simplificação dos Serviços Financeiros. Ela tem um único princípio central que acaba com vinte anos de complicações desnecessárias, por parte de funcionários públicos passageiros. Só tem um artigo.

Art. 1º. Os mercados financeiros voltarão a trabalhar sob o princípio de que "minha palavra é meu compromisso".

Nós costumávamos trabalhar perfeitamente bem sob o lema *Dictum Meum Pactum* (minha palavra é meu compromisso). Esse é o lema da Bolsa de Valores de Londres. Do jeito que se encontra o regime regulatório atual, seria de se pensar que a integridade da bolsa de valores e de seus membros não valem nada para o governo.

Se você não der qualquer responsabilidade a uma criança, ela se tornará, por definição, irresponsável. Os profissionais dos serviços financeiros vão se desenvolver sem qualquer integridade, se isso não lhes for concedido.

Bodge e Filth

A bolsa tem o poder de nos tornar financeiramente irresponsáveis.

Eu conheço o Bodge e o Filth desde o tempo da escola. O Bodge chegou a ser um operador de títulos famoso no banco estatal francês, o Crédit Agricole. Usando um algoritmo próprio que ele desenvolvera de maneira um tanto ingênua numa calculadora HP-12C, ele havia, por confissão própria, jogado fora tantos milhões de libras calculando erradamente os *spreads* dos títulos que já pensavam em chamar o banco de "Debit Agricole". O governo francês teve que vender a empresa, o que acabou acontecendo.

Embora um fracasso tão retumbante provavelmente obrigaria um menino de escola pública da Inglaterra a se contentar em trabalhar como chefe de operações do Banco Mercantil do Papai, Bodge, no caso, foi alçado ao *status* de lenda, e sua mera presença era celebrada nos bares de Londres. Se tem uma coisa que faz você cair com toda a certeza nas graças da City, é a capacidade de incutir qualquer sofrimento a um francês. Ele era o máximo na cidade e brindava a todos que o escutassem com suas histórias de como ele e uma mera calculadora HP 12C haviam obtido êxito onde o rei Haroldo e todo o exército inglês haviam fracassado.

Bodge também ficou famoso por literalmente apagar as luzes da filial londrina da Exco, de Alan Bond (empresário inglês estabelecido na Austrália, que faliu em 1992, deixando quase AU$ 2 bilhões em dívidas). Sempre que havia um dinheirinho rápido a ser ganho, lá estava Bodge, até o dinheiro acabar, o que inevitavelmente acontecia.

Da mesma maneira, Filth, para nossa sorte, se deu tão mal em Londres que acabou sendo enviado para um então desconhecido confim do Império Britânico chamado Hong Kong. Filth (*Fracassou em Londres, Tente Hong Kong*) era uma mercadoria rara e preciosa, e, com a chegada das apostas de *spread*, ele era o nosso homem de dentro – ele sabia o que ia acontecer na Ásia, antes que soubéssemos em Londres.

A apostas de *spread* começaram em Londres, na década de 1980. Eu me lembro bem daquele tempo. Anúncios no *Financial Times* de uma nova empresa chamada City Index, que se oferecia para aceitar nossas apostas na direção do índice FT All Share, ou de qualquer outro índice. Incrível, pensamos. Poder apostar contra meros *bookmakers* no nosso ramo de expertise (e não no campo deles). Ficamos maravilhados com essa oportunidade de fazer uma limpeza e abrimos rapidinho nossas contas de apostas. Esses amadores não iam ficar por muito tempo nesse negócio.

E assim começou nossa educação.

Armados com o Filth e as nossas contas de apostas de *spread* na City Index, onde se ia pagando à medida em que se ia apostando, nós começamos a apostar feito loucos no índice Hang Seng de Hong Kong, um índice que podia oscilar 300 pontos num só dia. Não dava para acreditar no filão que havíamos descoberto.

Dois meses depois, eu estava fora. Ganhando £18.000 por ano, existe um limite até onde dá para brincar com o Hang Seng ou a City Index a £10 por ponto. Bodge, por sua vez, estava numa estirada boa, e sua persona já bastante espalhafatosa se ampliou para as alturas de um Champagne Charlie dos dias de hoje. Sempre num bar, sempre sorrindo, sempre pagando tudo, e, embora eu diga isso sendo um homem bem casado, um dos homens mais atraentes do nosso círculo – com aquele brilho nos olhos de que qualquer coisa pode acontecer, sabe Deus lá o quê, que fazia as senhoritas abrirem suas personalidades para ele, sem a menor necessidade de pesquisarem a persona mais ampla que se escondia por trás daquela fachada.

Eu achava que ele era rico, mas um telefonema de socorro tarde da noite e um exame da conta que ele tinha na City Index me explicaram tudo.

Bodge era um dos maiores machos nos livros de contabilidade da City Index, e "macho" era a maneira como ele operava. Ele começou apostando £10 por ponto, mas uma série de sucessos fez com que ele aumentasse a aposta. Acontece que, quando você não sabe se vai ganhar ou perder £30 mil numa só noite, ninguém se importa muito com quem é que vai pagar a comida, a conta do bar, ou até se você ganha salário.

E é assim que a bolsa de valores tem a capacidade de nos transformar em pessoas financeiramente irresponsáveis. Com tantos milhares de dólares voando nos bastidores, é difícil levar a sério aquele dinheirinho nosso do dia a dia, e, com tanto crédito à disposição, nós esquecemos que ele é uma dívida que tem que ser paga. E isso, como a crise financeira nos ensinou, era e continua a ser a raiz de todos os males. Passado o pior da crise, nós estamos entrando num período (meio monótono) de voltar a levar a sério o dinheiro e as dívidas.

Ou, pelo menos, o que sobrou.

E o Bodge? O Bodge fundou uma das primeiras e mais bem-sucedidas casas de apostas *on-line* da Inglaterra. Ele nunca parou de apostar. Só passou para o outro lado dos trilhos. Quem é que sabe mais sobre a facilidade com que os idiotas se separam do próprio dinheiro do que outro idiota?

Ricas, sem estarem aposentadas

Invista em empresas onde as pessoas trabalhem com paixão.

Provavelmente eu sou uma das poucas pessoas aqui da Austrália que torcem para nunca ganhar na loteria, porque ganhar um milhão de dólares seria a maior ameaça individual ao meu casamento. Sendo um parceiro que teve toda uma formação financeira, eu sei o quanto vale um milhão de dólares, e não é muito – cerca de uns $58.069 por ano, antes dos impostos, à taxa de mercado atual, se investido em títulos de 10 anos, livres de risco. Só isso. E é aí que está o problema: como convencer a Sra. "Ah, não, eu já tenho esses sapatos há muitos anos" de que não dá para gastar ou doar toda essa enxurrada de dinheiro.

Parece uma burrice de se dizer, mas um milhão de dólares não é lá muito dinheiro. Não garante mais o resto da sua vida. Tratar um milhão de dólares como dinheiro para se gastar quando se tem muitas obrigações a cumprir é uma loucura só. Eu já vi acordos de divórcio, ganhos na bolsa e dinheiro de herança sair voando pela janela. Se o dinheiro vem rápido, de uma vez só e de surpresa, então é pior ainda. O novo milionário provavelmente irá direto à concessionária de automóveis, à imobiliária ou à Westfield Shoppingtown.

Pensar que com um milhão de dólares dá para se aposentar é um pensamento imbecil, especialmente se você pegar dois anos errados na bolsa ou dez anos errados de inflação. Então, de quanto nós precisamos para fazer uma diferença? Qual a quantia necessária para se mudar de vida, ou se aposentar de verdade? Essa quantia existe? Seria um milhão? Cinco milhões? Para alguns de nós, esse número não existe. Veja o caso do Warren Buffett ou do Bill Gates. Eles não se aposentaram. Será que o primeiro bilhão de dólares não foi o suficiente para eles?

Para falar a verdade, não. Gente como Warren Buffet gosta do que faz, mais do que de dinheiro. Buffett ama seus investimentos. Gates ama fazer negócios. Rupert Murdoch ama a mídia, os negócios e o poder.

As pessoas que dizem que vão se aposentar quando chegarem a X milhões de dólares nunca vão chegar lá, porque elas claramente não gostam do que fazem. Elas realmente *querem* se aposentar. Para ser realmente rico, você tem que gostar de trabalhar e, para isso, você tem que amar o que faz e nunca querer parar.

Todas as pessoas ultrarricas não são sortudas. Elas só mergulharam mais fundo, deram mais duro, estabeleceram prioridades na vida e foram bem-sucedidas, não porque tudo isso foi difícil, mas porque foi *fácil*. Se a sua vida é muito difícil, vai ser muito improvável que você enriqueça. A vida é fácil para os apaixonados, quando a paixão coincide com os negócios deles.

É claro que é mais fácil quando não se tem responsabilidades. Aqueles de nós que têm filhos e têm que pagar as prestações da casa própria, que têm esposas e expectativas simplesmente vão ter que fazer o que tiver que ser feito, e para muita gente a paixão simplesmente não é comercial. Depois ainda existem aqueles que não põem o trabalho acima da família, dos esportes ou do *hobby*. Tudo bem, a escolha é deles. Mas existe uma alternativa a erguer o próprio negócio. Se você não consegue amar o que faz ou ganhar dinheiro com aquilo que ama, una o seu dinheiro a empresários que amam o que fazem. É bem provável que eles sejam um bom investimento.

Os Wiggles se propuseram a divertir crianças, e o dinheiro entrou. A maioria dos outros grupos infantis quer ganhar dinheiro com o entretenimento. Em qual dessas filosofias você deveria investir? É a mesma coisa nos diversos ramos da economia. Identifique os valores centrais. O CEO da Cochlear, Chris Roberts, costumava chacoalhar latinhas nas ruas de Melbourne, tentando angariar fundos para suas ideias. Você acha que ele se preocupa em ajudar milhares de pessoas a ouvir pela primeira vez? É claro que se preocupa.

Todos nós deveríamos estar procurando por gente assim pelo mundo. Algumas dessas pessoas são muito fáceis de serem vistas. Elas são "ricas, sem estarem aposentadas". Elas têm mais do que X milhões de dólares, mas continuam trabalhando. Essas pessoas foram bem-sucedidas porque amam aquilo que fazem e continuam amando. E, por causa disso, há uma boa chance de elas continuarem bem-sucedidas. Invista seu dinheiro nelas. Vire acionistas dessas empresas.

Moral da história

- Invista em pessoas que amem aquilo que fazem.
- Invista em pessoas que sejam donas de grande parte de suas empresas.
- Procure médicos apaixonados em pequenas empresas.
- Se a sua vida for difícil demais, seria possível fazer outra coisa?

O que deu errado?

Alguns conceitos equivocados.

Toda religião tem um credo – práticas que de repente passaram a ser aceitáveis, simplesmente porque foram aceitas.

Entre elas estão estas.

- O uso que a bolsa faz de desempenhos passados para guiar o futuro.
- Um desejo imenso de fazer IPOs.
- O fato de uma carteira ter em média 20 ações.

Mas o simples fato dessas práticas terem sido aceitas não quer dizer que elas estejam certas. Está na hora de desafiar esses credos.

Desempenhos passados como um guia para desempenhos futuros

Um pilar central do setor de serviços financeiros é pegar os retornos passados e projetá-los para o futuro, na forma de retornos esperados. Além disso, uma de nossas principais premissas é a de que, se o desempenho de um administrador de fundo (ou de qualquer consultor financeiro) foi bom no ano passado, ou nos últimos cinco anos, vai continuar sendo assim no próximo ano. Mas como qualquer um que tenha tido lições básicas de estatística irá lhe dizer, dentro da distribuição normal dos retornos aleatórios (com ênfase no "aleatórios"), vai haver alguns eventos que são realmente extraordinários. Como alguém jogando cara ou coroa e tirando dez caras seguidas. Isso é possível e está dentro da distribuição normal dos retornos aleatórios, mas continua sendo aleatório. Portanto, o fato de alguém ter tirado dez caras seguidas não tem a menor relação com o próximo resultado – se vai ser cara ou coroa. Pense nisso na próxima vez em que ler um reluzente folheto de performance financeira. Você pode estar olhando para um ganhador da loteria com um excelente departamento de *marketing*.

Eu tenho um amigo administrador de fundo que deliberadamente se apresenta e efetivamente busca um desempenho consistente de segundo quartil (isto é, um desempenho que o coloque entre os melhores 25 a 50% dos retornos obtidos pelos administradores de fundos). Quando você for contratar um administrador de fundo, é isso o que deve procurar – um desempenho consistentemente acima da média. Aqueles do primeiro quartil (os primeiros 25%), por definição, tiveram que correr riscos significativos para se dar melhor do que os outros. Você pode até se associar a eles, mas o risco é seu. É pouco provável que eles venham a repetir o desempenho. Em outras palavras, um retorno consistente e acima da média é melhor do que ser brilhante só por um momento.

As carteiras com 20 ações

Se você realmente quer obter retornos de longo prazo, por que então deveria montar uma carteira com ações diferentes, em vez de simplesmente investir num fundo de índice? As chances de errar a mão com 20 ações são as mesmas de acertar, especialmente se você tiver uma postura preguiçosa e desinteressada, que só pensa no longo prazo. Se tudo o que você estiver a fim de capturar for o mero desempenho de mercado, ou o das mineradoras, ou dos bancos, por que não escolher apenas algumas ações específicas? Esse tipo de tática é um convite para os acidentes.

Em vez disso, compre um fundo de índice. É uma operação mais barata de ser executada, a administração é infinitamente mais simples, e, para o investidor de longo prazo, os retornos são os mesmos e às vezes até melhores. O investimento também é inteiramente livre de "culpa". Ninguém é responsável pelo índice. Por outro lado, se você comprar ações individuais, vai se ver diante de um mundo de pesquisas de analistas, vai ter que redobrar sua vigilância e executar um enorme pingue-pongue mental. Tem gente entre nós que adora isso. Mas, se não for o seu caso, o que há de errado em investir num índice, em vez de numa carteira completa de 20 ações? Além do fato de o setor de serviços financeiros não ganhar nada com isso, e de que nós não temos o menor interesse em promover esse tipo de produto.

Ofertas Públicas Iniciais (IPOs)

O interesse que o público em geral tem pelas IPOs chega a ser quase constrangedor. Colocando de maneira bem simples, tem gente que acha que entrar numa IPO é a mesma coisa que ganhar dinheiro de graça. Por alguns meses, antes do estouro do *boom* da tecnologia, era mesmo. Mas esse sucesso se baseou em duas mercadorias muito simples: esperança e ignorância. Durante o *boom* da tecnologia surgiu a ideia de que uma chance de participar numa IPO era um presente dos céus.

Mas não é nada disso. É só dar uma olhada no histórico das IPOs, e os retornos médios não são nada bons.

O apetite em torno das IPOs chega a fazer mal à saúde e gera uma falsa demanda que, por definição, vai fazer uma empresa ter um valor maior do que deve já no primeiro pregão, ou logo a seguir. Resultado final? O erro de avaliação não vai durar muito tempo, as pessoas vão perder dinheiro, e a companhia vai perder investidores que ela batalhou para conseguir por causa de uma decepção no curto prazo. Por isso, IPOs não são dinheiro de graça. As empresas que partem para uma IPO quase sempre arrancam tudo que podem no preço da emissão. E, assim, as chances de você ganhar algum dinheiro na verdade são muito poucas. Todo mundo tem que ficar com um pé atrás na hora de uma IPO. Leia o prospecto de emissão com um pouco mais de cuidado e invista olhando para o futuro, e não só por um dia.

Talvez alguns de vocês não tenham ouvido a famosa regra de ouro das IPOs: Se ela for boa, ninguém vai oferecer a você. E, se oferecerem, é porque não presta.

Morto, mas nunca esquecido

Arrependimentos não servem para nada. Nem para as viúvas.

Uma vez eu tive uma "cliente relâmpago" que queria vender toda a carteira de ações de seu falecido marido. O espólio de uma pessoa falecida é uma espécie de campo minado na nossa profissão, porque você tem que ter certeza de que o defunto está realmente morto, antes de sair vendendo tudo e passar o numerário para outra pessoa.

Essa administração é um dos pontos altos da carreira de um corretor. Nós temos que poder provar que quem quer que esteja dando uma ordem de venda efetivamente tenha esse direito, e que o dinheiro seja realmente transferido para o legítimo proprietário, e ninguém mais.

Junte tudo isso, e todo um manancial de operações erradas acontece, e, como qualquer corretor poderá lhe dizer, na bolsa de valores, os erros, sem qualquer motivo especial, vão sempre se voltar contra você, e sempre com uma dose de veneno bastante razoável para infernizar a sua vida. É por isso que existe tanta burocracia nas corretoras.

É um saco – mas absolutamente necessário.

A carteira, nesse caso específico, tinha algumas compras realmente espantosas e, para falar a verdade, valia uma fortuna. Na lista, estavam ações da BHP compradas ainda no tempo das libras, xelins e pence (ou seja, antes de 1966!).

Mas a sortuda da viúva ainda não estava satisfeita. Nem todas as suas experiências na bolsa tiveram resultados agradáveis. Alguma coisa estava remoendo dentro dela, e ela não tinha o menor pudor de contar a história para quem se dignasse a ouvir.

Infelizmente, seu pai falecera durante a guerra. Parte da herança era uma carteira de ações, que ficou para ela, a mãe e a irmã. Depois da guerra, a mãe se apaixonara por outro homem, e ele a convenceu de transformar toda aquela carteira em dinheiro. Ingênua demais para se impor sobre ele, o portfólio foi vendido, e o resultado distribuído.

Muitos anos depois, a mãe viria a morrer, e, na administração do espólio dela, o testamento do pai voltou a aparecer. No rol dos bens estava a tal carteira de ações que ele tinha deixado para as filhas. Nele vinha a lista das ações propriamente ditas e toda a documentação de compra com o papel timbrado da corretora Ian Potter & Co.

Para se distrair um pouco, e instigada pela lembrança da má escolha que sua mãe fez do parceiro – um verdadeiro assassino da carteira de ações –, e tendo herdado o respeito que o pai tinha pelo dinheiro e pelo mercado acionário, a senhorita começou a rastrear o valor atual daquele portfólio. Sua investigação dos atos pós-homicídio da carteira, das trocas de nomes, do desmembramento das ações, dos bônus e dos dividendos era digna de um Sherlock Holmes. O resultado final era uma planilha Excel que recalculava *diariamente* o valor de uma série de ativos que não existiam mais.

O tamanho do arrependimento era de $11,4 milhões (em 1998), apesar de todo o lote ter sido vendido na década de 1940. Isso acabou gerando duas coisas. Uma imensa tristeza e, o que é de surpreender, um desgosto profundo pela empresa que arquitetou as vendas, nessa época a Potter Warburg.

As corretoras estão acostumadas a levar a culpa. Faz parte do trabalho delas. É para levar a culpa que os agentes ganham suas comissões. É uma recompensa pelas responsabilidades que assumem e para levar a culpa de tudo o que dá errado na vida de todo mundo, por causa de alguma operação que elas podem ou não ter realizado. As corretoras de valores, os corretores de imóveis e os vendedores de carros usados conhecem bem essa ladainha. Mas, no que diz respeito à culpa, os vendedores de carros usados e os corretores de imóveis contam com uma grande vantagem sobre as corretoras de valores.

Quando alguém lhe vende um carro, os dois lados sabem que aquele produto irá se desvalorizar. O vendedor não é responsável por isso. Quando um corretor de imóveis lhe vende uma casa, você tem algum lugar para morar. Esse costuma ser o objetivo principal de um negócio imobiliário. O corretor não é responsável pelo que venha a acontecer depois.

Mas, quando uma corretora de valores faz uma transação, o preço da ação fica aparecendo bem visível nas colunas dos jornais, pelo resto da vida – e, no caso da Ian Potter & Co., mesmo depois do fim da vida da empresa. Junte-se a isso o fato de que toda e qualquer operação na bolsa tem uma "contraparte" – ou seja, toda e qualquer transação cria um vencedor e um perdedor para a vida inteira.

O que leva à regra de ouro de que os clientes sempre ficam com todo o crédito quando ganham, e as corretoras sempre ficam com toda a culpa quando o cliente perde. Acho que assim você está começando a entender o nosso trabalho.

Mas nós fornecemos esse serviço com a maior felicidade. Faz parte do trabalho assumir a responsabilidade pelos nossos clientes. Fazê-los ganhar dinheiro e aliviar a dor quando perdem estão incluídos no serviço. Se isso quer dizer que nós devemos carregar a culpa, que assim seja.

A Ian Potter & Co. forneceu esse serviço "gratuito" à nossa garota de sorte pelos últimos 68 anos, e, para tanto, ela deve ter ganho uma comissão de alguns poucos xelins. Que testemunho incrível do valor das corretoras *full service.*

Venda em maio e caia fora

As anomalias da bolsa.

Existe uma série de anomalias sazonais na bolsa, que incluem o Efeito Janeiro, o Efeito Segunda-Feira, o Efeito Sexta-Feira, o Efeito Virada do Mês e o Efeito Férias.

Já está provado que, apesar dessas anomalias até poderem existir, graças aos custos de transação, não dá para se obter um lucro real com elas. Mas não permita que isso o desanime.

Existe uma anomalia sazonal com a qual você *pode* ter um lucrinho. Ela vem do ditado "venda em maio e caia fora".

Todos nós conhecemos a expressão Venda em Maio e Caia Fora – e em 2006, 2007 e 2008 ela deu certo. Parece que foi uma superstição bem calculada. Se você realmente tivesse vendido suas ações em maio nesses três anos, poderia muito bem ter tirado umas férias antes de a bolsa voltar a se recuperar.

Mas Venda em Maio e Caia Fora não passa de uma superstição boba mesmo. Suas raízes vêm da Inglaterra, e é óbvio que ela deixou de ter qualquer sentido há décadas. O que talvez você não saiba é que, superstição boba ou não, o fato é que *ela dá certo.*

Desde 1936, o retorno médio do índice All Ords nos seis meses anteriores a maio (de 1º de novembro a 30 de abril) é de 5,1%.

E, desde 1936, o retorno médio do índice All Ords nos seis meses posteriores a maio (de 1º de maio a 31 de outubro) é de 2,4%.

Colocando de outra maneira: desde 1936, as suas chances de ganhar dinheiro na bolsa nos seis meses que antecedem maio foram mais do que o dobro de suas chances de ganhar dinheiro nos seis meses posteriores a maio. (Se você fizer os mesmos cálculos depois do *Crash* de 1987 para excluir a queda livre daquele mês de outubro, os números continuam sendo 2,3 e 5,9%, de modo que o *Crash* de outubro de 1987 não é responsável por essa estatística.)

Essa é uma revelação realmente incrível, mas verdadeira, e, como você vai ver mais à frente, um estudo empírico mostra o mesmo fenômeno em uma série de outras bolsas pelo mundo afora.

Mas primeiro, há muita discussão sobre de onde vem essa máxima do mercado. Os ianques acham que tem alguma coisa a ver com o Halloween. Mas é preciso um inglês para contar direito essa história. Portanto, vamos esclarecer esse assunto de uma vez por todas.

Maio é o início da temporada social dos ingleses, no verão. É a época do ano em que o tempo começa a esquentar, e as flores e as árvores começam a desabrochar. O calendário social tem início com o feriado de Primeiro de Maio (com mastros enfeitados e tudo o mais), seguindo-se a temporada de pólo, que é rigorosamente organizada, e o primeiro jogo de críquete entre seleções, o início da pesca das trutas, a temporada Point-to-Point de esportes equestres, a temporada de croqué, as corridas do Royal Ascot e do Glorious Goodwood, o torneio de Wimbledon, a Henley Royal Regatta, a regata de Cowes (Cowes Week), a temporada de caça aos faisões e aos lagópodes brancos, logo seguida pela temporada de caça aos patos e gansos. Tudo termina com a corrida de St. Leger, em Doncaster, na Inglaterra, no início do setembro. O mês de outubro é quase vazio. É hora de trazer o pessoal de volta da caça, de passar óleo nas selas dos cavalos e de aquecer os cachorros.

O ditado original, em inglês, era *Sell in May and Go Away, but come back on St. Leger Day* (Venda em Maio e Caia Fora, mas não deixe de voltar no dia de St. Leger). Os principais operadores da bolsa naquele tempo eram os aristocratas ingleses. A temporada social de verão transformava a bolsa num verdadeiro deserto. Não havia motivo algum para se continuar trabalhando. Não havia motivo algum para se ter o dinheiro aplicado na bolsa e os olhos nas eguinhas. O melhor era vender mesmo em maio e só voltar no final da temporada social.

O ditado durou porque rimou, e, se existisse uma palavra que em inglês rimasse com janeiro ou abril, então o Venda em Maio e Caia Fora talvez nunca tivesse durado tanto tempo. Mas durou, e certamente ajudou muito o fato de que o ditado continua sendo verdade.

(A propósito, tem uma série de palavras que em inglês não rimam com coisa alguma, como *orange* – laranja – e *chimney* – chaminé. Peça aos seus filhos para arranjar uma palavra que rime com uma dessas duas. Isso sempre consegue mantê-los calados por uns dez minutos.)

Além de tudo isso, um estudo de 37 bolsas de valores realizado pela Bouman and Jacobsen, em 2001, concluiu que, em 36 dos 37 países pesquisados, "os retornos de novembro a abril são vigorosos na maioria deles, enquanto os retornos médios no período que vai de maio a outubro não ficam muito longe de zero e muitas vezes chegam a ser negativos". Eles também afirmaram que esse efeito é particularmente forte nos países europeus, a ponto de se tornar "bastante visível através dos tempos" e que, na Inglaterra, "esse efeito pode ser observado desde 1694". Eles analisaram uma série de explicações possíveis, mas afirmaram que "nenhuma delas parece explicar esse enigma de maneira convincente".

A Bouman and Jacobsen é uma empresa holandesa, e os sócios provavelmente nunca estiveram na Henley Royal Regatta.

Isso foi só para dar um exemplo. Uma análise de pesquisa pode ser muito boa, mas, se você estiver a fim de sabedoria, é mais provável que você a encontre bebendo uma caneca de Pimm's em junho, enquanto alguns malucos fanáticos ficam remando para cima e para baixo.

(A propósito, na temporada social de 2009, os jogos de seleções foram precedidos pela World 20-20 Cricket Cup, onde a Holanda venceu a Inglaterra no jogo inicial, um resultado que teve muita repercussão. O jornal *Sun* de Londres deu a seguinte manchete naquela época: Tapados 1, Burros 0.)

Assim fica claro por que você deveria vender em maio e se mandar, embora eu tenha que dizer que isso não tem lógica alguma, e que, se você tivesse feito tudo certinho e seguido as regras, se sentiria um perfeito idiota e, além disso... desde quando a performance passada tem o poder de ditar a performance futura?

Vale a pena citar mais algumas observações sobre a relação entre o calendário e a bolsa de valores.

- Em matéria de volatilidade, o mês mais arriscado é outubro.
- O menos arriscado é junho.
- O retorno médio anual composto do All Ords desde 1875 é de 5,066%.
- Na Austrália, as pessoas dizem que, quando o mês de junho é fraco, foi porque os investidores constataram seus prejuízos antes do novo exercício financeiro. Elas esperam que julho seja melhor, porque o dinheiro novo que foi depositado nos fundos fechados terá que ser investido e por conta dos recursos gerados em junho pela realização dos prejuízos, que deverão ser reinvestidos.
- Pelas estatísticas, o melhor mês é o de janeiro. Acredita-se que isso se deva à retomada de Wall Street, já que janeiro é mês de entrar dinheiro novo no mercado, com o início do ano novo financeiro deles (O Efeito Janeiro).

Moral da história – Venda em Maio e Caia Fora não é uma estatística na qual você deva basear seus investimentos, e é preciso reconhecer que se trata de uma observação de "índices", uma média. Se você tiver algum talento para fazer investimentos, as opções que fez para a sua carteira de ações devem estar acima da média do mercado, e você deve ignorar o fenômeno do Venda em Maio e não basear suas operações nele. E, com certeza, aquele ano em que decidir vender suas ações em maio, vai ser o ano em que essa estatística não vai se confirmar.

Iêiê, Mané

Perfil de um cliente fajuto.

Fraude. Tudo não passa de uma fraude. Essa bolsa... A ASX, um dia, emitiu um alerta avisando as corretoras a respeito de "uma ou mais pessoas ativamente envolvidas no uso de identidades falsas na hora de abrir uma conta corrente".

Realmente, não dá para trabalhar desse jeito. Isso acaba com o nosso negócio! No que que a bolsa se transformou? Não ser capaz de operar com um nome falso? Ridículo! Isso é uma verdadeira tradição na Austrália!

Agora, falando sério, o mercado mudou. A bolsa se ergueu sobre o princípio de que *my word is my bond* – "minha palavra é meu compromisso". Era uma instituição respeitada, e seus membros assumiam a responsabilidade de manter a integridade e os princípios estabelecidos por várias gerações antes deles. Mas, relutantemente, nós acabamos abrindo mão de tudo isso, quando os membros da ASX venderam essa responsabilidade para uma corporação e obtiveram um lucro enorme, de uma vez só. A cultura mudou.

Os tradicionais princípios de honra, respeito e reputação são difíceis de se manter quando não existe uma "pessoa" responsável por eles – quando são substituídos por regras de negócio, acionistas, pela busca do lucro e pela lei. As coisas degringolam, e as gerações que se seguem passam a operar irresponsavelmente. Agora tudo é em função da lei e de você ser pego ou não pelo que faz – sejamos francos: a fiscalização da bolsa de valores tem pouquíssimos profissionais. As pessoas que costumavam policiá-la eram o próprio tecido do ramo e estavam em todas as mesas, em todos os cantos. Mas hoje eles não são mais responsáveis pela reputação do mercado. Sem elas e sem esses princípios, as pessoas fazem as coisas que *podem* fazer, em vez daquilo que *deviam* fazer.

Fazer algo errado e escapar é uma prova de inteligência. Foram-se os dias em que as pessoas não faziam as coisas porque depois não conseguiam viver com aquele peso na consciência, se preocupavam com a própria reputação e com o que as pessoas iriam pensar delas.

O maior risco que os operadores correm são os erros e a hora em que uma operação tem que ser paga. Entre os erros se incluem o ato de executar uma ordem na quantidade ou da ação errada; ou nem sequer executar uma operação, quando você recebeu ordens para isso. É a Lei de Murphy aplicada aos erros: tudo o que puder ir contra você, com certeza irá. E vá encontrar alguém que tenha ganho dinheiro cometendo erros.

O outro grande risco é a hora de pagar a operação – ou seja, o risco de um cliente não pagar suas ordens. É um risco bem real, e é responsabilidade pessoal do corretor cobrir qualquer perda advinda da conta de um cliente – pagar em nome do cliente, se este se recusar ou não puder pagar.

Isso não tem nada de mais porque 99,99% dos clientes pagam as suas contas, mas, perambulando no meio do mercado, existem as exceções. Os *maus* clientes. Clientes que querem operar sem ter capital. Clientes que querem incorporar todos os lucros, mas cair fora na hora do prejuízo. Clientes que procuram uma corretora que seja suficientemente burra para deixá-los jogar os dados sem ter dinheiro no banco.

Todo corretor tem uma história para contar sobre quanto dinheiro eles ou os colegas perderam com um cliente que não pagou suas operações, não tinha dinheiro para pagar, desapareceu ou que sequer existia.

Como eu mesmo passei pessoalmente por algumas dessas más experiências, os sinais de um mau cliente são agora bastante óbvios. É tudo uma questão de dinheiro. Que não existe.

Tem um idiota que circula pelo subúrbio de Moorabbin que me deve $12.000. Aprendi muito com ele. A propósito, o nome dele é Nick. De nome e de natureza (*Nick*, em inglês, também significa tapear, dar o calote, enganar; e, Nick Leeson foi um dos grandes vilões da bolsa, na década de 1990). E foi isso o que ele me ensinou: a arte de perceber um cliente fajuto.

- Ele parece saber muito sobre a bolsa de valores, mas, milagrosamente, não tem nenhum corretor.
- Ele não se lembra como foi que conseguiu o seu nome.
- Ele engasga na hora de falar o próprio nome.
- Suas operações valem mais do que o carro dele.
- Ele quer operar com você no mesmo dia em que o conheceu.
- Está sempre com pressa.
- Ele nunca quer se encontrar com você pessoalmente.
- É capaz de assinar qualquer coisa.
- Nunca assina nada.
- Tem uma assinatura ridícula.
- Ele tenta negociar sua comissão, antes mesmo de perguntar quais são suas qualificações.
- Ele só quer que as ordens sejam executadas, mas não quer fazer isso pela internet.
- O *e-mail* dele é do hotmail.com.
- O endereço dele é uma caixa postal (hoje isso é proibido).
- Ele lhe conta qual é seu apelido.
- Ele não quer operar no próprio nome.
- O único telefone que ele tem é celular.
- Ele não atende o telefone usando o próprio nome.
- Ele faz uma ordem grande de compra e outra de venda, abaixo do preço do mercado.
- Ele faz uma ordem grande, logo antes de a bolsa fechar.
- Ele diz "você comprou para mim", em vez de "eu comprei".
- Usa expressões do tipo "eu sou um homem de palavra", "Iêiê, Mané", ou "você me conhece...".
- Ele tem que vender tudo, antes de a bolsa fechar.

- Ele nunca pede para você deixar o cheque na recepção.
- Ele muda de time no meio do campeonato.

E ainda tem muito mais. Aqui vai uma pérola de sabedoria no valor de $12.000 para os corretores: não assuma qualquer responsabilidade financeira pelos seus clientes. E, clientes, não esperem que os corretores assumam essa responsabilidade. Lamento informar, mas os poucos desonestos estragaram a vida dos muitos honestos.

The Horn of Plenty

A decisão de casar é sua.
E, se errar, não vá pôr a culpa no padrinho.

Setembro de 1988. West End de Londres. Dia do meu (primeiro) casamento. Um Porsche conversível rasga pela Greyhound Road a caminho da igreja de St. Andrew, na Little Road, em Fulham, quando, vislumbrando a paróquia e os primeiros convidados que chegaram incrivelmente cedo, meu padrinho Martin dá um cavalo de pau na rua estreita e vai parar quase que na outra calçada, com a frente apontada na direção oposta à igreja, mas visivelmente perto dela. Ele desliga o motor e tira a chave da ignição.

Ele deixa a cabeça cair e suspira.

– Muito bem – diz, voltando a erguer a cabeça. Olhe para mim. Marcus, – fala, numa voz que parece mais de um diretor de colégio, – os dois melhores restaurantes de campo na Inglaterra são *The Horn of Plenty*, em Devon, e o *Waterside Inn*, em Bray. Como gosta de dirigir, Lorde Orpington deixou uma mesa reservada no *The Horn of Plenty*.

(Martin tem o hábito de reservar mesas nos restaurantes, em nome de "Lorde Orpington mais um amigo". É impressionante o que se consegue quando pensam que você é lorde.)

– Se a gente sair daqui agora, a gente chega lá para os aperitivos, um *tour* pela adega e depois o jantar. Eles fazem um suflê de queijo de cabra cozido duas vezes que é absolutamente maravilhoso, e depois a gente pode ir para os alojamentos, ou seguir para Liskeard, onde eu conheço uns gaiatos que iriam adorar ver a gente.

"Você pode escolher. Nessa direção...", ele diz, apontando para a frente do carro, "fica *The Horn of Plenty*, um belo suflê de queijo de cabra e o resto da sua vida". Sorri. "E naquela...", faz uma careta, apontando para a igreja, sem sequer olhar para ela, "...estão duzentos convidados, uma garota que há três meses jogou a aliança de noivado na sua cara, o seu casamento e uma vida completamente diferente. Agora é com você. As malas estão feitas, e nós estamos prontos para partir. A escolha é sua".

Ele parou. Antes que eu pudesse abrir a boca, lá foi ele de novo.

– Mas, antes de escolher, me deixe só dizer o seguinte. Lembre-se desse momento. Lembre-se bem dele e lembre-se de mim, Martin, que estou aqui, pronto para lhe levar até *The Horn of Plenty*. Lembre-se bem disso e nunca, mas nunca mesmo, venha me procurar dizendo "Martin, por que você não me avisou?"

Voltou a deixar a cabeça cair.

– Muito bem. O que que você quer fazer?

Eu peguei o espelho retrovisor e virei, de modo a poder enxergar a igreja. Dava para ver os convidados perambulando por ali, meu pai gesticulando para as recepcionistas e minha mãe radiante com um chapelão de aba azul, recebendo a todos. Olhei para o Martin e sorri.

– Valeu a tentativa, Belsh. Agora vira essa belezinha e vamos logo para o casamento.

– P#$@ m#$%@ - ele gritou, batendo com a cabeça no volante. O Martin adorava os tais suflês de queijo de cabra.

Trabalhar como corretor é muito parecido com a função de padrinho. Cabe a ele levar o noivo até o altar e dar alguns conselhos pelo caminho. No meu caso, o conselho foi bom, e a decisão, ruim. Eu devia tê-lo escutado. Acabou custando cinco anos da minha vida, além do almoço que perdi na companhia do Lorde Orpington. Mas eu consigo viver com isso. Fui inteiramente responsável.

A mesma coisa acontece quando você compra ações por meio de uma corretora. A responsabilidade é sua por aquilo que faz. Você não transfere a "culpa" ou a responsabilidade ao corretor, porque pediu para ele executar a operação em seu nome. Você sabe disso. Por isso, quando alguma coisa der errado, vá em frente e diga à patroa que a culpa foi toda dele, mas você tem que saber que não foi.

É você quem vai decidir se quer se casar ou não. Se deixar seu futuro, sua vida matrimonial ou financeira nas mãos de outra pessoa, as decisões que vão ser feitas em seu nome nunca serão iguais àquelas que você faria. E, olhando com o poder do espelho retrovisor, elas com certeza vão fazer você se sentir insatisfeito. Se você não tem a capacidade de perceber se deve se casar ou não, então provavelmente não deve mesmo. Para você, existem aí os fundos administrados e uma reserva feita em nome do "Lorde Orpington mais um amigo", no *The Horn of Plenty.*

Dinheiro de monopólio

A Austrália está cheia de ações monopolistas.

Converse com um administrador de fundo e pergunte o que é que faz uma ação ser um grande investimento, e ele lhe dirá duas verdades: procure uma companhia que tenha um fluxo de caixa monopolista e grandes barreiras para a entrada.

A Austrália tem uma população pequena, uma economia pequena e uma bolsa de valores pequena. Como as companhias daqui tentam ganhar uma graninha em cima de uma população do tamanho da cidade de Londres, num país que é 25 vezes maior do que a Inglaterra, elas não podem ter muita concorrência. Se a Woolworths tivesse que competir do jeito que os varejistas de alimentos fazem na Inglaterra, ela simplesmente não existiria. Em Londres, você pode pôr o pé na rua num sábado de manhã e escolher entre uma série de varejistas que valem bilhões de libras, todos a menos de dois quilômetros de você, incluindo o Sainsburry, o Safeway, Argyll, o Aldi, o Tesco, o William Morrison, o Waitrose, o Marks & Spencer, o Co-Op e o Asda. Em Melbourne, você tem a Woolsworth, a Coles e o armazém local, seja lá ele qual for.

Nesse sentido, uma vez que a Woolsworth e a Coles se estabelecem num país de população extremamente pequena, como é o caso da Austrália, a posição que eles têm passa a ser simplesmente inexpugnável. Ninguém nunca irá competir com eles, pelo menos não até a população da Austrália se multiplicar umas três ou quatro vezes. É muito difícil ganhar dinheiro tendo que cobrir distâncias tão grandes. Até as planilhas das maiores empresas internacionais ficariam assustadas diante da perspectiva de entrar no mercado daqui, de tão grande que seria o preço a se pagar para zunir os monopolistas do poleiro deles.

No segmento bancário, é a mesma coisa. A população é pequena demais, as clientelas muito arraigadas, e o cartel é medonho. Não há margem de erro para se competir no varejo bancário. Se você quiser entrar no mercado, terá que se preparar para anos de uma sangria de recursos e gastar um dinheirão só para ter *market share*, antes mesmo de conseguir ter uma percentagem mínima. Simplesmente não vale a pena para os grandes *players* internacionais, não quando os mercados da Índia, da China e do resto da Ásia estão tão prontos para serem explorados. E é por isso que os grandes bancos internacionais não se estabelecem por essas bandas: porque ninguém quer competir por um banco de nativos teimosos, abrasivos e financeiramente pouco sofisticados (para se ter uma ideia, os cartões de crédito ainda são um negócio de alto crescimento por aqui), contra quatro bancos muito entrincheirados. Não é de surpreender que os grandes bancos internacionais tenham pouco interesse em atacar a Austrália.

É por isso que os bancos australianos podem cobrar uma tarifa adiantada na hora em que emprestam dinheiro (singelamente chamada de "taxa de abertura", mais conhecida como "taxa que podemos cobrar perfeitamente, porque ninguém nos pune") e mais uma taxa para nós emprestarmos dinheiro a eles e mais algumas, se quisermos ter o dinheiro de volta. E ainda há um grande *spread* de juros aí no meio. É simplesmente ridículo. Um monopólio. Warren Buffett gosta de investir em empresas com grandes territórios próprios, e o setor bancário tem uns territórios *enorrrrmes.*

Uma vez, tentei cancelar uma máquina de cartão de crédito que tinha com o Commonwealth Bank. Eles queriam me cobrar uma tarifa de $110. Perguntei como é que eles justificavam uma tarifa desse tamanho. Nós temos que mandar buscar a maquineta do cartão, disseram. Mas eu não tenho uma máquina, falei, e se tivesse eu é que teria que entregá-la para vocês – e não o contrário. É uma política do banco, falaram. Eu também tenho uma política de não pagar tarifas injustificáveis, respondi. Mesmo assim, eles receberam a tal tarifa que me cobraram.

A verdade é que, se a concorrência realmente existisse no setor bancário, o seu cartão de crédito teria um limite de $25 mil, e nenhuma mensalidade para pagar. Os bancos e as sociedades de crédito imobiliário lhe dariam uma passagem grátis para a Inglaterra para trazer o financiamento para cá, em vez de cobrarem $600 para um funcionário digitar seus dados numa planilha em branco, todo cheio de frescura.

Na Austrália, nós ficamos contra a parede porque o mercado não aguenta a concorrência. Os bancos aqui têm um dos negócios mais saudáveis do mundo. Os clientes não têm chance. Não existe um cartel oficial, mas os bancos publicam suas tarifas toda segunda-feira nos jornais. O resultado final é que uns poucos participantes bem estabelecidos participam de cartéis muito agradáveis, com pouca concorrência e enormes barreiras à entrada.

Por sua vez, os bancos na Inglaterra sofrem a concorrência de todos os grandes bancos internacionais do mundo, que saem à caça de seus clientes. Mas aqui, na Austrália, não existe concorrência internacional pelos clientes de varejo, e, se ela aparece, é tratada como se fosse um leproso. Lembra quando, há uns dois ou três anos, o ING ofereceu uma taxa de remuneração da poupança mais atraente? Essa arruaça – apenas um empurrãozinho na taxa de remuneração dos depósitos – fez correr um verdadeiro calafrio pelo setor bancário. O Commonwealth Bank deu ordens para os gerentes depositarem o máximo de dinheiro possível, o mais rápido possível, no ING, logo acabando com a brincadeirinha. Os bancos são protegidos pelas posições que conquistaram e pela bondade da política do governo de aceitar aqueles quatro pilares. Eles podem competir entre si, podem oferecer taxas mais altas ou mais baixas, mas preferem não concorrer, porque seria um verdadeiro suicídio para essa indústria tão bem protegida.

Na Austrália, as cartas foram postas na mesa. Novos jogadores não são bem-vindos e, se aparecerem, receberão o tratamento adequado. O poder que isso dá a quem já está no jogo garante margens e lucros bem confiáveis. Lucros enormes. Em 2009, os bancos vão, como um todo, faturar $2.865 para cada homem, mulher ou criança australiana e ter $740 de lucro. De *lu-cro*. Um dinheiro que eles não iriam receber, se estivessem administrando uma organização sem fins lucrativos.

Esse dinheiro é filtrado, pela mágica da bolsa de valores, para o bolso de uns poucos. Os bancos não são mais do que um funil para a dor, o aborrecimento e as tarifas cobradas de todo o resto do mundo – um funil que vai dar direto no bolso dos acionistas. Nós devíamos publicar um anúncio: "Os acionistas dos quatro grandes bancos gostariam de agradecer ao restante da população da Austrália pela generosidade dela". Mas sabe de uma coisa? Não devemos ficar malucos com isso. Devemos entrar no jogo. Transforme-se você também num acionista. É a sua única defesa contra esse nível de arrogância.

Até que um dos grandes bancos internacionais venha até aqui e se suicide, enfrentando a concorrência (a chance disso acontecer é de uma em mil), o setor bancário continuará a ser um belo investimento. Sim, ele pode tropeçar de vez em quando, especialmente durante uma crise financeira global, e sim, seu desempenho pode ficar abaixo de certos setores mais esfuziantes do mercado, mas, levando-se em conta a mera confiabilidade do faturamento, a robustez do fluxo de caixa e a relativa segurança do investimento, essa continua a ser a opção número um da Austrália. Em nenhum outro lugar do mundo acontece de um negócio tão robusto ser dono de uma fatia de mercado tão grande.

A Austrália tem uma concorrência igualmente rasa em vários outros setores. Em muitos casos, os participantes estão tão arraigados no país que é impossível para os outros (até mesmo para os concorrentes domésticos) sequer começar a competir, sem assumir consideráveis custos e riscos. A Austrália está cheia de jogadores dominantes em seus setores.

A outra característica do panorama corporativo australiano, que não é muito comum no resto do mundo, é a estrutura federal e estadual. Não existe nada do gênero na Inglaterra, por exemplo. Na Austrália, é frequente que pareça haver concorrência num determinado ramo de negócios, mas, na verdade, ela não existe porque os competidores operam em territórios diferentes e não competem nos limites dos outros. A mesma coisa acontece com as empresas de energia elétrica e com algumas das companhias de seguros e serviços financeiros. Os limites são demarcados no chão, e todos trabalham em sua própria área geográfica – sem interferência.

Esses monopólios costumam ser excelentes investimentos, por várias razões.

- Contam com grandes fatias de mercado.
- Concorrência mínima ou cartelizada (os bancos não partem para cima da garganta dos outros, por exemplo).
- Grandes barreiras para a entrada.
- Fontes de lucros geralmente mais sustentáveis.
- Negócios mais maduros. Riscos mais baixos, sem que o crescimento seja necessariamente menor.
- P/Ls menores.
- Alto fluxo de caixa livre e balanços vigorosos.
- Percentuais maiores de dividendos distribuídos aos acionistas, que também representam um rendimento maior sobre as ações.
- Níveis mais altos de restituição de impostos pagos sobre dividendos (já que a maioria dos lucros vem dos mercados domésticos).
- Preços das ações menos voláteis (e as pessoas detestam vendê-las).
- Não são afetados pelo câmbio (porque são principalmente empresas domésticas).
- Propensão e capacidade de gerar belas somas em dinheiro para os acionistas, geralmente com restituições de impostos pagos sobre dividendos absolutamente inacreditáveis.

Nós passamos muito tempo nos perguntando que ações escolher e colocar em carteira, mas o fato é que, para aqueles de nós que querem ver seu dinheiro *crescer* em vez de dobrar, as próprias ações monopolistas australianas se escolhem sozinhas. Woolworths, os bancos, ASX, Telstra, BHP, RIO. Podem não ser lá muito atraentes, podem ficar abaixo da média do mercado quando a bolsa está em alta, mas se você *realmente quiser* comprar e esquecer, é melhor começar por elas.

A escolha é sua. E os rendimentos não costumam ser nada maus.

O lado ruim é que, como as ações monopolistas têm um risco inerentemente baixo, as empresas que não dispõem de um monopólio e têm que competir de verdade para fazer negócios tendem a ser mais arriscadas e voláteis. Mesmo algumas das grandes *blue chips* listadas no pregão da bolsa (como a Foster's, a Amcor e a Qantas) são pequenas, se comparadas às concorrentes internacionais e competem com elas, ao contrário das ações monopolistas. Isso acaba lhes conferindo uma série de características pouco atraentes, com as quais você tem que lidar na hora de fazer um investimento. Elas são grandes empresas para os padrões australianos, mas não se comparadas à concorrência internacional, que possui estas características.

- Fluxos de lucros mais voláteis.
- P/Ls mais altos.
- Maior crescimento.
- Menos dividendos pagos aos acionistas.
- Menor nível de restituições de impostos pagos sobre dividendos.
- Preços das ações mais voláteis.
- E são afetadas pelo câmbio.

De repente, as ações monopolistas aqui da Austrália ficaram ainda mais atraentes.

Os neozelandeses

Expectativas irreais.

Uma vez eu fui a Auckland, na Nova Zelândia, torcer pela seleção australiana de rúgbi. Levei comigo meu padrinho Tony, um kiwi que pisca. A Austrália levou uma surra. Tive que aguentá-lo o tempo todo falando sobre o jogo e contando piadas sobre cada um dos jogadores da seleção neozelandesa. Tudo isso pontuado por frequentes gritos de "*Ka mate!*". Fascinante.

Felizmente, e graças a Deus, ele dormiu. No dia seguinte, fomos a um almoço fantástico num daqueles restaurantes novos bancados pela America's Cup, na beira do mar, daqueles em que você nunca conseguia entrar até que eles perderam a corrida para um barco suíço (cheio de kiwis que venderam sua lealdade). Enquanto ficávamos ali esperando pelo nosso medalhão de filé grelhado na pedra, o padrinho passou a fazer aquilo que um monte de parentes faz quando têm um corretor na família.

– Como é que vão as coisas? Alguma ação quente por aí?

O de sempre.

No meu papel de inglês, num restaurante da Nova Zelândia, tendo que falar sobre a Austrália, as coisas de repente se tornaram mais claras. Peguei-me contando a ele sobre uma bolsa de valores fantástica, cheia de ações monopolistas. Sobre as maravilhas da restituição do imposto de renda sobre os dividendos, sobre empresas que competiam para pagar dividendos enormes, sobre investir numa companhia que vende dois terços dos alimentos da Austrália e sobre todos os bancos nos empurrando contra a parede, porque formam um cartel protegido pelo governo.

Deixei-o fascinado com histórias de grandes fatias de mercado, onde a concorrência é mínima, e as barreiras à entrada são enormes, de fluxos de lucros sustentáveis e empresas maduras e de baixos riscos, de P/Ls baixos e dividendos que podem ser totalmente isentos de imposto de renda. Sobre como, apesar de se tratar de negócios maduros, algumas dessas empresas continuam a fazer seus lucros crescerem em torno de 20% ao ano. Isso tudo antes de sequer começarmos a falar de como a Austrália é uma das maiores reservas de recursos minerais do mundo, que conseguiu colocar um pezinho dentro da China.

A comida chegou. Tony ficou parecido comigo, no jogo de rúgbi. Fascinado... Ou melhor, não... Então, ele fez aquilo que todos os parentes fazem.

– E se eu lhe der uns $20 mil para investir um pouco?

A velha oferta de $20 mil.

Quantos amigos um corretor tem com esses metafóricos $20 mil?

Eu tive que ser franco com ele.

– Tony, eu estou falando de fazer um investimento, que é conseguir um retorno médio de 10% ao ano.

– Isso.

– Mas, Tony, você já tem 70 anos. Você não vai querer ganhar só dois mil no ano que vem, vai?

– Não.

– Você quer me dar esses $20 mil, para eu transformar isso em $100 mil, não é verdade?

– Exatamente – afirmou ele, vigorosamente.

– Na verdade, o que você quer mesmo é a chance de transformar os $20 mil em $100 mil, mas ter o direito de reclamar se eu não transformar isso em pelo menos $22 mil. Não é isso?

– É – disse ele, com um pouco menos de entusiasmo.

Moral da história

- Você não pode pegar o atalho das grandes recompensas sem correr mais riscos (mesmo sendo orientado pelo seu afilhado).

- Clientes com expectativas irreais são um peso.
- Mantenha os negócios separados da família.
- Cuidado com amigos, parentes e conhecidos que tenham $20 mil para investir.
- Ir a Auckland para ver a seleção australiana de rúgbi é um investimento que dificilmente irá se pagar, especialmente na companhia de um kiwi... E, principalmente, recuse-se a ir com um kiwi que só conheça o primeiro verso do Haka.

Corra como um lêmingue

As previsões não são perfeitas.

Prever o futuro não é uma atividade em que os seres humanos se destaquem muito, e ainda menos quando permitimos que as tais pesquisas sejam influenciadas por motivos ulteriores à análise propriamente dita. Como o medo – ou a necessidade de se chamar atenção.

Um dos problemas mais comuns dos analistas é o medo de arriscar uma opinião e estar errado. Opiniões muito radicais simplesmente não caem bem nas corretoras profissionais, que contam com um grande número de operadores e amplas mesas institucionais.

Se você errar por ser pessimista demais, nunca mais vai fazer um negócio corporativo com a empresa que analisou. Se errar por ser otimista demais, você se queima com seus clientes – e os traders não gostam disso. Se você errar, poderá haver consequências... no seu futuro emprego.

Por isso, há uma tendência de as pesquisas se "esconderem na média" e de os analistas escreverem relatórios que façam referência a um consenso seguro e natural.

O problema de tudo isso é que, se o primeiro cara que publicar uma análise estiver errado, você terá uma enxurrada de análises feitas ao redor do tal número errado, que acaba se transformando num consenso. É por isso que as empresas têm executivos que cuidam da relação com os investidores e dão orientações sobre seus lucros – para que se estabeleça o consenso certo, que muito frequentemente são alguns pontos percentuais abaixo da realidade (as empresas adoram superar as previsões, portanto manter baixas as expectativas já é metade da vitória).

Resumo da ópera: se existe uma tendência natural das análises "se esconderem" numa média, então, na hora em que ocorre um fenômeno ou um ciclo de grande magnitude (como a ascensão da China), as previsões ficam muito abaixo da realidade.

E é aí que se ganha dinheiro: investindo numa tendência que está sendo subestimada. Correndo um pouquinho mais rápido do que os lêmingues.

Se os analistas fazem uma previsão tímida demais até uma empresa chegar ao auge, então, ali no topo, eles estarão momentaneamente certos, na hora em que o ciclo ou a tendência mudarem de direção. O ciclo então se reverte, e eles consistentemente passam a subestimar a queda. É como um relógio atrasado. As previsões só estão certas duas vezes – a primeira, no auge de um ciclo, e a segunda, no fundo do poço. Em todo o resto do tempo, ela está atrasada, correndo atrás da realidade.

Nesse sentido, pode-se ganhar dinheiro correndo um pouquinho mais rápido do que um lêmingue, investindo-se numa tendência e esperando que essa tendência surpreenda, durando mais tempo que o esperado.

Um dos exemplos mais recentes aconteceu de 2003 a 2008, um período em que os analistas regularmente subestimaram o *boom* das *commodities*. O JP Morgan escreveu um relatório de análise em 2005 que dizia que "a maior oportunidade nas bolsas de valores do todo o mundo são os preços subestimados das *commodities*". Estavam certíssimos.

Os analistas raramente têm coragem (ou estupidez) suficiente para pegar carona num grande ciclo (como a ascensão da China) e prever o que parece ser inacreditável. Quando uma nova tendência surge rapidamente, o lugar deles costuma ser lá no fim da fila, pela simples razão de que existe certa segurança nos números e que existe o risco real de sua reputação ser totalmente aniquilada no caso de uma opinião errada e solitária. Quando algo radical acontece, as previsões vão acompanhar (e não liderar) os acontecimentos. O mais bonito de tudo é que o fenômeno vai sendo incorporado aos preços das ações lentamente; em vez de dar um pulo, eles seguem uma linha. Qualquer pessoa preparada para "acreditar" tem tempo suficiente para se convencer, entrar no trem e ainda ter lucro.

Com o resto do setor se escondendo na média, com medo demais de cantar a bola, surge uma oportunidade para as outras pessoas – talvez menos responsáveis – de chamar atenção, dizer que foram elas que previram o ciclo e adquirir o *status* de um guru. Nos últimos anos, houve gente que conseguiu ganhar fama quando se mostrou pronta para falar algo diferente da massa, em vez de se esconder na média. O que está tudo muito bem, até o vento mudar de direção e elas continuarem na mesma toada. Quando você incorpora um discurso, tem que seguir com ele até o fim.

Moral da história – Uma previsão não é uma ciência se for maculada por motivos que estejam além dos números. Mas nós devemos dar boas-vindas a esse tipo de perversão e de inexatidão porque, sejamos sinceros, como é que alguém iria ganhar dinheiro se todo mundo estivesse sempre certo? Deveríamos dar as boas-vindas a um equívoco coletivo. É uma oportunidade. Afinal de contas, ganha-se mais dinheiro assumindo-se a posição oposta quando o consenso mais estiver errado.

E aqui vão algumas previsões famosas.

- "Eu acredito que, no mundo inteiro, exista um mercado para cerca de cinco computadores." – previsão de T.J. Watson, presidente da IBM, em 1943
- "Não há a menor razão para alguém ter um computador em casa." – K. Olsen, presidente da Digital Equipment Corporation, em 1977
- "Os computadores do futuro devem pesar menos de 1,5 tonelada." – Popular Mechanics, prevendo a inabalável marcha da ciência, em 1949.
- "Esse tal de 'telefone' tem problemas demais para ser considerado seriamente como um meio de comunicação. É um aparelho que

não tem qualquer valor intrínseco para nós." - memorando interno da Western Union, de 1876.

- "Quem é que vai querer ouvir um ator falar?" - Warner Brothers, 1927.
- "Fico muito feliz de ser o Clark Gable quem vai quebrar a cara, e não eu." - Gary Cooper, comentando sua decisão de não aceitar fazer o papel principal de *...E o Vento Levou.*
- "Nós não gostamos do som que eles fazem, e as guitarras já estão saindo de moda." - Decca Recording Co., rejeitando os Beatles, em 1962.
- "As ações atingiram o que parece ser um patamar permanentemente alto." - de um professor de economia da Universidade de Yale, em 1929.
- "Tudo o que podia ser inventado já foi." - de um comissário do Bureau de Patentes dos Estados Unidos, em 1899.

E, de todas, a minha favorita.

- "US$ 640 mil deve ser dinheiro suficiente para qualquer pessoa." - Bill Gates, em 1981.

Tempo e dinheiro

Aproveitar o momento tem mais de um significado. Trate de conhecer a diferença.

No Natal, eu estava com o meu cunhado sentado na praia. Dia quente, duas cadeiras espreguiçadeiras (com porta-copos), duas cervejas Coronas geladas e duas irmãs bronzeadas. Se tirássemos as sete crianças, seria... perfeito. É para isso que nós trabalhamos.

Quando olhamos para a praia de Portsea, meu cunhado falou:

– Se eu tivesse uma lancha daquelas, seria ótimo. Comendo uma rosquinha no banco de trás... As crianças iam adorar.

Ele pensou por um momento e disse:

– Quem sabe um dia...

Quem sabe um dia... Bem, eu me aproximo dos meus 50 anos a cada dia, e meu filho mais velho vai estar apto para casar daqui a cinco anos. Pelas estatísticas, eu tenho o que... uns trinta e poucos anos de vida? E isso se eu morrer de velhice. Quanto tempo eu tenho na terra? Se eu for esperar muito, vou precisar de uma rampa para subir na lancha. Já está ficando difícil acordar todo dia de manhã. É como se quase todas as manhãs eu corresse uma maratona, e isso depois de não fazer mais exercício do que comer duas porções grandes de picadinho e dois Jim Beams com Coca-Cola. Para mim não tem esse negócio de "quem sabe um dia".

O dia é agora.

De repente, ficou muito claro para nós que, se não conseguíssemos entrar numa lancha e comer uma rosquinha na próxima meia hora, então já seria tarde demais. Mais dez anos, e os meninos já vão ter saído de casa e, em vinte, provavelmente nós também. Portanto, a hora é agora.

– É *carpe diem* – disse meu cunhado. – E rápido.

Carpe diem, né?

Bem, o *carpe diem* – pelo menos a parte do "preciso comprar uma lancha e tem que ser agora" – eu reconheço que é metade do problema. Com tanto consumismo, todos nós "agarramos o dia" hoje e vamos tratar de pagar amanhã. Não é à toa que todo mundo anda tão endividado. As dívidas são o atalho da vida. Ser rico não significa nada hoje em dia. Quando você pode ter tudo, mesmo sendo pobre, o dinheiro perde aquele brilho. Não foi à toa que nós tivemos uma crise financeira global. Nós simplesmente perdemos a noção do valor do dinheiro.

Para os superconsumidores, a vida se tornou uma batalha sem trégua entre tempo e dinheiro, e, infelizmente, isso levou muita gente à bolsa de valores e, particularmente, às "operações de mercado". Por definição, para que uma pessoa sem dinheiro possa vir a ganhá-lo, as "operações" têm que ser alavancadas. E os produtos que permitem alguém fazer isso se tornaram muitos e muito fáceis de se participar.

Mas me deixe dizer uma coisa. Querer ficar rico *agora* provavelmente é uma das piores razões para simplesmente participar da bolsa. Qualquer corretor de fibra poderá dizer isso. Você nunca vai ganhar dinheiro sendo "impaciente", porque passa a ser emocional demais. Você não pode viver com uma arma apontada para a cabeça. Você acaba pensando muito no curto prazo e acaba transformando tudo num jogo, porque o fato é que não dá para se prever o amanhã. É muito melhor parar de viver acima de suas posses do que ficar esperando um milagre da bolsa que apague as suas dívidas.

É claro que nem todos nós operamos pensando no agora. Para a maioria de nós, o que vale não é bem o dinheiro. É o jogo. *Carpe diem* pode ser muito bem hoje ou amanhã. *Carpe diem* é uma atitude, não um resultado.

Eu adoro entrar no escritório sem saber se, no fim do dia, eu vou ter ganho $10 mil, ou perdido $10 mil. Adoro me levantar de manhã me perguntando se hoje vai ser o grande dia (prometo, querida, que um dia ele vai chegar). A minha versão do *carpe diem* é estar na luta.

Avaliando-me. Estimulando-me. Fazendo alguma coisa diferente todos os dias. O fato de tudo poder ser medido em dinheiro, que é uma bela base para se avaliar, serve apenas para me monitorar.

Não se interessar pela bolsa de valores – pelo que ela é, não pelo que você quer que ela seja – é o mesmo que não se interessar pelo fantástico, pelo decepcionante, pelo brilhantismo e pela estupidez, pela evolução da vida empresarial. Para mim, pelo menos, é a maior busca intelectual. Medir-se diante do intelecto coletivo de todos os outros operadores e investidores.

Melhor do que trabalhar.

Uma Gota...
E deu-se o *Crash* de 1987

Não é preciso mais que uma gotinha.

Eu estava em Londres, em 1987, na mesa institucional de uma das grandes corretoras. Até hoje nós olhamos para aquele tempo e nos perguntamos por que foi que o *crash* aconteceu. Mesmo agora, é difícil de se dar uma razão. Não existe uma única causa para esse tipo de coisa, nenhum motivo por que a manada começa a correr para o outro lado; só uma série de razões e uma confluência de fatores que precipitam um processo que acaba se transformando num *crash*. Analisar a primeira gota de uma cachoeira é tão irrelevante quanto impossível. O que importa não é a primeira gota – e sim o fato de tanta água ter se acumulado na beira de um lugar tão precário. Mas, para mim, com o conforto que a distância me dá, deu para ver as comportas se abrindo, antes que tudo desandasse, e dá para tirar algumas lições dessa experiência.

Se uma catarata começa com uma gota, então, na Inglaterra de 1987, a primeira gota (para nós) foi um jovem operador que estava num dia de bater todos os recordes, o dia da maior comissão que ele teve na vida, maior do que se pode imaginar. Naquele tempo, uma ordem de £1 milhão era uma coisa vultosa. E ele operou £100 milhões. De um cliente só. Todas ordens de venda.

Depois do expediente, o chefe da equipe de vendas estava explodindo de felicidade no Mithras Bar, com canecas de Pimm's circulando por todos os lados. No dia seguinte, estávamos todos a postos. Era a regra depois de uma noitada. Você pode ir dormir a hora que quiser, mas no dia seguinte tem que estar a postos na mesa. No café com pãozinho da manhã, ouvimos que um dos nossos corretores aprontou misérias no metrô a caminho do trabalho, ainda mamado da noite anterior.

Esperamos pela campainha da bolsa (oh, sim, naquele tempo ela tocava mesmo) anunciando a abertura do pregão. Quem sabe se não seria mais um daqueles dias para o nosso amiguinho.

E, com certeza, foi.

As vendas do tal único cliente foram maiores ainda. Centenas de ordens vermelhas. Naquela época, tudo tinha que ser preenchido a mão. Todos nós nos reunimos para ajudá-lo, e, enquanto isso, o astral foi passando de maravilhoso para sinistro.

A alta cúpula ficou nervosa. Aquela quantidade de vendas era extraordinária. O gerente de fundos internacionais que executava as vendas não parecia se importar com o preço ou com a forma de execução. Talvez fosse um gerente irresponsável. Os sócios ligaram para o chefe dele.

Descobrimos que não éramos a única corretora que executava as ordens deles. A sucursal londrina desse fundo americano estava vendendo por meio de qualquer pessoa que pudesse lhes dar liquidez (esse era um grande problema naquela época). Estavam cumprindo ordens diretas da matriz americana. Ordens de venda. E veio o terceiro dia. Na mesma balada. Vendendo tudo. O bochicho no Mithras Bar passou de "bom trabalho" para "está na hora de cair fora da bolsa".

Para nós, aquela foi a primeira gota d'água. Uma grande venda institucional. Os veteranos perceberam tudo no primeiro dia. Eles viram o tamanho das ordens, da água se acumulando no dique, a rachadura, e, sem qualquer razão fundamentalista no mundo, saíram vendendo tudo o que tinham na mão. Aí pegaram os telefones e disseram para os clientes fazerem o mesmo. Vendas do tipo "eu também". Para se preservar. Eles viram a formação de uma avalanche. Viram os lêmingues na beira do abismo. Tiveram a sorte de ver o primeiro lêmingue pular. Enquanto os boatos corriam, eles injetaram um sentimento de urgência nos telefonemas e nas ordens de venda. Corrida é corrida. Não dá tempo de pensar. O mais impressionante de tudo é que ainda faltavam duas semanas para o *crash*.

Qual a mensagem? Na hora do *crash*, tudo o que você precisa identificar são os ingredientes. Antes do *crash* de 1987, a bolsa tinha subido 110% em 15 meses. Antes do *crash* de 2008, subiu 156% em cinco anos.

Aí vem a primeira gota e, quanto mais alta e rápida foi a subida, maior e mais vertiginosa será queda, mais poderosa a desilusão. Infelizmente, na bolsa de valores, as pessoas não gritam o que elas pretendem fazer. Não chegam nem a sussurrar. Elas simplesmente fazem, e pronto. Portanto, por mais atento que você esteja, é sempre difícil vislumbrar a primeira gota.

A vida de Brian

Não tente fazer sozinho – concentre-se na sua carreira.

Eu tenho que apresentar meu cliente Brian, que vem lá do cerrado. Ele é fazendeiro e planta trigo e canola. E dá para perceber quando alguém é do cerrado. As mãos são grandes. O cumprimento, forte.

Ele veio me ver. Estava meio com um pé atrás. Tinha lá seus 45 anos, segundo casamento, dono de uma fazenda, quatro filhos. O primeiro casamento tinha atrapalhado um pouco a vida dele. O pé-de-meia que ele tinha era pequeno, e ele tinha trabalhado duro para conquistar. É difícil separar algum dinheiro quando se gasta mais do que se ganha. Mas o Brian não estava reclamando.

O passatempo favorito dele é se destruir com a mulher, bebendo umas garrafas de Cabernet Sauvignon. A Sra. Brian tinha entrado na sala com ele e contou a história da família.

Ela tinha decidido pedir demissão da farmácia local para cuidar da parte burocrática da fazenda. Os dedos do Brian eram grandes demais para as teclas do computador, por isso ela mesma cuidava da contabilidade. Mesmo assim, mal tinham tempo de abrir a correspondência, já que os dois trabalhavam. Estavam de saco cheio de terem que passar duas horas depois do expediente colocando toda a papelada em dia e não ter nenhuma vida pessoal. O emprego na farmácia estava perdido, e ela estava disposta a ajudar em casa.

A conversa seguiu. A conta do Brian não era das maiores, para os padrões da corretora, e o objetivo era investir a longo prazo, mas dava para ver que o Brian estava com alguma ideia na cabeça. Acabou saindo. Ele deixou para o final.

– Vou começar a operar com opções – sentenciou.

Aííí! Fui obrigado a fazer uma pergunta.

– Desculpe, eu não entendi. O que foi que você disse?

– Vou começar a operar com opções – repetiu. A mesma coisa.

– Desculpa, Brian, mas eu ainda não tenho certeza se ouvi direito. Você disse que vai começar a operar com opções? Você está falando de opções de ações, como opções de compra e de venda, esse tipo de coisa?

– É. A gente conheceu um cara que ganhou muito dinheiro operando com opções. No momento, ele está apostando nas opções de venda. Parece que tem uma fórmula. Ele vai visitar a gente e mostrar como é que se faz.

– E, se você me permite perguntar, por que é que esse cara está compartilhando com você uma informação tão valiosa quanto essa?

– Bem, ele só está querendo repartir o conhecimento com os outros. E... é... nós vamos pagar $7.000 a ele.

– E a gente vai ter um retorno de 300% em seis meses ou receber todo o dinheiro de volta – interveio a sra. Brian.

Silêncio. A esposa faz uma careta. O fazendeiro está com cara de carneirinho. Aí tem coisa.

– Essa é muito boa, Brian. Deixa eu ver. Você me diz que não tem tempo de abrir a correspondência, mas vai começar a operar com opções. A que horas vai ser isso, Brian? Na hora em que o mercado de opções estiver aberto?

"É... deixa eu ver... Isso é das 9h50 da manhã até as quatro e meia da tarde. É possível. Hmmm... Você pode acoplar um *laptop* no seu capacete. Vai ser uma espécie de colheita dupla para você. Você pode arranjar um daqueles computadores que aguentam bem a poeira."

Comecei a pensar no futuro do sr. e da sra. Brian. Ele vai ter que arranjar uns dedos menores, mas tudo bem. Com um rendimento composto de 300% a cada seis meses, em dez anos um investimento de um dólar vai valer... (vou conferir aqui na calculadora) ...uns míseros $3,48 bilhões. Em dez anos!

Caramba! Isso é que é realismo!

Mas tomar conta de uma fazenda ao mesmo tempo pode ser meio difícil. Mas vai valer a pena. O Brian pode preferir deixar a safra de trigo de lado, enquanto estiver operando. Melhor ainda: ele pode simplesmente desistir de uma vez da fazenda toda. Por que ele deveria perder tempo, se tem tanto a ganhar do outro lado? A fazenda só vai desviar a atenção do verdadeiro negócio dele. Vai ser um obstáculo no caminho para a riqueza. Comentei:

– Isso mesmo, Brian. Livre-se da fazenda.

– Boa ideia.

– Concentre-se em ganhar dinheiro. Esse negócio de vida no campo é tão antiquado. Para que ser fazendeiro? Vá operar suas opções e ganhar dinheiro de verdade.

– Boa ideia.

Mas a sra. Brian estava olhando para o chão. E estava séria.

Ele também ficou.

Olhou para cima, e seus olhos se encontraram.

Brian ergueu as mãos para o céu. Com aqueles dedos enormes.

Ela estalou primeiro. E então eles passaram cinco minutos transformando sorrisos constrangidos numa enorme gargalhada, que aumentava, enquanto Brian continuava jogando as mãos para o céu.

Pareciam duas crianças. E nem tinham bebido.

Tem um monte de gente vendendo um monte de coisas no nosso ramo de atividade, mas a coisa que mais vende é felicidade. A felicidade é a perspectiva de melhorar seu estilo de vida. É isso o que a indústria de serviços financeiros está vendendo e é tão fácil de vender, porque todos nós queremos comprar.

As necessidades financeiras são uma fraqueza que pode ser explorada e, quanto mais nós precisamos dela, fica ainda mais provável que venhamos a comprar. O engraçado é que, quanto mais irreal for a promessa e mais dramática a expectativa, mais nós estaremos dispostos a pagar; e quanto maior for o preço que nos pedirem para pagar, mais vamos achar que tudo vai dar certo e mais provável que venhamos a comprar. Aaai!

Apesar de todas essas promessas, não existem atalhos. Ganhar dinheiro numa velocidade acima da média tem mais chance de ser obtido através do seu trabalho, da sua carreira, daquilo por que você se interessa, do seu talento e daquilo com que pode ocupar seu tempo. Alguma coisa por que você seja apaixonado.

Para alguns, é a bolsa de valores, mas, para a maioria das pessoas, não é.

– Brian, – perguntei, quando eles pararam de rir, – o que você diria se eu fosse até a sua fazenda e quisesse administrá-la no seu lugar? Eu sempre sonhei em cuidar de uns carneirinhos e plantar um pouco de canola. Não deve ser muito difícil. Será que eu podia fazer um cursinho rápido de fazendeiro em um dia?

Silêncio.

– As suas mãos são de alguém que trabalha na cidade – ele respondeu. – É melhor ficar cada um na sua, "né"?

Ações que caem como uma pedra

Quando uma ação de primeira linha cair, fique atento para o momento em que a maré virar.

Ações com desempenho decepcionante muitas vezes acabam se tornando as mais compensadoras e, em muitos casos, grandes quedas de ações antecedem altas sustentadas de preços.

Com base nisso, investir passa a ser bem simples. É só comprar qualquer ação de primeira linha que tenha caído e seguir a filosofia contraintuitiva: "Quando estiver correndo sangue nas ruas, compre".

Pela minha experiência, posso dizer que é muito mais fácil conseguir que alguém compre uma ação que tenha caído do que encontrar alguém que venda. Agarrar a faca é uma das coisas mais simples que um corretor pode pedir para alguém fazer. Faz parte da natureza humana comprar o que está barato... ou pelo menos mais barato do que o normal. Mas comprar uma ação que tenha "caído que nem uma pedra" é uma operação de alto risco, especialmente durante a primeira queda. Os motivos são estes.

- As ações despencam por algum motivo, e não é comum que elas tenham sido mal compreendidas nas últimas 24 horas.
- As instituições reagem com menos rapidez do que você e possuem muito mais ações do que você. Elas demoram para tomar uma decisão e executá-la. Se você comprar uma ação que esteja na mão de muitas instituições no primeiro dia de queda livre, você será punido, a começar pelo fato de que as instituições dos Estados Unidos e da Inglaterra só tomam ciência da queda no dia seguinte e empilham as ordens de venda na manhã subsequente.

- As grandes corretoras institucionais só conseguem executar as ordens muito grandes se garantirem o preço médio ponderado pelo volume (PMPV) daquele dia. A única maneira de elas operarem o PMPV e, ao mesmo tempo, administrarem o risco é ir vendendo aos poucos ao longo do dia. Todos os operadores individuais e os que compram na queda livre tentam pegar o trem logo na primeira ordem da manhã. Às 10h30, essas ordens já foram concluídas. Mas as vendas institucionais vão continuar se desdobrando por todo o dia. As ações em queda livre quase sempre fecham o pregão na mínima do dia, enquanto as corretoras institucionais retardatárias completam as últimas ordens perto do fechamento do pregão.
- É ponto pacífico na teoria financeira que, quando a ação de uma empresa faz um movimento muito acentuado (para qualquer lado), esta ação tenderá a seguir na mesma direção pelos nove dias seguintes, e, às vezes, você pode até esquecer que vão ser só nove dias. Muitas ações importantes que tenham resultados decepcionantes vão seguir descendo a ladeira por vários meses, para não falar de anos. Você nunca compra uma ação em queda livre na hora da queda, porque ela vai continuar nessa tendência por muito tempo. Você tem tempo suficiente para pesquisar uma ação que tenha caído como uma pedra, antes de ela voltar a se reerguer.
- Encher um balão leva tempo. Para estourar, basta um segundo. O mesmo acontece no mercado de ações. Demora cerca de três vezes mais para se construir a confiança no preço de uma ação do que para perder essa confiança. Ganhar dinheiro em cima de uma ação que tenha caído repentinamente sempre leva tempo. Não se apresse.
- Uma ação em queda livre é sinal de que você deve parar e dar uma boa olhada na empresa. Não é um aviso automático para se comprar. Às vezes, é uma indicação de uma doença terminal. A Pasminco, a Ion Limited, a Sons of Gwalia, a Babcock & Brown e o ABC Learning Centers nos ensinaram isso. Compre uma ação que tenha caído como uma pedra, e o risco é seu.

- Uma ação em queda raramente dá lucro.

Alguns dos retornos mais rápidos acabam surgindo quando uma ação de primeira linha cai como uma pedra, mas isso raramente acontece de cara no primeiro dia. Uma ação em queda livre costuma indicar uma tendência. Portanto, se uma ação cair rapidamente, pense em vendê-la, para variar, e não em comprá-la.

Dito isso, quando acontece uma mudança na administração depois de uma derrocada, isso geralmente é sinal de que é uma hora excelente para se comprar. Em 2002, o preço da ação da Coles Myer, a maior varejista da Austrália, ganhou uma nova vida quando John Fletcher entrou para a empresa, e Solomon Lew saiu, pondo fim a meses de tensão na

diretoria; o mesmo aconteceu quando John Stewart foi nomeado CEO da NAB em 2004, pondo fim a uma longa batalha no interior da diretoria que tirava o foco da empresa. Procure acontecimentos semelhantes.

Além de tudo isso, existe uma coisa na análise técnica chamada *dredging*. É preciso estar muito atento, mas funciona. Você pega as ações de pior desempenho no ASX nos últimos 30, 90, 180 dias e no ano, e as coloca numa lista de observação. Todo dia de manhã, dá uma olhada, procurando alguma mudança de patamar em matéria de preço e de movimentação. Uma mudança de patamar costuma ter mais força, quando está entrelaçada com alguma forma de ressurreição da empresa.

Moral da história – Alguns dos negócios menos arriscados aparecem com as ações de primeira linha, depois de elas terem caído como uma pedra. Mas não se deve comprar na queda em si, e sim na hora da virada. Porque, quando a maré vira, ela vira mesmo.

Skelly – a corretagem na década de 1980

O jeito que era é aquele que nunca mais irá voltar.

Eu comecei a trabalhar como corretor em 1982, muitas gerações antes de existir *e-mail*, Windows, PCs e telefones celulares. Quando Liquid Paper era uma novidade. As calculadoras tinham rolos de papel e uma alavanca para se puxar. Os registros eram armazenados em papel. Os arquivos eram pesados. Os preços das ações eram dados oralmente e negociados no pregão da bolsa. E os contadores tinham livros que eram livros mesmo.

Esse era um dia típico na nossa profissão:

Fazia meu café da manhã no escritório, às nove da matina.

Às nove e meia, participávamos do *briefing* da manhã. Os sócios fumavam charutos. Sujeitos de sorte.

Você passava por uma máquina de vendas do último tipo, quando ia para a sua mesa. Ela não funcionava. Você vai se irritando até que a "sopa instantânea" finalmente cai na caixinha.

Às dez da manhã, tocava a campainha e estava aberto o pregão. Você apagava o quarto cigarro, um Capstan sem filtro.

Um dos *boys* do pregão está doente, por isso as ações imobiliárias e das montadoras de automóvel ficam o dia inteiro sem se mexer no monitor. Alguém pede a um funcionário para descer e pedir aos intermediários as cotações, pessoalmente.

Você atende uma ligação do Percy, que está a fim de comprar umas ações. Você explica para ele o que a ICI faz. Tintas e coisas do gênero. Ele pede para comprar um pouco.

Você liga para o Scotty, o operador de pregão, no *box* dele, e pede o "volume e o preço" da ICI. Ele confere com os especialistas e retorna a ligação em 15 minutos.

– Diz ao Cliente que está £11 para £11, um em mil, válida até 11.45.

– Você confirma a ordem com o Scotty. Ele vai falar com o colega dele, o Rocket da DeZoete & Bevan. Cinco minutos depois, volta ao telefone.

– Feito – ele diz.

Você ganha 2,5% sobre £4.000 – é a sua comissão. Sua técnica de multiplicar frações não é mais como no tempo da escola. Assim, você pede ajuda ao Gobber, um mensageiro que está de passagem por ali. Ele dá o resultado de cabeça, sem sequer pegar o lápis. Esses garotos do East End são mesmo bons em matemática!

Você vai e anota na lista principal de ordens, ao lado do interfone.

No resumo do meio-dia, o índice FT All Share subiu 4 pontos. O George, da Schroeders, liga para perguntar o que gerou uma movimentação tão grande. Você pede a um mensageiro para anotar as principais operações e deixar no escritório do George, na London Wall. Ele conhece o George.

Você levanta a cabeça. Meio-dia e meia. O pregão está fechado. Você vai ao Corney & Barrow's, na Ropemaker Street.

No almoço, ouve falar daqueles consultores de administração que abriram uma empresa chamada Wood Mackenzie. Eles fazem relatórios que chamam de "Pesquisa". São os mesmos relatórios que os consultores são pagos para fazer pela administração das companhias. Agora eles vão começar a vender essas análises para os gerentes de investimento da bolsa. Até aqui, pesquisa se resumia meramente a extrair os números dos relatórios anuais.

O George, que deu um pulinho até ali para beber uma cervejinha, lamenta o fato de que as comissões vão ter que subir para pagar os relatórios de pesquisa.

Ele pergunta onde é que nós conseguimos as canecas de Pimm's.

Você volta do almoço às duas, seguindo a velha máxima: "É com você. Volte às duas, ou é melhor nem voltar".

Um pouco zonzo. Talvez o Beaujolais Nouveau não estivesse lá essas coisas, não há muito o que dizer dessa coisa francesa. Você se senta. Nessa hora, sua cabeça fica abaixo da linha da fumaça. Agora está tudo bem.

Você ouve alguém xingando. O sócio principal está maluco porque a gráfica enguiçou outra vez, e a inovadora lista com os P/Ls históricos das empresas não vai estar pronta para os mensageiros levarem, de manhã.

O Inch High lhe diz que acabou de comprar um pouco de Barratt's do Weed's, porque eles têm o P/L mais baixo da lista. Devem subir uns dois centavos na semana que vem, quando a lista for entregue. Você liga para um cliente e o aconselha a comprar também (mesmo sem saber exatamente o que é um P/L).

O Scotty entra pelo interfone.

– Qual é a novidade com a Barratts?

Você vai ao banheiro.

Você se levanta. Meu Deus, já são 3h25. A bolsa vai fechar num minuto. Você ergue as calças.

Quando passa pelo elevador, o Skelly está deitado com meio corpo dentro e meio corpo para fora, e as portas vão se fechando em cima dele. Você silenciosamente o empurra para dentro com o pé e aperta o térreo. Os "garçons" do térreo sabem exatamente o que fazer com ele, que sempre deixa o endereço anotado num bolso da camisa, para os motoristas de táxi. Direto para a Skelly Mansions.

A campainha toca. Você pega seu guarda-chuva e vai tomar umas cervejas no Jonathan's, que fica embaixo da Bolsa.

A caminho de casa, você se lembra que é melhor ligar para o Percy e falar para ele sobre a operação da ICI. Você rapidamente pensa se valeria a pena passar as ações para o seu nome. Vai dar uma olhada no preço amanhã de manhã.

Você passa pelas paredes de granito da Bolsa de Valores e do Banco da Inglaterra. Talhadas na pedra estão as palavras *Dictum Meum Pactum* (minha palavra é meu compromisso). Você deixa o Percy ficar com as ações.

E lembra-se de comprar um pouco de Barratt's, antes que consertem a gráfica.

A vida é bela.

Um fim de semana de farra

Análise fundamentalista ou técnica? Para saber, você precisa conhecer.

A patroa foi passar o fim de semana em Sydney. A gente tem quatro filhos, e eu fiquei sem opção. Marquei uma babá e me inscrevi num curso de dois dias sobre análise técnica. Quando você está há 25 anos casado com a análise fundamentalista, um *workshop* de análise técnica é mais ou menos como um caso extraconjugal. Já faz um tempão que eu não tenho um fim de semana de farra. Foi bem legal.

A análise técnica tem desfrutado de muita popularidade e é muito perigosa. Ela é popular porque é como se fosse uma religião. É um imenso buraco onde se pode atirar qualquer pergunta sobre a bolsa de valores, e ela lhe dará uma instrução clara e definitiva do que fazer. Vai lhe dizer, com toda a certeza, o próximo curso de ação. Dizer às pessoas o que fazer, e de maneira confiante, é uma mercadoria que vende muito bem nos mercados financeiros.

E é por isso que ela é tão perigosa. Nas mãos erradas, nas mãos de alguém que queira vender um produto, ou, o que é mais comum, uma plataforma de investimentos, a análise técnica normalmente é apresentada com confiança demais e de uma maneira convincente demais. Se houver cem pontos a se conhecer sobre a análise técnica, então muitos cursos só estão lhe ensinando uns três. O suficiente para lhe dar confiança para operar, e isso é realmente tudo o que alguns deles querem: que você opere, opere e opere. "Seja um Operador. Você também pode operar opções". Bem, talvez em um ano... ou dez. Mas nunca em dois dias.

Um dia eu fui a um curso de *kite* surf. O instrutor me perguntou: “Qual é a diferença entre um kite-surfista iniciante e um profissional?” A resposta era duas semanas. Parece um pouco com a análise técnica. Qual é a diferença entre um iniciante e um profissional da análise técnica? Eles querem que você acredite que é só um curso de dois dias. Mas não é verdade. Pergunte a qualquer operador mesmo. (Isso não quer dizer que você não deva fazer o curso. Afinal, é preciso começar de algum lugar. Mas você tem que ser realista quanto à própria capacidade, depois que terminar o curso.)

Só me deixe dizer uma coisa. No mundo de hoje, a análise técnica tem seu valor, porque os princípios básicos estão certos, porque ela é estimulante, é um desafio e porque investir em ações desconhecidas é muito difícil. A análise técnica se baseia na análise dos preços e dos volumes históricos, de modo a se prever os movimentos futuros dos preços. A análise fundamentalista, é o estudo dos fundamentos de uma companhia, como maneira de se prever o potencial de lucros futuros que, *se tudo der certo*, irá se refletir no desempenho futuro do preço da ação.

O grosso da indústria de fundos administrados se baseia mais na análise fundamentalista, e, por causa disso, o grosso dos departamentos de análise e pesquisa serve a ele.

A análise fundamentalista é vista como o pilar central da maioria das corretoras, e, no fim das contas, sem ela, toda a bolsa de valores estaria caminhando às cegas, e a análise técnica também seria um fracasso, porque, se ninguém soubesse de nada, ela não teria nada a “guiar” você. A análise fundamentalista é um ingrediente essencial para o sucesso da análise técnica. Sem ela, não teríamos as tendências e toda a movimentação na qual a análise técnica se baseia.

Até os melhores analistas que estudam os fundamentos, às vezes, erram a mão, e, como você já deve ter lido em outra parte deste livro, há vicissitudes que são inerentes às pesquisas, já que a maioria delas é escrita com motivos ulteriores do que fazer o cliente ganhar dinheiro.

Mas, antes de entrar para a seita do Marubozo Negro, permita-me dizer que, na minha opinião, a análise técnica é uma técnica extra absolutamente essencial, e não uma mera alternativa. A turma dos fundamentalistas é melhor para encontrar boas histórias e administrar carteiras. A análise técnica não vai mandar você comprar o Commonwealth Bank, por causa de suas vantagens fiscais ou do *buyback* de ações. Não vai equilibrar sua carteira. Não vai saber como distribuir o peso de sua carteira em função da renda ou do crescimento. Mas a análise técnica irá lhe dizer quando investir e quando não investir.

Quanto dinheiro isso teria lhe poupado nos últimos dois anos?

Portanto, você precisa das duas.

Não acredita? Então, tire um fim de semana de farra só para você e depois venha me dizer o que acha.

Os Bee Gees

***Momentos de vida ou morte. Aqui também é uma questão de* carpe diem.**

Você já passou por um momento de vida ou morte? Como o daquele filme do Harrison Ford, onde uma mulher anônima põe o dedo atrás do colarinho dele, exatamente quando ele vai descer da calçada e isso evita que ele seja atropelado por um ônibus?

Os momentos de vida ou morte aparecem em muitas formas ou tamanhos, principalmente num encontro com o destino e na percepção de que alguma coisa central que você toma como absolutamente natural, como a sua existência, é muito frágil e não vai durar para sempre. Quando você fica mais velho, esses encontros com a morte se tornam mais comuns. É a morte de alguém que você conhece, talvez alguém bem próximo, talvez até alguém mais jovem. Um susto com o estado de saúde de alguém da sua família, uma tragédia pública, algo que o faça lembrar que a vida pode se esvair, por acaso, aleatoriamente e sem qualquer sentido de justiça, a qualquer momento.

Esses momentos de vida ou morte podem mudar o comportamento das pessoas. A manifestação mais comum é a crise da meia-idade. De repente, você começa a se perguntar qual é o sentido da vida. Você começa a perceber que a vida é finita e que você está começando a descer a ladeira e, a não ser que você compre aquele Mustang vermelho, aquela corrente de ouro e aquelas roupas do Bee Gess, já vai ser tarde demais.

Perceber que, um dia, você irá morrer é um divisor de águas que, quando você experimenta, nunca mais esquece. Quanto mais cedo você experimentar, melhor, porque tem uma vantagem. De repente, a vida *realmente* parece pequena demais. Você compreende que não há um instante sequer a perder. Você se concentra, traça suas prioridades, trabalha naquilo que é importante *agora.*

Além de ter um Mustang vermelho, a vida é uma questão de valorizar cada minuto com a mulher, com os filhos, com os amigos. Para os sortudos, ela inclui um Mustang de quebra. Mas, para todos nós, é aquele momento em que redefinimos o que é riqueza.

Antes do nosso momento de vida ou morte, riqueza é uma questão de dinheiro e de mostrar que se tem dinheiro. Mas, nos dias de hoje, de créditos e empréstimos sem fim, os símbolos de *status* não têm o mesmo valor. Eles não são um reflexo da riqueza, e sim de uma atitude em relação ao crédito. Todos nós podemos ter tudo o que queremos hoje em dia, mas isso não significa muito se o balanço patrimonial não acompanhar a tocada. Barcos e carrões não nos diferenciam mais.

A riqueza saiu do campo meramente financeiro para se tornar aquilo que é escasso. O dinheiro em si não é escasso. Mas algumas coisas são, independentemente do tamanho de sua conta bancária. A coisa mais óbvia que se perde é a infância dos filhos e a oportunidade de tirar o máximo da sua relação, sem que ela se perca numa vida unicamente funcional. E existem outras coisas mais universais, como Tempo, Saúde, Amigos, Experiências, Criatividade e Filantropia. Para os que são muito ricos mesmo, aparentemente a única forma válida de riqueza está na hora de doar, e não na propriedade em si.

Para alguns de nós, esses novos "totens de sucesso" vão ser muitos. Nós ainda somos meio jovens, alegres e saudáveis. Mas não há tempo a perder, nenhum momento sequer. O relógio está andando, e nós ainda temos que tirar o máximo de cada segundo, mesmo se só tivermos uns poucos anos nesse jogo.

Talvez o seu momento de vida ou morte ainda não tenha acontecido. Mas ele vai acontecer – com certeza. Quando acontecer, você vai ficar mais tranquilo em matéria de dinheiro, vai perceber a alegria que vem de saber que é possível se viver bem com o que se tem – e vai encontrar prazer em outras coisas mais importantes. Você não vai sacrificar mais o seu tempo e a sua saúde pela riqueza. Vai trabalhar menos, vai ver mais os filhos, conversar mais com a esposa, ler livros, ter *hobbies*, criar, adotar causas, dar mais, ser mais apaixonado por tudo isso e não vai querer apenas lutar para ter mais. Você vai ser guiado pelo que for mais importante no agora.

Não tem por que adiar.

Seu tempo na Terra é pequeno.

E, nunca se sabe, você pode até ficar bem de anjinho.

Qualquer coisa é melhor do que nada

Deixe o "compre e esqueça" para lá. Abra o olho como uma águia e aja com a mesma rapidez.

A vida de um operador não é aquilo que a maioria de nós imagina que seja – glamourosa, excitante e numa trilha de ouro. O mais provável é que ela seja solitária, reclusa, meio chata e, se o cara for bom, vai poder viver disso.

Todos nós poderíamos ser operadores.

Todos nós também poderíamos ser Schwarzeneggers.

Vá à academia todos os dias, puxe ferro, tome *shakes* de proteínas, evite chocolate e fale com um leve sotaque da Europa central. Mas o fato é... quem vai querer uma coisa dessas?

E quem é que vai querer ser operador? Para operar direito, é preciso se dedicar em tempo integral, e a maioria de nós já tem uma profissão *full time* – e os que não têm provavelmente não vão querer ter uma.

Mas isso não quer dizer que nós não possamos adotar alguns dos princípios básicos da profissão, que se aplicam não só aos operadores, mas aos investidores também, princípios como "preservar seu capital" e "limitar suas perdas". Tudo muito clichê, mas como qualquer operador lhe dirá, nenhum sistema de operação pode funcionar sem eles e, do mesmo modo, nenhum investidor de longo prazo.

O maior erro dos investidores de longo prazo é ver as ações como parte de uma carteira onde as vencedoras compensam as perdedoras. Com esse tipo de mentalidade, os investidores de longo prazo "desculpam" as ações perdedoras e não fazem nada com elas. Mas, se você realmente quiser ter um bom desempenho, as perdedoras são tão importantes quanto as vencedoras e você precisa se proteger contra elas.

Para isso, você precisa arrancar as ervas daninhas e plantar as flores no lugar delas. E se as flores acabarem se transformando em ervas daninhas, arranque-as também e plante outras flores. Faça isso sem piedade e você vai acabar com um jardim florido.

Como é que se cortam as ervas daninhas? É simples. É só impor um limite para as perdas (*stop loss*). Como? Vamos ao que interessa.

O que é isso? É uma ordem que automaticamente encerra a operação quando ela atinge um preço predeterminado, limitando assim seu prejuízo. Um *stop loss* é um mecanismo que passa por cima de toda a controvérsia e das emoções e lhe dá uma certeza.

Requisitos. Esqueça o conceito de "carteira". Pense em cada ação que você tem como se fosse uma operação diferente. Predetermine um limite de prejuízo para cada posição específica, de preferência quando você estiver de cabeça fria e com a mente esclarecida. A hora da compra serve, mas qualquer outro momento também.

O mecanismo. É impossível estabelecer uma regra que sirva para tudo. Para aqueles que não contam com um sistema de operações, pode-se usar uma série de métodos distintos para diferentes limites de perda. O mais óbvio de todos é uma percentagem fixa. Se cair 5%, você vende. Mas isso é muito básico, e a maioria de nós tem dificuldade de colocar isso em prática, já que a bolsa anda muito volátil atualmente.

A maioria dos traders xiitas chega a usar 2%. Isso quer dizer que eles se arriscam a perder no máximo 2% do capital em qualquer operação. Em outras palavras, num capital de $100 mil (uma carteira de $100 mil), eles encerram uma operação que tenha causado um prejuízo de $2.000. É claro que isso não é igual a uma queda de 2% no preço da ação. Se eles tivessem investido $10 mil do portfólio de $100 mil numa operação, isso representaria um prejuízo de 20% nesta operação especificamente ($2.000 de $10.000).

Outra maneira é estabelecer um limite de perda em relação a um gráfico, em vez de uma percentagem. Por exemplo, se você estiver operando numa barreira de preço (ou seja, comprando ações que quebrem um certo limiar de resistência), a limitação do prejuízo pode ser fixada pelo limiar de resistência. E, assim, o nível de resistência que foi quebrado também pode servir como ponto de *stop loss*, se a *tendência for revertida.*

E também há os *stop losses* rolantes. À medida que os preços vão subindo, você também eleva o nível da *stop loss* para garantir seus lucros, caso o preço caia do novo patamar que atingiu.

Outros fixam a limitação de prejuízo, dependendo da volatilidade da ação. O *stop loss* é fixado num nível que permite que a operação continue, sem ser encerrada por uma flutuação considerada normal. A maneira de se evitar isso é descobrir a volatilidade e a *average true range* (ATR) ou intervalo real médio da ação. Simplificando: significa levar em consideração o quanto uma ação oscila, antes de se fixar o limite de prejuízo.

As ações mais voláteis precisam de mais espaço para se mexer. Se você não gosta de volatilidade, então está negociando a ação errada.

Existem muitas maneiras, portanto, de se estabelecer um limite para os prejuízos. Como falamos, um percentual fixo é um método muito básico.

Mas, no fim de tudo, está a decisão de adotar essa técnica, em vez de confiar somente no instinto. Estabeleça o seu limite de perda logo no início, fixe-o para cada ação individualmente e pare de pensar na "carteira como um todo".

É claro que tudo isso exige monitoramento constante, e é nesse ponto que a maioria de nós tropeça. Mas as coisas não são tão complicadas como parecem.

Tudo o que você precisa fazer é uma lista das suas ações, uma lista dos preços atuais e, ao lado dela, uma nova coluna definindo o limite de suas perdas. Atualize os preços atuais regularmente e compare-os com o preço estipulado para o *stop loss*. É só isso.

Se você se considerar um investidor de longo prazo e estiver preocupado apenas com o Fim do Mundo, e não com uma correção, poderá relaxar um pouco mais. Use uma limitação de prejuízo bem elástica e atualize os preços uma vez por mês, ou sempre que o "disse-me-disse" do noticiário sugerir que alguma coisa pode estar errada. Dance a sua música.

Se estiver mais preocupado com as flutuações de curto prazo, monitore com mais frequência. Os operadores mais concentrados acompanham os preços ao vivo. O operador comum geralmente só acompanha os preços de fechamento das ações. Outros investidores verificam apenas uma vez por semana se o limite de perdas foi atingido. Faça o que for melhor para você.

O mais importante é prestar pelo menos um pouco de atenção ao que está acontecendo e estar intimamente seguro de que você vai entrar em ação quando o preço cair num montante predeterminado – e por em prática essa decisão.

Se você trabalhar devidamente com as ordens de *stop loss*, quando a bolsa cair, você vai descobrir que vendeu cada ação pela falta de mérito intrínseca delas, na hora em que a maré mudou. Você acabou com dinheiro no bolso, que é onde ele deve estar, sem ter que dar uma ordem impossível de desovar todas as suas posições (sua carteira) de uma vez só.

Sim, você vai cometer alguns erros. Vai vender ações que depois voltam a subir. Mas 90% das ações que estiverem caindo estarão caindo por um motivo e provavelmente vão continuar caindo. E, se não caírem, não se preocupe com elas. A questão é aprender o que funciona, e qualquer decisão que você venha a tomar será melhor do que comprar uma ação e esquecer.

Leia o artigo sobre lidar com um prejuízo, pág. 75. Dinheiro é poder e lidar com um prejuízo o deixa no olho do furacão, deixa a mente mais clara, e, como se sabe, você sempre pode comprar tudo de novo.

Esse é um assunto muito importante para se levar em consideração, portanto permita-me apresentar mais uma pérola de sabedoria: na hora de limitar suas perdas, qualquer coisa é melhor do que nada. E, se o seu mecanismo não estiver funcionando, você sempre poderá consertá-lo.

Ninguém ganha dinheiro pagando 16%

Se for bom demais para ser verdade, então não é.

Um dia, fiz um curso de *marketing* de produtos financeiros. Nós destrinchamos o regulamento e as ressalvas de um fundo de ações alavancado, com capital garantido.

Se a definição de felicidade financeira é uma expectativa de melhora no seu padrão de vida, então pôr no mercado e vender produtos nesse nosso ramo é uma coisa bem fácil de ser feita. É só prometer um futuro melhor que as pessoas compram. É só prometer um futuro melhor sem risco algum que elas vão comprar mais ainda. Existe uma quantidade enorme de produtos financeiros. A essência de todos eles é esta.

- Fazer com que você pegue dinheiro emprestado, preso à maior taxa de juros possível.
- Fazer com que você pague o máximo de juros adiantado.
- Deixar por sua conta todos os riscos dos ativos nos quais o dinheiro é investido.
- Deixar por sua conta a responsabilidade pelo desempenho dos ativos. Se a responsabilidade ficar do lado deles, eles só vão assumir em cima de ativos sobre os quais possam fazer um *hedge* (as ações), e você vai pagar por todos os custos desse *hedge* (as opções sobre as ações), dando a eles a chance de ganhar uma margem extra.
- Assegurar que todos os custos serão embutidos numa única taxa de administração que oculte as taxas de juros e as margens de lucro. Mas eles vão dizer que o fundo é fantástico, porque a taxa pode ser abatida do imposto de renda.

O fundo de ações alavancado e de capital garantido parecia muito bom. Regulamento incrementado, linguagem cheia de bossa. Mesmo eu tendo mestrado em Finanças Aplicadas, demorei um tempo até entender tudo. No fim das contas, deu para entender que o cliente estava pagando uma taxa de cerca de 16% ao ano. Ninguém ganha dinheiro pagando 16% num fundo de ações. O mais engraçado é que o cliente pagava *adiantado* os custos de $16 mil do primeiro ano sobre um investimento de $100 mil e, além disso, ainda pagava juros em cima dos tais $16 mil. A duração do fundo era de cinco anos. Provavelmente a essa altura os administradores já teriam parado de dar suas gargalhadas e estariam prontos para vender mais um produto ao cliente.

Era um produto completamente inadequado para os clientes aos quais estava sendo oferecido – pessoas que queriam uma garantia de que não iriam perder dinheiro.

Isso me fez perguntar como é que um produto tão impróprio como aquele havia conseguido chegar a esse ponto. A resposta era muito clara: porque as pessoas compravam. Mas elas certamente não conseguem entender o que estão comprando, ou avaliar o que estão comprando.

Produtos financeiros impróprios estão por todos os lados e são muito bem paramentados, bem apresentados e muito bem colocados no mercado. Então, como é que você supera o ímpeto para comprar?

Aqui vão algumas dicas e algumas verdades na hora de comprar um produto do mercado financeiro.

- Não espere que a lei venha a protegê-lo. Ninguém pode protegê-lo de sua própria burrice.
- Assuma a responsabilidade pessoalmente. Tenha a cabeça no lugar. Uma boa dose de bom senso será suficiente. Você é a sua única defesa.
- A maioria dos produtos fajutos vêm cheios de sinais de alerta. Se o vendedor viajou 150 km para visitar você às dez e meia da noite, pode ter certeza de que tem alguma coisa errada.
- Lembre-se da regra de ouro: se fosse bom, não estariam lhe oferecendo. Se estão lhe oferecendo, é porque não serve para você.

- Se não consegue entender, não compre. A complexidade não passa de uma boa camuflagem.
- Se você sobreviveu a tudo o que eu falei acima, não aplique muito num só produto.
- Seja realista na hora de pegar um empréstimo para investir e, especialmente, seja realista quanto aos retornos prováveis – eles vão ser reduzidos pelos custos do empréstimo. O simples fato de pegar dinheiro emprestado para investir aumenta a necessidade de arriscar para ter lucro.
- Se você está comprando um produto todo enfeitado, é quase certo que esteja pagando uma taxa de juros maior do que a de mercado.
- A recompensa tem que ser sempre contrabalançada pelo risco. Vão lhe dizer tudo sobre as recompensas. Se você não consegue ver os riscos, está mais do que claro que não está conseguindo entender os detalhes.
- Não se apresse. Existem milhões de produtos financeiros no mercado. Você não *precisa* comprar exatamente esse.
- Qualquer pessoa que lhe prometer um retorno anual maior do que 9,5% está mentindo, cruzando os dedos atrás das costas, torcendo por uma mera expectativa ou vendendo um produto cujo risco está acima da média do mercado.
- Qualquer pessoa que estiver ganhando uma comissão maior do que 2% está vendendo algo difícil de se engolir, de modo que você provavelmente não deveria comprar.
- A sua estupidez é diretamente proporcional à quantidade irreal de riqueza que você quer ter. Só aqueles que são muito ambiciosos financeiramente (para não falar outra coisa) mandaram dinheiro para investimentos furados na África e na Ásia.

Como eu disse antes, "tudo aquilo que é normal (mulher, filhos, uma cervejinha, esporte na TV) é bom". Não arrisque o que é normal comprando o que é improvável.

Aprendendo com uma lenda

Ver, ouvir e agir bem informado é uma receita de sucesso que o tempo consagrou.

Acabei de ver o enterro de Kerry Packer no Canal Nove. Que figura, que bando de figuras ele juntou em volta dele e que filho.

Parece que eu passo a minha vida desejando que estivesse melhor de vida. Aliás, que eu estivesse bem melhor de vida. Pensando em como seria se eu fosse bilionário e o que eu poderia fazer para chegar lá. Mas a bolsa de valores não muda a vida de ninguém. Um retorno médio mais dividendos não vão transformar nenhum de nós num Kerry Packer. Não é a regra. Mas tem muita gente que ganhou dinheiro na bolsa. Talvez não bilhões, talvez nem mesmo milhões, mas muitos conseguiram ganhar um milhão de dólares, e, como eu já estou nesse negócio há bastante tempo, permita-me passar alguns pontos essenciais.

Paciência

Se você tentar apressar sua transformação financeira, vai dar errado.

Paciência significa ter expectativas realistas. Você não vai a lugar algum tentando ganhar dinheiro todos os dias. Eu já vi gente na bolsa que passa a maior parte do tempo sem fazer nada, só ficando sentado e acompanhando as coisas. Eles estão à espreita. Eles não tentam criar oportunidades a partir do nada – eles esperam até que uma apareça. Alguns chegam até a mandar os filhos à bolsa para ficar de guarda para eles. Basta acontecer uma coisa num mês, uma coisa por ano, uma coisa

Nota do Autor – Este artigo foi escrito no início de 2006, pouco depois da morte de Kerry Packer (no dia 24 de dezembro de 2005).

com pouca chance de acontecer, mas que, se ocorrer, as oportunidades de ganho sejam imensas. Eles só ficam ali esperando e, de vez em quando, dão o bote.

Para fazer uma coisa dessas, é preciso ter paciência. O erro que a maioria das pessoas comete é esperar por um peixe grande todos os dias. Não dá para forçar a barra. Deixe o peixe vir até você. Sempre vem. E, se você perder um, vai aparecer outro. Não há pressa. É muito raro que alguém consiga mudar de vida rapidamente.

A assimetria de informação

Lucros incríveis decorrem de informações incríveis. O australiano médio irá lhe dizer que isso é "informação confidencial". Isso pode até acontecer algumas vezes (não vamos entrar nesse assunto, Marcus), mas em geral não é.

As informações estão por todos os lados, mas a maioria das pessoas não as utiliza, provavelmente porque não têm tempo. Você não vai conseguir ter lucros extraordinários sem investir em ações voláteis, às vezes pequenas e geralmente muito arriscadas. A única maneira de fazer isso é estreitando significativamente os seus riscos, de modo a minimizá-los. Isso significa saber a fundo o que é que uma empresa faz. Saber em que ponto ela está, em seu desenvolvimento. Saber o que vem pela frente. Saber mais sobre ela do que qualquer outra pessoa. Conhecer as pessoas da empresa. Falar com elas. Só então você pode comprar uma boa parte de uma pequena empresa que poderá apresentar ganhos extraordinários. E, depois que você comprar, o próximo passo é falar para todo mundo sobre ela.

Há muito dinheiro a ser ganho com as assimetrias de informação. Saber mais do que as outras pessoas não é muito difícil e, quando der certo para você, será simplesmente porque você se deu ao trabalho de fazer o que tinha que ser feito.

Amigos

Você precisa de amigos. O Kerry Packer tinha amigos. Você não vai ganhar uma fortuna na bolsa se enfurnando sozinho num quarto escuro. As informações chegam através dos amigos. As oportunidades chegam através dos amigos. O troca-troca chega através dos amigos. Você tem que dar para receber. Para receber, você precisa de amigos. Você precisa tê-los, cultivá-los, fazer seus contatos.

Os amigos são a essência da vida. As amizades que você forjar na busca pelo sucesso mútuo na bolsa irão durar a vida inteira. Se você tiver sorte, elas vão ser mais compensadoras do que o dinheiro que irá ganhar.

Paciência, informações e amigos. É a receita do sucesso.

Jumentos e cavalos puros-sangues

Jogar é coisa para se fazer uma semana por ano. Mesmo assim, os vencedores são poucos.

Existe uma coisa gloriosa na Race Week, a maior regata da Austrália. É uma oportunidade e uma desculpa anual para gastar dinheiro na "moda" e passar um dia jogando com cem mil dos seus melhores amigos, todos de bom humor. A Race Week é o equivalente anual do *boom* da Tecnologia no mercado de ações. A diferença é que a corrida acontece todo ano, e não uma vez em vinte anos. Mesmo assim, as semelhanças são impressionantes.

- Muitos jumentos ficam parecendo cavalos puros-sangues.
- Muitos cavalos puros-sangues parecem jumentos.
- Só três de cada 16 corredores dão algum tipo de lucro.
- O resto das apostas paga -100%.
- Alguns competidores têm que ser destruídos.
- Quando um jóquei anuncia que está num cavalo vencedor, você acredita.
- Todos os proprietários falam maravilhas dos próprios cavalos.
- As únicas pessoas que realmente ganham dinheiro são os *bookmakers*.
- Os *bookmakers* inventam todo tipo de derivativo para ficar com o seu dinheiro.
- Os derivativos – chamados de "exóticos" nas corridas, e há boas razões para isso – pagam muito bem, porque as chances de se ganhar dinheiro com eles são mínimas.
- Todo mundo, inclusive o chofer de táxi, sabe mais do que você.

- Sorte vira talento.
- Se você estudar bem a ficha, diminui os riscos.
- Até os especialistas perdem dinheiro.
- Todo mundo ganha pelo menos uma vez.
- Pode-se apostar dinheiro demais.
- Os vencedores não falam de suas vitórias.
- Ninguém fala dos prejuízos que teve.
- Seu perfil de risco é uma função do quanto você ganha e da exuberância irracional.
- Existe um limite automático de perdas – a fila do caixa eletrônico.
- Você aposta dinheiro com base em dicas de pessoas que você nunca viu na vida.
- Você acaba deixando de lado a análise fundamentalista e acaba apostando em nomes, números e cores.
- Você imediatamente se esquece de quem tenha lhe dado uma dica vencedora.
- Você se lembra até morrer de quem lhe indicou um perdedor.
- Não é dinheiro de verdade. É dinheiro de jogatina.
- Você volta para casa certo de que aprendeu muito e que, na próxima vez, vai agir diferente.
- Até a próxima vez, você se esquecerá de tudo o que aprendeu.
- Você sai de lá cansado, irritado e com os cabelos em pé.
- No fim, a única coisa que sobrou foi sua esposa.
- Ela não sabe o quanto você perdeu, nem você é louco de contar para ela.
- Você também não percebe que ela perdeu mais do que você.
- Se você ainda tiver a mulher quando voltar para casa, vai parecer uma mulher de parar o sinal.
- Você passa anos contando histórias sobre aquele tempo (das corridas).

E as corridas ainda têm algumas vantagens inerentes.

- Você já acha que vai perder mesmo, e não se incomoda.

- Você tem toda a permissão de ser burro.
- Se você se destruir, recupera-se completamente em 24 horas.
- E passa pertinho do Carson Kressley e da Jennifer Hawkins, o que não acontece na bolsa de valores.

Ano que vem, começa tudo de novo. A inscrição para o Fashions on the Field começa às 10h30.

A cascata

Fique de olho nas oportunidades, mas não pense que todas elas serão vitoriosas.

O índice All Ordinaries é, por si só, uma cascata. Não é uma realidade. Ele se sai melhor do que a realidade porque o índice regularmente substitui as ações de mau desempenho pelas de bom desempenho. O índice All Ords é como um índice do preços dos imóveis residenciais de Toorak e de Brighton – se um deles perder valor, é excluído e substituído por um melhor. Nesse sentido, para se manter no mesmo nível do All Ords, você teria que fazer exatamente aquilo que *ele* faz, que é estar sempre limando e substituindo suas ações. É meio chato. Talvez você tenha até que colocar a cabeça para trabalhar.

Nenhum panfleto vai falar coisa alguma dos custos de transação, é óbvio. O índice não paga os custos de transação. Apenas movimenta livremente a carteira. E isso já começa a comer os nossos 5,06%. Depois ainda tem a inflação. Inflação? Pois é, ela tem que ser descontada também. Uma estimativa conservadora é de uns 3% ao ano. Depois ainda vêm os impostos. Eu tinha me esquecido deles. O índice não paga imposto pelos seus ganhos. Nós pagamos. Putz...

De repente, até os tais 5,06% estão parecendo meio otimistas demais, e nós ainda nem deduzimos os chamados "custos vitais", o custo do nosso tempo e de todo estresse de ter que ignorar a família de noite e nos fins de semana, enquanto queimamos os nervos com isso.

Nesse ponto, num livro chamado *Investing on Wall Street*, o escritor Andrew Quin, que mora em Perth (Austrália), fez alguns cálculos utilizando o índice Dow Jones desde 1914 e concluiu que, depois de se descontar a inflação, os custos de transação, os impostos, os ajustes do índice e outras questões da vida real, houve períodos muito longos na história, em que a bolsa americana apresentou retornos reais negativos. Entre 1966 e 1982 (16 anos), o Dow Jones deu um retorno real negativo. Além disso, de 1914 a 1950 (36 anos), o Dow Jones ofereceu um retorno minúsculo. A única coisa que tornaria os retornos positivos seria se você tivesse incluído e reinvestido os dividendos, mas o fato é que a maioria das pessoas gasta os dividendos.

Na análise que ele faz do mercado americano, a bolsa ofereceu retornos negativos ou próximos de zero em 52 dos 89 anos, ou seja, 58,5% do tempo. Em outras palavras: o índice Dow Jones só apresentou retornos reais positivos em 41,5% do tempo. Sua conclusão é de que a bolsa é um cassino, e não existe almoço grátis. Não se pode simplesmente ficar sentado e esperando. Você tem que pegar os anos bons (que podem ser muito bons) e ficar de fora nos ruins. Investir e esquecer é uma brincadeira. Para obter retornos positivos e de longo prazo, você vai ter que reinvestir todos os dividendos que ganhar, sempre e sempre, que é uma coisa que quase ninguém faz. Normalmente, as pessoas gastam os dividendos.

Então, em que se deve confiar?

Você deve confiar em si mesmo. O que você tem que se fiar é no que está acontecendo com a sua carteira. Não se preocupe em perguntar como o famoso investidor médio está se saindo. É completamente irrelevante.

O que interessa é o que você compra, se o preço está subindo e se você está ganhando ou perdendo dinheiro. É você quem cria o seu desempenho. A história e o *marketing* da performance histórica é exatamente isso: história, e não o futuro.

No momento em que escrevo isso, ainda existem 60 ações no índice All Ords australiano que já deram a chance histórica de multiplicar seu dinheiro por 100. E 212 ações, quase metade do índice, que em algum momento decuplicaram de valor. O mundo está cheio de oportunidades para se investir. Você não tem que deixar de pensar no longo prazo. Tudo o que precisa fazer é não ignorar as outras 128 ações que, em algum momento, podem acabar destruindo de 90 a 100% dos seus investimentos.

Cabeça mole

As emoções não fazem parte da receita de um bom investimento.

A maioria dos operadores perde dinheiro – pode perguntar a qualquer um que trabalhe nisso de verdade. E a razão pela qual isso acontece é que a maioria desses esperançosos lida com a atividade de uma maneira descuidada, envolvidos pelo *marketing*, pelo *software* e por promessas fora da realidade.

Para os operadores de varejo, aparentemente a maior bola fora são os contratos de câmbio, seguidos pelos contratos futuros, de opções, CFDs e os empréstimos de margem com garantia de ações. Segundo os relatos, num desses grupos apenas 2% dos participantes ganham dinheiro, e, noutro, o tempo de vida média de um trader é de seis a oito semanas, do investimento inicial até a pancada na cabeça.

Mas por que tanta gente perde dinheiro operando? A resposta é que se trata de seres humanos, e não de máquinas. A maioria dos operadores não raciocina com clareza, e, na hora de encarar os prejuízos, os lucros, a sorte e a indecisão, eles começam a funcionar emocionalmente, em vez de mecanicamente – e é dessa fraqueza que o profissional calejado se aproveita.

É sobre isso que trata o campo das finanças comportamentais. Numa grande população, e ao longo de um período significativo de tempo, emoções aparentemente imprevisíveis começam a se repetir e podem ser exploradas. Para os traders que compreendem isso e sabem operar em cima disso, é como ser o dono do zero numa mesa de roleta – uma vantagem que vai se manifestar com o tempo.

Então, como é que você impede que as demais pessoas explorem suas emoções? Você modifica seu comportamento. Mas, antes de fazer

isso, o primeiro passo é identificar os padrões comuns de comportamento em que você perde dinheiro. Aqui vai uma lista dos mais normais. Na teoria financeira (e social), alguns desses casos são chamados de “vieses cognitivos”, regras equivocadas de uso comum ou erros de julgamentos, e na corretagem de valores eles aparecem com muita frequência. Veja se reconhece alguns dos seus.

Viés emocional. Uma tendência a acreditar nas coisas que fazem você se sentir bem e desconsiderar aquelas que fazem você se sentir mal. Na corretagem de valores, isso significa ignorar as más notícias e se concentrar nas boas. A isso se chama de perder a objetividade. Você não aceita o fato de as coisas terem dado errado, porque não quer reconhecer isso.

Viés de expectativa. Tendência a acreditar nas coisas que você acha que vão acontecer. Em termos financeiros, isso significa não se dar ao trabalho de analisar, medir ou duvidar da conclusão que você espera ou pela qual você está torcendo. Também chamada de lei dos pequenos números – acreditar numa coisa para a qual existem poucas provas reais.

O efeito de disposição. Tendência de obter os lucros rapidamente e deixar o prejuízo ir aumentando. É exatamente o contrário do que um líder deveria fazer. Obter lucros pequenos e prejuízos grandes é a própria receita para a derrota.

Aversão a perdas. Tendência de se dar mais valor a evitar um prejuízo do que ter lucro. Os prejuízos causam um impacto maior do que os ganhos. Por causa disso, você fica mais temperamental na hora em que tem um prejuízo, naquele ponto em que uma decisão racional faria você poupar mais dinheiro.

A falácia dos "custos afundados". Tendência da nossa tomada de decisão ser mais influenciada pelo tamanho do prejuízo em que já incorremos. Quanto maior o prejuízo, maior a propensão de insistirmos num negócio, em vez de tomarmos a decisão racional de nos concentrarmos num negócio mais lucrativo. O tamanho do seu prejuízo não gera impacto algum no preço futuro da ação, mas causa um impacto fortíssimo na sua capacidade de decidir corretamente.

O efeito "trem da alegria". Tendência de achar que alguma coisa deve estar certa só porque todo mundo mais está fazendo. É o tipo de raciocínio em que você tem 100% de chance de entrar numa onda, quando isso é óbvio, e também de sair no momento óbvio. Colocando de outra maneira, é um jeito de se comprar na alta e vender na baixa.

Fixação por um preço histórico. Tendência de evitar tomar uma decisão prudente, ancorando seu raciocínio a um preço que não existe mais. "Eu vou vender se a ação voltar para $4. Eu compro se ela voltar a cair a $4". Todos nós temos culpa no cartório. Ao seguir uma tendência, se o preço sobe, você não vende, você compra; e, se cair, você não compra, você vende. Aquele antigo preço alto já passou. O antigo preço baixo também. Não espere que eles voltem ao patamar antigo para tomar uma decisão errada.

Não é fácil controlar as emoções quando se está operando, mas é assim que todos nós somos programados. Para sair da maioria de perdedores e entrar na minoria de vencedores, nós simplesmente temos que nos desligar da tomada e nos reconfigurar.

O caminho para Ítaca

A vida é uma viagem, e o destino não será medido em dólares.

Na *Odisséia*, de Homero, Ítaca é uma ilha na Grécia para a qual Ulisses precisa dar um duro danado para voltar. No caminho, ele sobrevive a confrontos com as Cicones, com Polifemo (ou Ciclopes, para nós), Circe, as Sereias, Scylla, os ventos de Éolo, os Lestrigões, Zeus, Poseidon e Calipso. É uma viagem bem acidentada, e, quando ele chega a Ítaca, ninguém toma o menor conhecimento dele, todos dão em cima de sua esposa, ela não o quer de volta, e ele tem que matar todo mundo. Dificilmente pode ser considerada uma chegada auspiciosa. Aliás, é até de se perguntar por que ele se deu ao trabalho de fazer essa viagem. Felizmente, um grego chamado Konstantinos Kaváfis escreveu um poema em 1911 que deu a explicação de tudo. O nome do poema é *Ítaca*. Talvez você já conheça. Se não, lá vai.

Quanto partires para Ítaca,
Torce para que a viagem seja longa,
Cheia de aventuras, cheia de descobertas.
Não tenhas medo de Ciclope ou dos
Lestrigões – nem do colérico Poseidon.
Tu não os encontrarás em teu caminho,
Se os pensamentos estiverem altos
E uma emoção rara tomar conta de teu espírito
E de teu corpo.
Lestrigões e Ciclopes,
Ou o temível Poseidon, não serão encontrados,

A não ser que tu os tragas para dentro de tua alma,
A não ser que tua alma prepare o terreno para eles.

Torce para que a viagem seja longa.
Que sejam muitas as manhãs de sol em que,
Movido por tamanha alegria, tamanho prazer,
Tu venhas a aportar teu barco em portos que estejas vendo
Pela primeira vez.
Que faças uma escala nas estações fenícias para
Comprar especiarias finas,
Coral e madrepérola, âmbar e ébano,
Perfumes sensuais de todos os gêneros –
Os mais sensuais que puderes ter;
Que visites muitas cidades do Egito
E acumules mananciais de sabedoria com aqueles mestres.

Nunca tires Ítaca da cabeça.
Chegar lá é o teu destino.
Mas não apresses, de jeito algum, tua viagem.
É melhor que ela tome muitos anos,
E que já estejas velho quando chegares à ilha,
Enriquecido por tudo o que ganhaste pelo caminho,
Sem esperar que Ítaca venha a te deixar rico.

Ítaca te proporcionou uma bela viagem.
Sem ela, não terias partido.
Agora, ela não tem mais nada a oferecer.

E, se a achares decepcionante, Ítaca não terá te enganado.
Sábio como te tornaste, dono de tantas experiências,
A essa altura terás aprendido o significado dessas Ítacas.
Konstantinos Kaváfis (1911)

O fato é que o destino da vida não é lá grande coisa. A tal da Ítaca não é uma recompensa digna de nota – mas isso não vem ao caso. O que vale é o que você faz pelo caminho. É a velha máxima: é melhor viajar do que chegar. É a viagem que conta, não o destino. Torça para que a estrada seja longa. E receba de bom grado os obstáculos que surgirem pelo caminho.

E assim é a vida. Todos nós estamos no caminho para Ítaca.

A minha estrada se constitui de um escritório, cheio de pessoas que eu não escolhi, num ramo de atividade que me escolheu, fazendo algo um pouco mais heroico do que empurrar elétrons em dois grandes monitores de computador. Uma atividade que não tem como ser saudável. Aliás, é exatamente o que eu estou fazendo agora. Se o Ulisses entrasse na minha sala, eu e os meus colegas teríamos toda a razão de sentir vergonha diante dele, por tudo aquilo que não fizemos. Tenho certeza de que Ulisses poderia ter escolhido o caminho da corretagem de valores, mas não fez isso. Nosso caminho não tem nada de heroico.

E também tem meu pai. Ele está bem. Está se aproximando do seu destino. Foi tenente da RAF e, mais especificamente, passou três anos lotado numa base da Royal Australian Air Force em Sale, estado de Vitória, circulando em jatos Havilland Vampire, apagando focos de incêndio, ensinando as pessoas a pilotarem e, em geral, trabalhando como se estivesse no filme *Top Gun – Ases Indomáveis,* movido a Valium. Ele tem suas histórias, seus Ciclopes, seu Posseidon (a Crise do Canal de Suez) e, tenho certeza, algumas Sereias. Está mais próximo de Ulisses do que eu, e, por isso, eu me orgulho dele. Só por ter tido meu pai como exemplo. Ele fez uma bela viagem, e espero que ela o tenha deixado "dono de tantas experiências" que, agora que está perto de Ítaca, ele saiba como continuar a viagem, em vez de ficar se perguntando aonde tudo isso o levou, quando o destino irá chegar e o quanto ele ficará assustado. Só posso esperar que seja assim.

Enquanto isso, de volta aqui ao escritório, estou tentando levar uma vida "cheia de aventuras, cheia de descobertas" num ambiente que não chega a representar um perigo que mantenha os pensamentos altos, ou onde uma "emoção rara" tome conta de meu espírito e de meu corpo. Aí veio a derrocada da bolsa. De repente, a viagem ficou bem mais interessante. Começamos a entrar em portos que eu estava "vendo pela primeira vez", e eles são cheios de aventuras e descobertas. E, ao contrário do nosso amigo da mitologia grega, acho que seria melhor se não tivesse durado anos.

Tenho certeza de que muita gente não está feliz com o local em que se encontra na jornada e que ainda há outros que passam a viagem inteira com medo do destino. Mas, enquanto nosso corpo respirar, nós ainda não teremos chegado ao fim e não temos outra escolha senão aceitar a nossa sina. Até chegarmos ao final, estaremos caminhando numa viagem milagrosa, rumo a um destino cujo valor eu tenho certeza de que não será medido em dólares.

Palavras finais

Fantasia... Realidade... AÇÃO!

Eu vivo dizendo que 90% de operar na bolsa é não colocar tudo a perder. Não perder dinheiro é um pré-requisito para se ganhar dinheiro, e não colocar tudo a perder na bolsa é um ingrediente essencial para o sucesso no ramo.

Eu já vi muitas histórias de sucesso na bolsa – em alguns casos, realmente gloriosas -, mas quase nunca pelas mãos de um idiota. Livrar-se das idiotices é o primeiro passo na estrada para atingir suas ambições financeiras, e eu espero que *Segredos do Mercado de Ações* tenha ajudado você neste particular. Mostrar às pessoas o que é a realidade, em vez de mostrar a fantasia, foi o que guiou meus artigos nos últimos dez anos.

Nesse sentido, achei que devia terminar essa coletânea com um resumo de alguns dos principais temas do livro: a fantasia e a realidade.

Espero que essa lista não só faça você economizar uns dólares, mas também ganhar alguns.

Fantasia. É uma decisão correta e inteligente assumir o controle do seu futuro financeiro e criar um fundo fechado autoadministrado.

Realidade. Um fundo fechado autoadministrado gera um monte de taxas e comissões para muitos ramos de atividades financeiras quando você negocia diretamente as ações (e não através de um fundo mútuo). Por causa disso, existe um tipo de *marketing* muito convincente quase que o empurrando para montar seu fundo. Mas a realidade é que muita gente está administrando um fundo fechado porque pode, e não por que deve, e, às vezes, nem porque quer. Diga sim para a sua independência, e você vai ficar exatamente assim – independente e sozinho. A moda de "assumir o controle" joga muitos iniciantes no mercado de ações com a capacidade de investir o futuro da família, apenas de posse de seus próprios julgamentos amadores. É a receita para um desastre financeiro.

Fantasia. Jogar na bolsa é divertido.

Realidade. Cuidar dos próprios investimentos é uma responsabilidade e, se alguma coisa der errado, vira logo um fardo. Se você estiver investindo o dinheiro da família (como num fundo fechado doméstico, por exemplo), ele também poderá gerar rupturas no relacionamento, se você errar a mão. Antes de você se render aos encantos do *marketing* e assumir pessoalmente o controle, tem que fazer uma pergunta simples a si mesmo. É isso o que você realmente quer? Se a resposta for afirmativa, pelo amor de Deus trate de envolver todos os participantes do seu fundo no processo de investimento. Não permita que eles tenham uma surpresa.

Fantasia. Qualquer pessoa pode investir.

Realidade. Algumas pessoas passaram a vida inteira operando e investindo na bolsa e, mesmo assim, levaram ferro na mais recente Crise Financeira Global. Na bolsa, você nunca se forma. Você só vai se sair bem se dedicar o devido tempo para incorporar a experiência e a técnica, e você só vai conseguir isso se estiver genuinamente interessado. Você não vai se sair bem se estiver agindo por necessidade.

Fantasia. Os administradores de fundo cobram caro demais para fazer um trabalho apenas razoável.

Realidade. Eu não sei o seu caso, mas eu acho que pagar uma taxa de 2% ao ano para que alguém cuide de todos os meus investimentos e ter todas as noites e os fins de semana só para mim, sem contar as horas perdidas no trabalho tendo que operar e tomar decisões de investimento, em vez de me concentrar na minha família, na minha carreira e em mim mesmo (além de ficar livre da responsabilidade diária de administrar um fundo próprio), provavelmente vale uns 2% do retorno médio. Especialmente se eu pudesse perder 2% numa única operação que fizesse sozinho. Quando você opta por entrar num fundo mútuo, você recebe três garantias: que nenhum erro muito grave irá acontecer, um retorno mediano (descontada a taxa de 2%) e a sua liberdade. E a liberdade tem valor.

AÇÃO. Não siga às cegas a orientação de um profissional de finanças e saia pensando que é uma boa ideia, ou de que "já está na hora" de assumir o controle do seu futuro financeiro e a responsabilidade pelos investimentos. Pode ser muito lisonjeiro alguém achar que você é capaz e as ferramentas para isso (as corretoras *on-line*) podem ser muito sexies e provocantes, mas você só será bem sucedido se isso for uma coisa pela qual se interesse, para a qual você tenha tempo e capacidade de fazer. E você só vai gostar realmente se for apaixonado. Sem isso, pode ser apenas um fardo administrativo que toma um caminhão de tempo, e uma responsabilidade que seria melhor se você não tivesse. Em vez de se sentir lisonjeado, pergunte a si mesmo: "será que eu vou ter tempo, interesse para isso e ainda por cima vou ser capaz de fazer um bom trabalho?" Para qualquer coisa diferente de "sim, sim, sim", sua resposta deve ser "não". Depois de pesar todos os prós e contras, pagar 2% a um gerente de fundo para lhe dar um retorno médio e lhe devolver a liberdade pode sair bem mais barato.

Fantasia. O que vale é o tempo no mercado, e não o *timing* do mercado.

Realidade. O retorno real de longo prazo das ações, descontados os impostos, a inflação, os custos de administração, de corretagem e os ajustes do índice fica próximo de zero. A única coisa que realmente deixa o seu retorno no lado positivo acontece se você investir e reinvestir os dividendos, em vez de gastá-los. Sem reinvestir os dividendos, não há almoço grátis. A verdade é que o que conta não é o tempo *no* mercado, mas pegar o *timing* do mercado, que é uma coisa que, muito convenientemente, o ramo da consultoria financeira diz que não pode ser feito. Mas você tem que tentar capturar o *timing* do mercado, especialmente se o seu horizonte de investimento – ou seja, sua expectativa de vida – já estiver se acabando. Se você pegar dois anos errados na "fase da pensão", pode nunca mais se recuperar.

Fantasia. Invista e esqueça das ações.

Realidade. Investir e esquecer é um mantra que promove a preguiça, que tapa o sol com a peneira e é a receita de um desastre. É impressionante ver o quanto é popular a ideia de não fazer nada depois que se compra uma ação. É a mais cega arrogância acreditar que uma decisão de investimento tomada hoje, de posse das atuais informações, continuará a prevalecer no longo prazo. "Investir e esquecer" é igual a "venda em maio e vá embora". São mantras populares porque, em inglês, eles rimam, e não porque sejam inerentemente corretos. O certo deveria ser "invista e acompanhe com olhos de águia", mas aí não rimou.

Fantasia. No longo prazo, tudo vai dar certo.

Realidade. Só se você dispuser de um prazo muito longo. Se você pegar os dois, os cinco ou os dez anos errados, na hora errada de um investimento, talvez não haja tempo para que tudo dê certo no final. Quanto mais velho você for, menos tempo terá e mais importante será proteger seu investimento de um potencial desastre.

AÇÃO. Comprar ações com o propósito de nunca vender é uma ambição fantástica. Mas é igualmente fantástico acreditar que você poderá simplesmente se esquecer de que elas existem. Compre as ações, sim, mas nunca se esqueça delas ou ignore sua existência. Não perceber que você está errado – uma questão de ignorância – é a maior causa isolada dos prejuízos; não aceitar que você está errado – tapar o sol com a peneira – é a segunda; e não fazer nada a respeito – falta de ação – é a terceira. Uma das técnicas mais importantes de um operador é a de proteger o capital – para não perder dinheiro e para limitar as perdas na medida do possível. Os investidores têm que fazer as mesmas coisas, ainda que num horizonte de tempo mais

elástico. Esse tipo de administração exige monitoramento e decisão, que é o contrário de ignorar e esquecer. Compre pensando no longo prazo. Venda pensando na sobrevivência.

Fantasia. A História se repete.

Realidade. O setor de serviços financeiros tem o hábito de pegar os acontecimentos do passado e projetá-los à frente, como se fossem uma previsão. Isso provoca mais erros do que simplesmente confessar a verdade: que o futuro é uma tela em branco. Mas utilizar a história como um guia sugere uma certeza, e certezas vendem.

Fantasia. Os profissionais do mundo das finanças sabem que ações irão subir e quais irão cair.

Realidade. Ninguém sabe. Pronto, falei.

AÇÃO. Invista em resultados com boas chances de se confirmarem. Aceite o fato do futuro ser incerto e pense em investir no que é provável. É o melhor que você pode fazer. Ninguém sabe o que vai acontecer no futuro, e o mundo seria um lugar muito chato e previsível se fosse assim. Os preços das ações são guiados por milhares de variáveis imprevisíveis, inclusive pelo trabalho duro, a ambição, o desejo, o sucesso e a sorte das pessoas, assim como pelos erros de julgamento e pela estupidez humana. Não dá para saber o que isso irá produzir, portanto, pare de fingir que você ou alguém mais irá saber. Invista regularmente em resultados com grandes chances de se concretizar, e os resultados irão aparecer.

Fantasia. Você tem que escolher se vai ser um investidor ou um operador.

Realidade. Existem princípios tanto para operar quanto para investir, tanto de análise fundamentalista como técnica, que têm um valor enorme, e, no fim das contas, você vai ter que avaliar as melhores partes dos dois lados e desenvolver uma combinação de ambas as técnicas. Os operadores planejam bem, utilizam sistemas, têm disciplina e sabem limitar os prejuízos. Os investidores podem aprender muito com esse tipo de abordagem. Ao mesmo tempo, os operadores poderiam entender melhor os fatores fundamentalistas que guiam os preços das ações, tanto no curto como no longo prazo, mesmo que isso sirva apenas para acrescentar mais um filtro às ações que eles já operam.

AÇÃO. Não rotule a si mesmo ou aos outros como um determinado tipo de investidor. Os investidores devem pesquisar mais o que fazem os operadores, e vice-versa. Cada um tem sua história e sempre há algo a se aprender com qualquer abordagem. Mantenha a mente aberta. Aprenda com todo mundo - e especialmente com os que não tiveram êxito. Nunca deixe de fazer perguntas. Nunca deixe de se aperfeiçoar. Operar na bolsa é uma viagem sem fim e muito pessoal. Não existe um único caminho, nem um Santo Graal. É só você. E não dá para ficar parado.

Fantasia. Um dia eu chego lá.

Realidade. Desculpe, mas não vai chegar. Não se você estiver imóvel e esperando sentado. Ficar rico exige esforço, planejamento e risco. A bolsa existe primordialmente para se investir o dinheiro extra das suas exigências diárias. Para preservar o valor desse capital. Para evitar que você empobreça, enquanto o resto do mundo enriquece. É claro que você pode utilizar seu excesso de dinheiro para correr alguns riscos e ficar riquíssimo, mas ter uma mudança drástica no padrão de vida por intermédio da bolsa de valores não é uma coisa normal. Você também vai precisar de um bocado de sorte.

AÇÃO. Seja realista. A felicidade é uma expectativa que foi atendida. Se você esperar demais da bolsa, vai ter uma decepção. Um dos maiores erros que um investidor ou um operador autônomo podem cometer é achar que uma coisa extraordinária é normal. Mas o fato

é que não é. Normal para a bolsa é se sair um pouco melhor do que os títulos de dívida, conseguir alguma isenção de impostos, pagar um imposto mais baixo pelos ganhos de capital e ter um progresso sensivelmente melhor. Na verdade, a bolsa não vai mudar sua vida, a não ser que você corra riscos extraordinários. E isso se chama *jogo de azar* e funciona nas duas mãos. Espere fazer algum progresso e você se sentirá feliz.

Fantasia. Você também pode ser um Warren Buffett.
Realidade. Só existe um Warren Buffett e não é você.
Exceção: ...a não ser que você esteja me lendo, Warren!

Com isso, teremos tirado a estupidez da sua vida. Já é 90% do caminho andado.

Boa sorte.